投资尽职调查

投资逻辑、尽调方法、实战案例

戚威◎著

人民邮电出版社

北京

图书在版编目（CIP）数据

投资尽职调查：投资逻辑、尽调方法、实战案例 /
戚威著. — 北京：人民邮电出版社，2022.4
ISBN 978-7-115-58523-3

Ⅰ. ①投… Ⅱ. ①戚… Ⅲ. ①投资—研究 Ⅳ.
①F830.59

中国版本图书馆CIP数据核字(2022)第012067号

内 容 提 要

投资是一个兼具"科学性"与"艺术性"的行业。人们往往关注其"艺术性"而忽略其"科学性"。一个优秀的投资行业工作者应该有一套科学而实用的工作方法，从而能更快地做出正确的决策。

本书作者将多年的投资尽调工作经验进行提炼，为投资行业工作者尤其是行业新手阐明投资的逻辑，并结合投资工作实战介绍了投资尽调的详细流程、完整的实战案例以及投资报告的撰写方法，力图将投资机构的工作全貌展现给读者。作者使用大量的笔墨分享了自己十多年的实战感悟，希望可以让读者有所思考，少走弯路。

本书适合投资、投行、法律、会计等行业从业者以及有志于进入投资行业的人士阅读及学习。

◆ 著　　　　　戚　威
　　责任编辑　刘晓莹
　　责任印制　周昇亮
◆ 人民邮电出版社出版发行　　北京市丰台区成寿寺路 11 号
　　邮编　100164　　电子邮件　315@ptpress.com.cn
　　网址　https://www.ptpress.com.cn
　　涿州市般润文化传播有限公司印刷
◆ 开本：700×1000　1/16
　　印张：17　　　　　　　　2022 年 4 月第 1 版
　　字数：233 千字　　　　　2025 年 4 月河北第 17 次印刷

定价：89.80 元

读者服务热线：(010)81055296　印装质量热线：(010)81055316
反盗版热线：(010)81055315

前 言

股权投资行业是一个年轻的行业,在国内尤其如此。从20世纪90年代开始萌芽,到形成一个行业,不过短短数十年的时间。随着资本市场建设的不断完善,中小板、创业板和科创板等一系列有利政策的推出,股权投资的退出渠道更加畅通,因而造就了一批成功的投资机构,带火了这个行业,催生了大批的投资从业者。截至2020年年底,我国股权投资机构超过1.4万家,基金管理规模超过10万亿元。从规模上看,我国已经成为全球第二大股权投资市场。

在自豪与欣喜的同时也要看到,国内股权投资机构在专业化道路方面还有很长的路要走。实务中,不少机构存在投资决策随意性大、决策与尽调不能有效结合、尽调目标与执行脱节等问题,核心原因在于缺乏完整的投资决策体系与实操方法论。

关注投资的朋友们,应该对这句话不陌生:"投资是科学性和艺术性的结合。"笔者认为,很多人对这句话有所误解了。因为所有不合逻辑甚至荒谬的做法都可以往"艺术性"这个大筐里装。在没有搞懂投资的"科学性"之前,很多人就以"艺术性"的方式冲向投资的潮流中。

由于不同基金的投资策略不同、所聚焦的行业不同、投资项目所处的阶段不同,因此在实操中呈现出一定的差异化,这原本是正常的。但随着行业的不断发展,机构越来越多,对差异化的解读开始走偏。很多不合逻辑的做法也披上了"差异化"的外衣，在现实中大行其道，甚至到了对基本事实的判断标准也有很大"差异化"的地步。

举个常见的例子，如何"识人"。很多投资人强调用"识人"来做投资判断。"野心""格局""情怀"等词经常被投资人用来作为筛选优秀企业家的标准，可是他们既不告诉你如何用这些标准来做投资决策，也不告诉你怎么通过客观事实来验证，甚至连这些标准本身如何定义都无法说清楚。同样是坚持做一个项目，投资时说创始人是"坚持不懈"；项目失败后创始人就变成了"顽固僵化""不知变通"。这种见风使舵的做法连自圆其说尚且不能，又如何能够指导投资判断呢？如果任由这种"差异化"一直存在，基金内外部将很难进行有效沟通，决策者也很难进行准确判断，基金运作效率也很难提升，基金管理规模当然也很难做大。

解决上述问题的办法是强调"科学性"与"标准化"。

为什么要强调"科学性"？

"科学性"是逻辑、事实，是可以证伪的方法。科学性奠定了我们讨论问题的基础。笔者经常碰到一些企业家喜欢在访谈的时候对比自身产品与竞品（如产品性能、技术参数），并附上某某专家的支持意见。对此笔者基本较少采信。很简单，这类对比往往未说明指标含义、数据口径、测试环境、背景条件，这跟只给一个"我的产品是最好的"结论其实并无太大区别。按照这种方法，几乎每家企业都能拿出数据指标来证明自己是行业领先的。因此，不限定概念、范围和条件的讨论，毫无意义。

同理，投资也是如此。有些投资人的思维特别"跳跃"。你跟他聊业务，他跟你聊行业；跟他聊行业，他就聊估值；跟他聊估值，他就聊退出；跟他聊退出，他就聊对赌；跟他聊对赌履约的可行性，他就顾左右而言他。你问他如何做投资决策，他跟你说投资是要讲"艺术性"的。这种缺失"科学性"的讨论，毫无价值。

专业投资人需要严谨的逻辑，能把投资做成一门学问；"投资高手"是给你展示"运用之妙，存乎一心"，能把投资做成一种哲学思辨，让你对投资永远感到高深莫测。

为什么要强调"标准化"？

第一，投资是一门"生意"。人力投入是成本，投资决策是产出。降本增效是商业行为的诉求。只有实现"标准化"，才能将尽调保质保量完成，才能让投资决策高效准确，才能保证收益稳健，才能将这门"生意"不断做大做强。

第二，投资虽是"科学性"和"艺术性"的结合。投资的"艺术性"永远存在，但"艺术性"是建立在扎实的科学分析基础上的，而实现"标准化"就是要把决策者从各种繁杂的"基础性事实"的判断中解放出来，把项目重点聚焦在那些真正重要的"艺术性"事项上。

第三，投资是一种谋生手段。在如今日新月异的时代，科技已经改变了很多行业，很多工具已经开始逐渐渗透和改造投资行业，未来"标准化"的工作将越来越有可能被替代。因此，当务之急是从业者要主动拥抱变化，通过"标准化"的方式建立底层逻辑架构，然后再逐步积累自己的行业认知，最终形成一套真正的既"科学"又"艺术"的投资逻辑体系。

综上所述，本书的写作目的是号召与提倡投资人对股权投资进行"科学性"和"标准化"的研究和讨论，摒弃"一千个哈姆雷特"式的随意性做法，还原投资为一项以"科学为主、艺术为辅"的严谨的调查研究工作的面貌。

本书的研究方法简单概括为"拆解法"，即结合投资决策的宏观目标，将尽调问题逐一拆解为若干子问题并不断细化，最终保证每一个问题的解答都是以若干明确可判断的客观事项作为支撑的。

从"科学性"的意义来看，本书是一本值得"批评"也可以"批评"的书，因为书中的论证都遵循了逻辑的基本原理，可以被"证伪"。本书不仅给从业者提供一些原则或者理论，而且也力求展示"以事实说话"的思维方法和开放性的研究框架。每个人都可以在这个框架基础上结合自己的经验和认知做修改，最终形成一套属于自己的投资方法。

本书也可以作为手册使用，笔者尽可能全面讲解在投资尽调中所需要考虑的各种因素。毕竟实际投资工作千头万绪，一个人有再好的记忆力也不可能保证不会忽略重要的事项。如果担心自己可能会遗漏，不妨查阅本书，也许能提醒你忽略的事项。

本书没有关于人生与哲学的深沉思考，也没有高屋建瓴的价值投资理论，更无法教你如何"从零到一"创立伟大的事业。本书讨论的内容更多是从实务出发，从基础开始，探究股权投资的完整过程。比如，如何整理数据、如何获取信息、如何访谈、如何撰写尽调报告、如何分析一家企业、如何研究一个行业。笔者力争用"一本书的内容"将投资尽调工作的全貌展现给大家。

戚威

2021 年 12 月 16 日

序

近年来，股权投资行业持续升温，越来越多年轻人将其作为理想工作的首选。与此对应，行业招聘门槛也水涨船高，对人才的要求被提升到了一个非常高的水平。越来越多优秀的人才进入这个行业。但是，与此不相称的是，针对从业人员的职业技能培训似乎并未明显加强。很多机构的投资人还是要通过师徒相授、言传身教的方式学习投资职业技能。市场中有很多行业投资交流会议和活动供投资人探讨行业投资经验，却很少看到有相关活动探讨应该如何去做投资尽调与决策。

"投资新人如何入门"是很多人关心的话题。笔者曾经在网络上看过一个问题："VC①行业新人如何系统学习专业知识和建立投资体系？"该问题关注热度极高，很多人分享了自己的经验。

有的人说："多看项目，时间长了自然就知道了。"

有的人说："咨询行业的商业分析知识是投资人应该学习的专业知识。"

有的人说："多混行业圈子，在一个圈子待久了自然就懂如何投资了。"

有的人说："知识面要宽，必须对宏观经济、国际形势、科学技术、资本市场、行业趋势等都有清晰的概念。"

如果没有经过刻意训练，项目看得再多，也并不必然能够变得专业。

咨询行业的知识对投资有借鉴意义，但毕竟两者出发点不同，并不能直

---

① VC，Venture Capital 的缩写，即风险投资。

接照搬。

行业知识和专业技能相辅相成，对于投资来说缺一不可，所以不能相互替代。

最后，关于"知识面要宽"的问题，要区分两个概念：常识与专业知识。

什么是常识？

很多投资人很"博学"。今天谈谈国际形势，明天聊聊市场行情，张口就是"未来人类发展的几大趋势"，闭口就是"对一些科技前沿问题的观点"，一、二级投资市场信息了然于胸，历史文学信手拈来。这类人常常让你觉得高深莫测，好像必须要像他一样"博学"，才能配得上投资这份事业。

可实际呢？这种能说会道的"高人"十分常见。但他们真的懂投资、懂科技、懂国际局势吗？未必，但这不妨碍他们侃侃而谈。

关于投资的科学、金融、资本市场、国际形势、哲学思辨等知识，可以统统归为常识范畴。这只体现个人素养，却不代表专业水平。

当然，大部分人也只是把这些作为工作间隙、茶余饭后的谈资而已。但作为投资新人，要是把这类常识当成专业技能认真钻研，那就与目标背道而驰了。所谓术业有专攻，在这个人人都能发表"炒股心得"的年代，你真的相信一个不盯盘、不做功课的风险投资人，靠着一级市场的"感悟"就能做好二级市场的投资吗？

什么是风险投资行业的专业知识？

对投资人来说，投资首先是一份职业，它有明确的岗位职责。在大部分的投资初级招聘岗位中，都有以下职责描述：撰写行研报告、撰写尽调报告、评估项目等。如何把这些事情做好，才是投资新人该学习的专业知识。

在笔者看来，专业的投资人应该是懂行业的"商业专家"。

投资人每天要面对很多行业的企业和项目，钻研行业知识是每天都要做的功课。但是再专业的投资人也不可能了解所有行业和领域，投资人对于行业的认知永远是有限的，不可能超过身在业务一线的企业家。因此，投资人只是"懂"行业而已，了解行业知识只是为了达到平等对话的目的。

"商业"才是投资人真正的"专业"。此处所谓的"商业"是指抽离于具体行业之外的有关企业经营与管理的通用性知识，所涉及的范围包括但不限于：公司管理、市场营销、财务管理、人力资源管理等众多领域。可以说，一切有关"如何做好一家公司"的知识都属于"商业"的范畴。而认知"商业"的目的是从投资角度分析公司、评价公司，甚至是在商业层面上引导公司。投资人可能未必懂某个产品的技术指标优劣，但投资人应该比企业家更了解一家公司在不同发展阶段可能存在的问题及解决方法。

当然，一切最终还是要落实到具体的工作职责：做尽调，做行研，写报告，评估项目。这既是工作成果的体现，也是能力积累的基础。这是投资的专业技能。

这很难吗？这不难。很多时候，这些工作甚至都是新人在做。

这很简单吗？这并不简单。没有这些基本功的积累，就无法形成深刻的专业认知，更无法形成真正的投资知识体系。

这些基础工作如果做不好，意味着做不好尽调、做不好投资决策，进而影响投资回报、基金募资和基金管理。这并非无关紧要的小事，反而是时时刻刻都与投资事业紧密相关的大事。

对于新人来说，笔者认为职业生涯的开启应该分成两步：首先，打基础，做好专业技能的铺垫，聚焦那些"不变"的东西；其次，积累商业与行业的认知。下面我们以一个24岁硕士毕业的年轻人为例，来试着描绘一个风险投资人的成长历程。

24岁的时候，你刚入行，承担行业研究分析工作，收集整理资料、写会议纪要、写报告……按照模板框架就能做这个阶段的工作，门槛很低。

26岁的时候，你承担的工作是跟着上级去企业做尽调。这个工作要懂业务、懂法律、懂财务，有一定的门槛，但是跟着多做几遍就能懂。

28 岁的时候，你自己带着团队去做尽调，开始承担跟管理层沟通的工作，你要具备平等对话的能力和水平，门槛开始渐渐体现出来。

30 岁的时候，你开始越来越聚焦某些行业和领域，你在特定领域的判断越来越准确，越来越有信心。行业的人开始知道你、熟悉你、认可你，你在行业内的名声开始慢慢形成。

32 岁的时候，你开始注重经营人际关系，你知道如果未来要自己设立基金，必须要有资金方愿意支持你，同时你也知道这种关系的建立绝不是一朝一夕的。

35 岁的时候，你多年经营的人际关系终于有了成效，有几家机构愿意出资给你设立的基金，你开始招募合伙人，考虑如何打造团队。

投资不同于其他职业，一方面需要具备多种能力，另一方面却没有明确固定的学习内容，你既可以坚持学习，实现从量变到质变的飞跃，也可以停滞不前，坐吃山空，而这也造成了投资人能力之间的巨大差异。有人这样评价过投资人的发展过程："投资是一件反人性而且痛苦的工作，对于年长的投资人更是如此。40~50 岁，你可能还要不断学习逻辑、研究基本面、试图把握经济和市场的最新变化，没有比这更反人性的了。所以老投资人一般会出现四种情况：第一种是依然持续保持学习能力，讲底层逻辑，讲数据，讲基本面，这是极少数；第二种是退而求其次，开始依赖已经完全定型的投资框架和逻辑理念，常被称为路径依赖；第三种是继续退一步，谈典型个例和其人生经历；第四种就是退到最后，开始讲没有科学性的技巧。

最后再聊聊关于行业认知的积累。

投资应该是"以磨炼尽职调查能力为手段，以积累行业认知为目标，以形成投资哲学为归宿"。按照对行业的认知，笔者把对行业的理解分成下列几个层次：

①我读过（看过行业报告，知道行业基本的概念）；

②我听过（访谈过企业创始人，以投资人视角了解过行业的内在运行状态和模式）；

③我见过（访谈过多家企业及其上下游，验证过不同企业的说法，知道行业的核心问题）；

④我练过（完成过多个细分子行业的行业梳理，能够形成特定大行业的宏观看法，对于大行业的发展趋势有独到的见解）；

⑤我悟过（根据对不同行业的洞察提炼过一套或者多套商业逻辑，能够适用更多行业领域）。

很多人对投资的认知始终停留在"我听过"这一层次，难以提升，重要的原因是缺乏行业专注度和没有掌握正确的尽调方法。在"我听过"层次的投资人，大部分只能依靠通用性的"套路"做尽调，问一些放之四海而皆准的常见问题：

"公司竞争的优劣势是什么？"

"公司面对的最大的内外部风险是什么？"

"公司未来的发展战略是什么？"

"如果BAT①做你的业务怎么办？"

"公司预计多久才能申请上市？"

"你能接受对赌吗？"

由于缺乏对特定行业的深层次理解，问不出有关行业和业务特有的问题。

对于大部分投资人来说，职业生涯难以突破的瓶颈就是从"我听过"升级为"我练过"。这取决于个人是否有意识地提升自己的行业认知能力。一个入行10年的投资人如果还是只能做些泛行业的项目尽调，本质上跟一个入行4~5年的人是没有太大区别的。你所做的事情本身的价值影响你的价值。

曾经有同行跟笔者说，他们没钱投资，但是老板一直要求他们不停看项

①BAT，即百度、阿里巴巴、腾讯公司的合称。

目，他几年来看了 1 000 多个互联网项目，自称在互联网领域非常专业。结果笔者跟他聊后发现，除了几个行业术语和一些粗浅的认知之外，并未获得其他有意义的见地。

投资类似砍树，砍过 1 000 棵树，形成的是感性经验，但如果不刻意总结方法，有意识地实践、验证并最终形成一套方法和体系，那么，经验要应用于实践不过是一纸空谈。

戚威

2021 年 12 月 16 日

CONTENTS 目录

第二部分
尽调方法论篇

第三部分
尽调实务篇

第四部分
尽调报告篇

第一部分

投资逻辑篇
─────

本部分作为全书的开篇，讨论的是风险投资的核心问题：投资如何决策、如何对决策影响因素进行尽调。首先，从投资整体的角度出发，将单一项目的投资决策影响因素概括为五项：价值、估值、退出、风险、策略。其次，从尽调逻辑出发，阐述了尽调的含义与目标并重点分析了不同类型尽调之间的逻辑关系，并提出了投资应该实现"标准化"的观点。

第一章　投资逻辑

一、投资就是预见未来

有人曾说过这样一句话："如果人生可以重新来过，每个人都可以成为伟人。"就像《夏洛特烦恼》中的夏洛，穿越到过去，通过"抄袭"未来歌星的作品成为顶尖的明星。想象一下，如果你能穿越到三十年前，会取得多么巨大的成功？你能清楚地预测每一次牛市、每一次大的经济周期，甚至是每一次大的社会发展变革，你将成为十分成功的投资人。

现实中，虽然我们没法像穿越者一样准确地预知未来，但尽可能提高预知准确率也能为我们带来巨大的财富。第一批互联网创业者抓住了互联网创业的浪潮，缔造了一大批成功的互联网企业；而第二批移动互联网的创业者则抓住了新的机遇，创造了新的财富。那么未来的第三次大机遇在哪里？我们又该如何去抓住呢？

正所谓"风起于青萍之末"，未来任何的发展和变化都不会毫无迹象可寻，未来的每一处景象都来自现在的细微变化。要预见未来，首先得理解现状，对现状理解得越深刻，对未来的预见越准确。

一旦找准方向，我们就该专注地贯彻。投资就是找准一个大的方向"押注"。我们在经历着这个时代的同时也在改变它。我们既是预言家，又是执行者。如果你是最早看清方向的人，同时又能带动大众相信你的方向是对的，那你有什么理由会不成功呢？

当然，我们也必须承认运气在投资中的重要作用，毕竟投资行业是个靠结果说话的行业。相对于大众来说，傲人的业绩远比严密的推理有更强的号召力。但是，好运气可遇不可求，而正确的投资方法能让我们比别人离成功更近一步。坚持正确的投资方法，与时间做朋友，成功将会向你走来。

二、投资决策的逻辑

要理解投资决策的逻辑，要先回答下列三个问题。

1. 问题一：投资的目的是什么

不同投资机构的目的不同，国家投资是为了国家战略布局，地方政府投资是为了培育产业，上市公司投资并购是为了业务协同……而绝大部分市场化投资机构的投资目的很简单，就是追求财务回报。作为职业投资人，目的应该清晰明确，就是为出资人赚取更多的收益。一切行动的目的和评价的标准都应该围绕财务回报来展开。因此，在评价投资能力的时候，非常重要的标准就是财务收益率。任何将投资目的模糊化、将投资评价标准与其他非关联事项混淆的行为都是不合理的。

2. 问题二：投资如何追求财务回报

众所周知，股权投资获取财务回报的方式有两种：企业分红和估值差。

在大部分的风险投资（Venture Capital，VC）项目中，企业都处于成长期，规模较小，难以实现盈利。对于成长期的企业来说，即使有盈利，现金流也是紧张的。为了扩大再生产、提高产品技术、提升服务能力，企业会将赚来的现金再次投入业务，因此企业不可能有多余的现金给股东分红。

分红与成长是一对矛盾体，好似鱼和熊掌，投资人虽然都爱，但只能选其一。要分红就意味着杀鸡取卵，透支未来。要成长，就要忍住"杀鸡"冲动，默默等待。

实践中，大部分投资人选择的是舍弃分红，等待企业成长，因为估值差才是企业获取财务回报的重要且高效的方式。所谓估值差就是投资人投资入股和卖出股权这两次交易之间的价格估值差额。

我们来算笔账：假设甲公司 2×20 年收入为 1 000 万元，净利润 100 万元。投资人 A 按照 5 倍市销率给予其估值 5 000 万元，投资了 1 000 万元，获得了 20% 股权。2×21 年公司收入增长到 2 000 万元，净利润 200 万元。投资人 B 按照 5 倍市销率给其估值 1 亿元，并以 2 000 万元的价格买走了 A 全部的股权。

如果按照分红方式，A 每年只能获得 40 万元（200×20%）的分红，意味着如果公司业绩不再增长，A 需要 25 年才能收回成本。而通过估值差，A 在 1 年内就实现了翻倍的收益。这就是投资人赚钱的原理。

相对于分红而言，估值差是投资追求回报的主要方式，而业绩在增长就意味着估值会增长。不同行业的估值倍数相对固定，所以估值增长可以视同只跟业绩增长相关（当然也会有类似"戴维斯双击"的情况，成长性高的企业，可以获得更高的估值倍数，此种情况暂且不论）。**这里可以得出一个结论：投资回报取决于企业的未来成长性，成长性判断是投资决策的核心因素。这是本书的核心观点之一。**

值得一提的是，依靠稳定现金流、资产升值以及二级市场等方式投资而获取财务回报的投资逻辑与本书所述的股权投资不同，不在本书讨论范围之内。

3. 问题三：投资决策要考虑哪些因素

假设你看好一个杯子，估值 3 元，而售价只有 2 元，你可能会毫不犹豫地买下它。

但如果对一个公司的估值低于其价值，可以投资它吗？很显然，不能。因为投资决策并不是简单的比价。

通常来说，投资决策应该考虑以下"五要素"。

第一，价值。价值意味着成长性，成长性是投资的前提和基础。

第二，估值。估值跟成长性直接相关。估值高意味着企业未来有高成长性，如果成长性不够，就不能覆盖高估值的投资成本，也就无法实现投资的目的。

第三，退出。在一级市场中，缺乏的不是估值低于价值的标的，而是流动性。如果无法退出项目，就意味着投资无法变现，账面上的浮盈再高也没有意义。

第四，风险。风险不仅意味着收益的波动，还意味着企业经营的安全性。不同类型的风险或者与成长性相关，或者与持续经营能力相关，需要结合估值、退出方案来综合分析其对投资决策的影响。

第五，策略。每家投资机构都有自己的策略。策略会直接影响投资决策，而策略的形成是投资方向、投资领域、风险偏好、基金规模、基金期限、发展阶段、团队配置等多种因素综合决定的结果。

"五要素"构成了投资决策核心的判断指标。本书将逐一展开论述。

三、价值的逻辑

经常会有人问，什么样的企业是投资意义上的好企业。

· 有人认为按照行业去判断，押对赛道的就是好企业。

· 有人认为按照技术去判断，有技术门槛的就是好企业。

· 有人认为按照估值去判断，估值低的就是好企业。

· 有人认为按照团队去判断，团队实力强的就是好企业。

· 有人认为按照上市速度去判断，在短期内能上市的就是好企业。

· 有人认为按照社会价值去判断，有社会责任感的企业才是好企业。

凡此种种，不一而足。根据前文的论述，成长性是衡量企业价值的最佳指标。因此可以说，**有成长性的企业就是好企业**。那么，如何判断企业的成长性？成长性应该从下列几个维度去分析。

1. 第一个维度：概念维度

成长性包含两层含义。其一是财务意义上的成长性，主要体现为营业收入的增长。财务上的成长性是估值的依据，是分析的目的。其二是业务意义上的成长性，主要体现为订单的增长。业务上的成长性是企业发展真正的动因，是分析的核心。判断企业成长性需要将二者结合：以财务增长来验证业务，以业务增长来预测财务。

2. 第二个维度：时间维度

分析企业的成长性，既要看历史，也要看未来。历史数据主要用来验证企业的成长速度与质量，进而验证企业的核心业务与成长驱动力。虽然过去的增长并不代表未来的增长，但企业的核心能力是未来持续发展的保证。

3. 第三个维度：尽调维度

成长性分析的本质是一个对业务不断加深认知的过程，对业务的认知可以分成三个阶段，分别对应了不同的尽调方法。成长性分析逻辑如图1-1所示。

· **业务抽象（业务尽调）**：根据访谈、产品演示等方式获取对企业业务的感性认知。该阶段仅有定性的认识，无法做定量分析。

· **业务具象（财务尽调）**：根据财务数据对业务做定量分析，能够在一定程度上验证企业"口中的业务"与"真实业务"情况之间的差异。

· **业务实质（行业尽调）**：在定性与定量分析基础之上，做行业对比分析，明确目标企业在行业中的实际价值与地位。

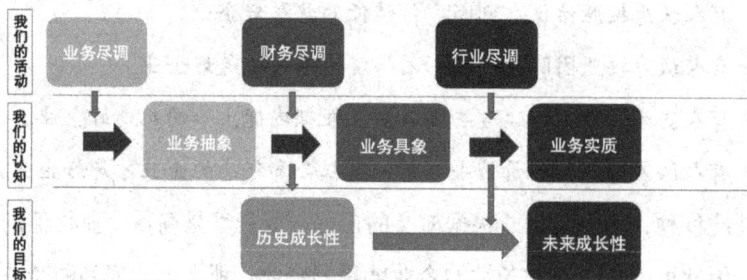

图1-1 成长性分析逻辑

四、估值的逻辑

投资就像购物，只有好东西还不够，还要有好价格。估值会直接影响投资目的的实现。投资估值过低的标的，会导致流动性低，退出困难；投资估值过高的标的，会导致无法实现预期盈利目标。对于投资人来说，需要对估值的高低进行权衡，一味地"追风口"或者"捡垃圾"都是不可取的。

（一）合理估值的概念

什么是合理的估值？

要回答这个问题，我们首先应明确估值是怎么来的。实践中估值是询价的结果，而不是依靠公式计算得来的。通常情况下，企业根据相对估值法报价，投资机构再根据尽调情况调整报价，最终得出一个双方都能接受的估值结果。

在估值谈判过程中，投融资双方的利益诉求是相悖的：投资人倾向于将估值压低，而企业方倾向于将估值做高。合理的估值应该兼顾二者利益，其判断标准是：基于该估值，投资人能获得合理的投资回报。

（二）合理投资回报率

我们经常能看到新闻报道某个股权投资项目获得百倍甚至千倍的收益。很多时候这类新闻给人一种误导，让人误认为股权投资的回报率是没有上限的，把股权投资当成一种以小博大的刺激游戏。实际上，不论何种类型的投资都应该有投资回报率目标，比如债权投资，利息是固定的，只要能到期还本付息，投资回报率目标就达成了。

但是股权投资中很少见到"投资回报率目标达成"的说法，不少人都在一味地强调高收益，似乎回报率可以无限大。

投资回报率真的是越高越好吗？实际并非如此。股权投资和债权投资本质上一样，都应该有确定的投资回报率目标。股权投资成功的标志应该是实现既定的投资回报率目标，而不是追求无限高收益。

投资回报率并不是越高越好，因为高收益伴随着高风险。追求高收益必定会造成投资回报率的波动，进而影响投资目标的达成。

确定股权投资的合理投资回报率应该考虑以下两点。

第一，机会成本的风险回报率。例如，信托投资收益率在9%左右，高峰时期能达到15%，甚至更高。由于信托投资是债权投资，相对于股权投资而言，投资周期更短、风险更低。假设二者的投资门槛等条件相同，如果股权投资项目的收益率低于9%，从投资价值角度分析，股权投资项目就失去了投资的意义，因为有其他风险更低、收益更高的标的可以选择。考虑到投资风险并结合经验，笔者认为，股权投资的合理回报率至少应该达到年化收益率为30%。

第二，风险收益配比。股权投资风险主要受投资阶段和投资期限等因素影响。不同项目在投资回报率上应该有差异。Pre-IPO[①]项目作为股权投资中最为稳健的类型，风险最低，则回报率也应该最低。以标准 Pre-IPO 项目投资（3年退出）作为参考，以此作为股权投资收益率的下限，即年化收益率为30%；上限可以参考早期天使投资。根据市场经验，天使投资的成功率约为5%，平均投资期限在8年。假设一只天使基金共投资20个项目，按照5%成功率，即只有1个项目成功。失败项目的残值均为0，存续期为8年，所有项目均为第1年年初投资，第8年末退出。如果基金的整体投资回报率目标想要维持年化收益率为30%，意味着成功项目的回报倍数应该为163倍，对应IRR[②]为89%。这个可以视为天使投资的合理投资回报率。在天使轮和Pre-IPO之间阶段的项目，可以根据具体风险情况来相应调整合理投资回报率。

---

①Pre-IPO，直译为"首次公开发行上市之前"，一般指企业处于即将准备申报上市的阶段，也指专门投资该阶段企业的投资机构。
②IRR，Internal Rate of Return 的缩写，即内部回报率，也称内部收益率。

（三）确定合理估值

回归最初的问题——如何确定合理估值。在讨论完合理投资回报率之后，这个问题现在转化为：在实现合理投资回报率的情况下，确定估值。

我们先来看看影响估值的因素有哪些。这里采用的是相对估值法，计算方法具体如下。

投资时点：

投资估值 = 估值倍数（投资）× 历史业绩

预期投资回报倍数 = 估值倍数（投资）× 历史业绩 × 成长性预期 / 投资估值

退出时点：

实际投资回报倍数 = 估值倍数（退出）× 历史业绩 × 实际成长性 / 投资估值

根据公式可以发现，影响投资回报倍数达成的因素有两点：

第一，成长性预期与实际成长性；第二，投资时点的估值倍数与退出点的估值倍数。

1. 成长性预期

成长性预期是指在投资时点上管理层对企业未来增长的预计，一般是通过管理层盈利预测表来体现的，而通常企业会倾向于高估盈利预测水平，这就要求必须把根据尽调情况对管理层盈利预测表进行修正作为确定估值的核心工作之一。

成长性预期会呈现连锁反应。预期越高，会导致投资估值倍数越高，同时会造成未来成长性提升的可能性越低，进而导致退出估值倍数越低，从而形成"戴维斯双杀"的情况。这也是高估值的企业成长性容易不达预期，进而造成估值倒挂甚至垮塌的原因。

由于我们无法掌控企业未来实际成长性，所以在投资时点上企业的成长性预期是我们判断的关键。

要想达到投资回报率目标，企业的未来实际成长性应该不低于投资时的成长性预期。因此，实际尽调中投资人应该全面地考虑各类因素对未来实际成长性的影响，与管理层协商将成长性预期控制在合理的范围内。

2.估值倍数

首先，估值倍数跟行业因素直接相关。通常来说，行业天花板越高，市场规模增速越快，估值倍数越高。通常以可比上市公司或者同行业企业最近融资估值的数据作为参考。

其次，估值倍数往往跟企业成长性预期正相关。企业成长性预期越高，则估值倍数越高。

最后，估值倍数也会受到项目供求关系等因素影响。正如前文所述，估值是询价结果，并无计算公式，亦无对错之分，最终取决于双方的谈判结果。

（四）总结

投资人在确定目标企业的合理估值时的步骤如下：

第一，根据项目的风险因素确定其合理投资回报率目标；

第二，找到目标企业细分同行业的相对权威的估值方法，进行对比分析，以此修正企业估值倍数；

第三，根据尽调情况修正管理层盈利预测中的成长性预期；

第四，根据前述情况确定投资估值区间。

其中，成长性预期的修正是合理估值的核心与关键，也是难点所在。

此外，虽然历史业绩不影响投资回报率目标的达成，但要注意根据尽调情况来修正目标企业的历史业绩，以避免出现为粉饰历史业绩而透支未来业绩的情况。

【案例1-1】A公司成立于2×15年，2×20年净利润为1 500万元。公司实际控制人承诺：2×21年、2×22年和2×23年净利润分别不低于

1 800 万元、2 160 万元、2 600 万元；公司投后估值不超过 2.16 亿元，该估值是否合理呢？

不合理。

原因在于：由于公司在业绩承诺的最后一年仍达不到上市要求，因此该项目不能被视为 Pre-IPO 项目，其投资回报率目标应该高于30%；公司预计 2×21—2×23 年的年均收入增速仅为 20%，意味着在估值倍数不变的情况下，对应的投资回报率仅为 20%，这明显低于投资回报率目标。因此，公司给出的估值明显过高。

那么，一旦按照上述估值投资会出现哪些后果呢？

由于成长性不佳意味着目标企业竞争力不足，所以随着行业的逐渐发展成熟，目标企业的增速会放缓。企业实际成长性较大概率达不到成长性预期，则投资到期时，估值倍数大概率将下降（其实本身已经高估），甚至有可能出现估值倒挂情况（即后轮估值低于前轮估值）。更大的问题在于由于成长不及预期，企业的吸引力下降，可能会出现后续融资困难的情况，企业缺乏资金发展，成长速度进一步受限，形成恶性循环。

对于投资人来说，如果企业估值一直不涨，就无法退出投资，如果再没有相关退出约定或者其他风控措施，那就相当于给了企业一笔无息贷款，企业只要不清算就可以永远使用。这无疑是非常糟糕的一种状况。

五、退出的逻辑

投资人应该对这样的说法不陌生："投资中最重要的事情是'退出'，没有'退出'，所有的盈利都只不过是账面浮盈而已。"

这种说法不全对。"退出"确实重要，因为它是投资兑现的结果；但"价值"和"估值"同样重要，因为它们是投资兑现的原因。三者是缺一不可的关系，不存在谁更重要的说法。好比股票投资，股票有流动性当然重要，但一定比低价买入更重要吗？比股价上涨更重要吗？三者只是投资逻辑的组成部分，就像运动员的手、腿、大脑一样，难道短跑运动员的腿比大脑更重要吗？

（一）"退出"为什么重要

虽然不能说"退出"比"价值"和"估值"更重要，但"退出"确实是投资决策中非常重要的一个因素，原因在于严峻的退出形势。众所周知，一级市场投资最大的难题在于退出。中国证券投资基金业协会的数据显示，近五年来，国内每年投资案例数量在 8 000~10 000 例，年均投资金额近万亿元。由于缺乏畅通的退出渠道，大量项目无法退出，存量项目日益增多。

退出渠道主要可以分为以下三种。

1.IPO[①] 上市

从渠道畅通度来看，IPO 退出空间相对有限。根据清科统计数据，近年来我国企业每年境内外 IPO 的数量为 200 到 500 家，且受政策影响大，比如 2013 年 A 股市场只有 2 家企业上市。粗略估算，正常情况下每年只有 2%~5% 的企业能通过 IPO 方式退出，显然无法满足所有股权投资项目的退出需求。

2.并购

从渠道通畅度来说，并购退出通道的空间相比于 IPO 大很多，近年来年均并购案例在 2 000 例左右。但实际上股权投资真正通过并购方式退出的并不多。根据投中网统计，最近 5 年私募基金投资项目以并购退出的数量每年约为 600 家，数量比 IPO 略多，占比约 6%。

3.对外转让

相对于前述的退出方式，对外转让相对来说更市场化，既能兼顾收益，又不受政策调控的影响，适合消化大量项目。比如，近年来 S 基金在

---

①IPO，Initial Public Offering 的缩写，即首次公开发行股份并上市，是指企业在证券交易所挂牌上市。

退出渠道中扮演着越来越重要的角色。但遗憾的是，由于信息不对称以及信任机制等问题，这类退出方式仍处在发展早期，难以有效解决投资退出问题。

综上，现有渠道仅能满足不到 20% 的项目退出需求，大量的项目面临退出无门的窘境。这要求投资人必须重视退出，提前谋划才有可能抓住为数不多的机会。

（二）退出的定义

当谈起"退出"的时候，投资人关注的到底是什么？

要回答这个问题，我们需要讨论"价值""估值""退出"三者之间的关系。简单概括如下：

· 价值回答的是成长问题，它主要解决业绩和时间的预测问题，衡量的标准是准不准；

· 估值回答的是回报问题，它主要解决策略与风险的权衡问题，衡量的标准是赚不赚；

· 退出回答的是时间问题，它主要解决规划及善后的执行问题，衡量的标准是行不行。

从这个意义上讲，可以把退出理解为一种预期回报的实现方式，也可以理解为一种应急方案。退出既关系到基金策略目标的达成，又关系到投资资金的安全。衡量它的标准只有是或否，而不存在好与坏。

退出方案不讨论成长，也不关心回报，它关注的是实操。比如，投资到期时企业能否达到上市的规模条件，那是价值所要考虑的问题，无法 IPO 的后续应对措施是退出所要讨论的问题；再比如，将并购作为退出渠道所预期能获取的投资回报情况及面临的风险，那是估值应该确定的问题，退出只关心企业是否制订了并购计划并切实完成了任务。

（三）退出所要考虑的因素

在投资决策中，关于退出方案部分应该考虑以下因素。

1. 是否符合基金策略

需要先制定好基金整体投资策略（比如，基金存续期限、基金的整体预期回报率、高中低风险项目的投资金额配比），然后根据具体情况给每个项目匹配退出策略，如是长期持有取得高收益，还是快速周转赚估值差等。

基金的大目标决定了每个项目的小目标。单一项目的退出方案首先要跟基金整体策略保持一致。比如，基金存续期剩余期限如果只有 3 年，就不应该再投资预期退出期超过 3 年的项目；否则基金存续期满，投资无法退出，就需要跟 LP① 协商延期，或者寻找其他基金进行转让。前者会影响基金管理人下期基金的募集，后者则会让投资回报率打折扣。实践中，笔者就曾见过业务增长良好的企业要求基金期限即将届满的投资人以低价出售股权的情况。而这就是要在投资前评估退出方案的原因之一。

2. 退出渠道是否明确

根据项目所处的阶段可以判断退出渠道，比如，退出期在 5 年以内的早期项目，基本不可能以 IPO 作为退出渠道，所以在退出方案设计中应该以对外转让或者并购作为退出渠道。若选择对外转让，需要考虑该渠道是否被市场广泛接受，是否属于投资机构可能投资的项目；若选择并购，则要考虑标的是否符合被并购的要求（比如是否属于限制并购行业，其业务是否属于前期投入大的类型，在投资期内是否能达到并购业务的要求等）、团队是否可以接受被并购等。

退出渠道越明确清晰，其实现的可能性就越大。投资人在进行项目决策时，要将该问题纳入考虑范围，而不要认为退出是几年以后的事情，可以先不考虑。很多事情在投资时点就已经确定，后期想更改非常困难。

————————

①LP，Limited Partner 的缩写，即有限合伙人，是指投资机构管理基金的出资方。

3.风险是否覆盖

要明确的一条原则是"按时退出是第一要务"。在大部分情况下，在特定的时间点收回特定资金比赚更多的钱更重要。只有按时退出，才能保证基金策略目标的达成。如果不能按时退出，意味着原有的成长性预测和风控措施失效，就无法保证预期投资目标的实现，甚至可能影响到投资本金。投资退出要遵循终局机制，即必须在特定的期限内退出。如果没有终局机制，投资人就只能指望企业家的人品了。

（1）通常的风控机制

通常的风控机制为对赌。

对赌是指依据双方约定，由创始人在特定目标未达成时向投资人履行特定义务的行为，比如企业在期限内未上市，则由创始人回购投资人持有的企业股权。对赌条款的收益率不高，基本在 8%~12%。这种退出方式是保本的一种风控措施，而并非能实现投资目标的退出渠道。

对赌条款是投资人与融资企业之间经常讨论的话题。偶尔会有创始人诟病对赌条款，认为这是投资人不愿意承担风险的表现。也有投资人抱怨，一旦企业经营不善，创始人根本无力履行承诺，使得对赌条款形同虚设。

实践中，对赌条款并不能完全保证投资本金的安全，但确实能起到促使项目成功的效果。这类条款的意义在于以承担后果的方式约束创始人不要在融资时过度乐观地预测成长，同时将创始人与投资人的利益捆绑，保证创始人全身心投入，尽全力运营好企业。因此，通常来说，如果在企业预期与投资人预期有较大差异且无合理依据时，投资人有必要通过对赌条款约束创始人，以作为企业发展不及预期的终局机制。

（2）建议的应对措施

对于未达到预期退出目标的企业，投资人应及时清理，比如坚决执行回购条款等。对被投资企业抱有"再等一等，说不定有机会翻身"的想法是不理性的，绝大部分情况下在投资期内发展不佳的企业在以后翻身的可能性很小。当然，要结合业务分析管理层给出的企业未来业绩增长扭转的原因并判断合理性。投资人在做退出决策时应该针对企业业务和行业情况做一次补充尽调，以更新企业的最新情况，防止误判。

而对于发展预期良好但暂无退出渠道的企业，投资人应先寻找问题，再评估时间，最后决定是否清理。如果问题在短期内可以解决且不违反整体投资策略的情况下，可以暂不清理，但需要重新设计与协商风控措施。如果问题解决时间不明确或者企业本身存在其他问题，投资人则应该及时清理，但不是简单地履行回购条款，而是应与创始人沟通以合理方式退出，以保证自身的利益。

（四）总结

虽然能否实现退出归根结底还是成长性的问题，因为一家成长性良好的企业不缺乏投资人投资，但投资人经验再丰富，也难免会有看走眼的时候，而各种意外也可能导致项目出现无法预料的状况。合理的退出方案能保证在遇到问题时有一个合理的善后方案，避免各方陷入僵局。因此，退出方案应该追求全面性，务求把退出中可能遇到的各种问题和风险及其应对措施都纳入考虑范围，以实现全面覆盖。

六、风险的逻辑

（一）投资风险的定义

投资风险是指对目标企业的业务与经营可能构成不利影响的事项。投资风险的用途在于：第一，作为投资决策的考量因素之一；第二，指导投后管理。事项作为投资风险提示的前提需要满足以下条件：

·**相关性**：风险要结合企业具体情况，跟企业的业务相关；

·**可能性**：风险要有基本的证据支持，达到合理怀疑的标准；

·**不确定性**：风险是在未来可能发生的事项，其发生与否是不确定的；

·**业务影响／存续影响／投资决策影响**：风险是能对企业的业务与经营构成影响，或者对投资决策构成影响的事项。

举个例子，如果企业一直偷税漏税，其行为可能导致企业被处罚甚至被吊销营业执照，那就对企业的经营造成了影响，符合风险的构成条件；此外，诸如财务处理不规范导致报表收入虚增等的情形，可能误导投资人做出错误投资决策的，也符合风险的构成条件。

（二）投资风险描述的误区

实践中，由于有不少投资尽调报告是参考投行 IPO 招股说明书的"风险因素"章节来撰写的，因此这里先以招股说明书为例来说明投资风险描述的误区。

1. 普适性风险

所谓普适性风险是指任何企业都会存在的风险，不区分行业和发展阶段，不需要结合企业实际情况，甚至不需要尽调就能提出的风险。普适性风险没有实际的价值，因为无法干预也没有应对措施，所以没有风险提示的意义。典型的普适性风险包括：市场竞争风险、人才流失风险、技术迭代风险等。比如，报告中写明："宏观经济波动风险：随着经济下行压力持续增大，消费者未来的收入存在不确定性，消费者支出意愿的削弱可能直接抑制人均消费支出，进而影响电子商务及相关产业企业的经营业绩，企业的盈利能力受到宏观经济波动影响的风险客观存在。"

2. 无病呻吟式风险

很多报告中的风险其实并不是风险，与其说是风险提示，不如说是财务说明。无病呻吟式风险更多是一种财务层面的现象，对于业务而言并不存在实际影响。比如，报告中写："应收账款发生坏账的风险：随着企业经营规模的扩大，应收账款余额可能逐步增加，应收账款的大幅增加会造成企业的经营活动现金流入减少，可能导致应收账款周转率大幅下降，增加企业的经营风险。如企业采取的收款措施不力或客户履约能力发生变化，企业应收账款发生坏账的风险将加大。"

正常情况下，收入增长，应收账款和坏账同比例增长，这是合理的现象，并不会对企业的经营造成实际的负面影响。上述风险提示仅仅是把正常的发展逻辑描述了一遍。如果按照这个逻辑来写风险提示，即随着业务增长，负债会增长，成本会增长，费用也会增长，如此一来，风险提示就变成财务报表注释了。

风险提示应该关注真正对业务有影响的事项。比如，以应收账款为例，随着业务增长，风险提示应该关注的是企业在账期管理策略上是否有变化、是否为了保增长而放宽账期、账龄结构是否恶化等情况出现。

再比如，报告写道："净资产收益率下滑的风险：本次发行后，企业净资产规模将大幅扩张。由于募投项目的实施需要一定时间，在项目建成投产后才能达到预计的收益水平，因此短期内企业净资产收益率将有一定幅度的下降，从而存在净资产收益率下降的风险。"

这个是非常典型的无病呻吟式风险。净资产收益率是一项财务指标，它的用途是做财务分析，而财务分析是为业务服务，用于提醒业务中可能存在的风险与问题，以帮助改进业务。企业IPO上市之后通过发行新股进行融资，所以导致短期内净资产收益率降低，这是正常的，对企业的业务没有负面影响。但已经明确知道业务方面不存在问题，却依然以财务指标变化为理由来提示风险，这明显是多此一举。这就像医生跟病人说：因为你体温偏高，所以虽然你身体很健康，但你依然可能患有疾病。

3. 确定性风险

所谓确定性风险，是指发生与否存在不确定性的事项。未来必定会发生的事项并不符合风险的定义，因此对这类事项只需要评估影响即可，不用作为风险提示。比如，报告写道："税收优惠变化风险：企业目前享受'三免两减半'的税收优惠政策，未来到期后可能会增加税收成本，对企业经营业绩造成不利影响。"

4. 无迹象风险

风险有必要提示的前提：要有一定的事实依据证明其可能发生，至少达到合理怀疑的程度。在毫无事实依据的情况下提示风险，则不免有草木皆兵之嫌。比如，报告写道："实际控制人不当控制风险：截至本招股说明书签署日，发行人控股股东为王×，直接及间接控制企业股份比例为58%。虽然目前企业已经建立了与股份公司相适应的法人治理结构，并建立健全了各项规章制度，而且上市后还会全面接受投资人和监管部门的监督和约束，但如果相关制度执行不力，可能存在实际控制人利用自己的股权和控制地位，通过行使表决权或其他方式对企业在经营、人事、财务、管理等方面进行控制，做出损害投资人利益的决策和行为的风险。"以上述滥用实际控制人地位风险为例，如果实际控制人在过往期间长期将企业资金挪作私用，合规意识淡薄，那有理由怀疑他在获取融资后可能继续侵害投资人合法权益。但是如果企业过往内控制度一直运行良好并且实际控制人合规经营，只凭借"股权比例大"就说实际控制人可能滥用权利，这合理吗？

（三）投资风险的分类

在投资尽调的实践中，投资风险经常按照下列口径分类：

· **法律风险**：股权代持、股东特殊权利、股权集中、股权质押、出资未实缴等风险；

· **财务风险**：内控瑕疵风险、现金流风险等；

· **业务风险**：经营合规性风险、客户/供应商/经销商依赖风险、同业竞争风险等；

· **行业风险**：行业竞争风险、监管政策风险等。

上述划分方式的问题有两点。

第一，有些风险是多种因素的混合结果，无法界定具体类型。比如，以互联网用户隐私数据保护为例，这既涉及业务合规流程设置，又涉及行业监管政策执行，而最终结果可能体现为被监管部查处或者被起诉等，是业务、行业与法律风险的结合。

第二，在尽调的具体分工方面存在模糊地带，可能存在重合领域的风险被反复提及，而"三不管地带"的风险却无人关注的问题。

基于上述原因，本书将上述风险整理、简化，归纳成两个大类：成长性风险和持续经营风险。

· 成长性风险是指对企业的成长性构成直接影响的风险，一般是业务、财务、行业尽调关注的内容。

· 持续经营风险是指对企业的经营存续构成直接影响的风险，一般是法律尽调关注的内容。

如何理解上述概念？打个比方，把企业比喻成一名运动员，其能否拿金牌，取决于运动能力和临场发挥，这是所谓的成长性风险；而其能否作为运动员在这个行业里持续工作，这取决于其身体健康水平和职业操守，这是所谓的持续经营风险。比如他可能患有先天性疾病，职业生涯随时可能结束；他可能在服用禁药，一旦被发现将终生禁赛。持续经营风险虽然发生的概率较小，但一旦发生会对企业的经营产生巨大影响。

成长性风险和持续经营风险的差异还在于应对措施。成长性风险主要通过降低盈利预期和调整估值等方式来解决；而持续经营风险的应对措施有在投资前解决风险和约定风险发生后的责任分担机制两种。

（四）成长性风险

成长性风险是指可能对业务产生直接影响的事项，该风险一般只关乎企业的业务增速快慢，而不会对企业的经营存续能力构成影响。此外，因为尽调操作所导致的可能影响投资决策判断的风险也归入成长性风险。

在尽调中，成长性风险分析应该由负责业务、行业和财务尽调的人员来完成。

1. 业务风险

在成长性判断方面，业务尽调的对象一般包括产品、技术、商业模式等。因此，从产品、技术、商业模式等角度对成长性可能构成影响的事项可以归入业务风险。

常见的业务风险如下：

· **产品 / 技术门槛较低风险→研发不确定性风险→估值高估风险。** 在大部分情况下，中早期项目的产品技术门槛不高，因此竞争门槛低是常见的风险。与低门槛风险相对，具备高门槛的项目往往伴随着巨大的前期投入和较长的准备时间，而研发结果的不确定性会给企业的业务带来巨大的不确定性风险，比如，原研药的研发、芯片设计制造等。如果企业投入巨量成本的研发项目成功并真正建立起高门槛的商业模式，那就意味着项目有稀缺性，但继而导致估值可能被高估。

· **市场开拓风险→大客户依赖风险→跨区域、跨行业拓展风险。** 在完成产品开发之后，中早期项目往往存在市场推广的问题，在市场策略、执行力以及所拥有资源等方面的不确定性可能导致市场开拓不达预期的风险。在完成标杆性客户拓展之后，企业在这一阶段可能面临大客户依赖风险，一旦大客户流失，收入将锐减；同时依赖大客户还可能出现客户回款慢，进而导致现金流紧张，客户压价导致利润率下滑等风险。在特定区域或者特定行业完成开拓后，企业往往还要在不同区域、不同行业完成进一步的拓展，但开拓不同区域的市场和满足不同行业的需求的跨越式拓展会导致企业存在着不达预期的风险。

· **供应商集中风险→供应链管理风险。** 当核心原材料来自少数的供应商时，企业可能面临一旦供应商停止供货无法生产的风险。当下游供应链的需求被分散时，可能导致企业对于单一供应商的吸引力下降，进而导致供应商给予的价格优惠减少，货物供给优先级降低，结算账期缩短；同时企业可能需要耗费更多精力对接更多供应商，使得供应链管理复杂程度增加，这会给业务带来风险。

2. 行业风险

在成长性判断方面，行业尽调的对象一般包括：行业天花板、行业竞争格局、行业发展趋势等。因此，这些事项对企业成长性可能构成的影响可以归入行业风险。常见的行业风险如下：

市场天花板风险→市场恶性竞争风险→市场格局确立风险→行业变化风险。

新兴领域的市场需求在早期往往并不明确，市场规模小，行业发展速度并不快，身处其中的目标企业往往容易被质疑市场天花板明显。当行业趋势逐渐明确、商业模式获得充分验证、行业发展速度加快时，越来越多的竞争对手就会被吸引加入其中，行业竞争加剧，导致企业出现增速放缓、利润下滑等问题，竞争力偏弱的企业可能面临被淘汰的风险。一旦经历过洗牌，市场格局确立，头部企业占据了较大的市场份额并建立了一定的竞争壁垒，后进入者就会面临与头部企业竞争的问题，在各方面处于劣势。这时，后进入者想要在竞争中取得成功，必然存在着极高的难度和不确定性。一旦目标企业成为行业头部企业之后，可能会发生行业增速放缓或者行业趋势变化的情况，导致其建立的壁垒存在被挑战的风险。

3. 财务风险

从成长性角度分析，财务一般扮演着业务"晴雨表"的角色，更多是业务结果的一种体现。由财务来反向影响业务的情形较少。不少尽调报告会在财务方面提示各类风险，但实际上这些所谓的财务风险要么仅仅是财务会计层面上的披露问题，要么是尽调操作问题，对业务均不构成实际影响。比如："收入确认不符合企业会计准则规定：企业收入确认原则为以开具销售发票确认收入，收入确认时点和依据不符合企业会计准则规定，企业存在调节收入的可能；同时，企业未保留客户确认的初验、试运行和最终验收资料，也未保留与客户对账的记录，缺乏足够的外部证据判断其收入真实性和准确性。企业与 A 客户、B 客户等均存在尚未签署合同即确认收入情况，且金额占比为 ×%，对收入影响较大。"这是实践中经常会见到的一类财务风险表述，它表述了这样一个事实：目标企业采用的会计政策不符合企业会计准则要求，从而导致收入可能被高估。

该事项既是一个财务规范性问题，也是一个尽调问题。从财务规范性角度看，企业的收入确认不规范意味着其他财务数据可能也存在问题，其财务真实性存疑。从尽调角度看，该尽调显然没有还原真实的财务情况，意味着企业的财务情况可能比报表体现的情况要差，这会影响投资决策和估值。这才是真正的风险。

4.尽调风险

在尽调中，受时间和人员等投入成本和企业配合程度等因素的影响，尽调结果可能与企业的实际情况存在一定的差异，这种差异可能会导致对企业未来成长性的预测偏差，进而导致投资决策出现失误。比如，报告表明："财务尽职调查的局限性：我们未获取包括各期返利政策及计算表在内的财务资料，提请贵方知悉，资料受限或导致我们对本次交易的尽调存在潜在风险，但并不影响本报告所陈述的相关结论。"这类风险需要向决策者重点说明。比如跟投类型的项目，往往只能依据领投方的尽调报告来做投资决策，存在较大的尽调风险。因此，应当对风险因素进行充分评估并设置合理的风控措施。

（五）持续经营风险

持续经营风险是指可能影响企业的持续经营能力的事项，一旦发生可能导致企业无法经营。持续经营风险可以分为以下类型。

1.团队风险

团队风险主要是指创始人、联合创始人、掌握关键技术的研发技术人员等核心人员发生的变动与合作等风险，比如人员离职、被禁业、违法犯罪、内部纠纷等。由于上述人员所处位置较为重要，所以一旦出现问题会对企业造成重大影响，甚至可能动摇企业根基。

【案例1-2】某企业有两位核心创始人，二者分别负责对外销售和对内管理，二者的地位相当。由于各种问题，二人关系一直不好，尽管投资人在尽调时有所察觉，但由于对企业业务较为看好，依然进行了投资，并且在投资时未对创始人的关系问题做任何风控措施安排。投资后不久，两位创始人关系公开恶化，内部斗争严重，一度导致业务无法正常运作。投资人在多次协调无果的情况下，最终不得不以低价退出。如果投资人在投资时能够充分重视该问题，审慎评估投资必要性并且在投资后设置好权力分配机制和退出机制，也许结果不至于此。

【案例1-3】某芯片企业创始人曾在国外某头部芯片企业从业多年，因为看到该芯片产品在国内的巨大市场机会，遂离职回国创业。其深厚的专业经验被投资人看好，企业很快获得了融资，并开始研发产品。岂料产品刚推出，该创始人即被原企业起诉窃取商业机密，导致企业运营停滞。类似问题其实存在规避手段和应对方法，如果投资人能在投资前充分认知上述风险并采取相应的措施，可以避免上述风险。

2.股权风险

股权是企业的核心资源，它关系到利益的分配、责任的承担，以及在企业中的控制权和表决权。适量的股权掌握在适格的股东手中，股权才能最大限度地发挥其价值，否则，股权也有可能成为影响企业稳定运作的炸弹。

【案例1-4】某目标企业属于战略新兴产业，业务增速很快，在互联网金融发展得如火如荼时，引入一家P2P①机构作为股东。后来P2P机构的下属

---

①P2P，peer-to-peer的缩写，即网络借贷平台。

资产被公安机关全部冻结，其中也包括该目标企业股权。为防止有人恶意转移资产，目标企业的银行账户甚至一度被冻结。由于涉嫌经营资质问题，所以目标企业无法设立新企业另起炉灶。而由于 P2P 机构的案情复杂，等待处理结果漫漫无期。尽管目标企业也曾试图找 P2P 机构实际控制人协商解决，但实际控制人即使身陷囹圄，也依然坚持要求高价出售股权。而大部分投资人在听到企业的情况后都望而却步，一家增长潜力不错的企业就这样被耽误了。

3. 业务合规风险

业务合规风险是指因企业经营存在违法违规行为或者可能被认定为违法违规的瑕疵行为而导致经营资质被撤销的风险。这要求企业拥有正向价值观。正向价值观包含两层含义：第一，产品本身能产生价值；第二，业务有益于社会。之所以将业务合规放在风险事项中，是因为即使不符合上述两条标准，比如传销、非法买卖用户数据等业务，企业在一段时间内也很有可能符合成长性要求，甚至超过一般企业的增长水平。但是从长期来看，这类企业会存在较大的持续经营风险。一旦监管政策变化，企业的业务逻辑可能就会失去支撑。

守法合规是企业经营的底线，有些所谓打擦边球的经营方式虽然暂时没有被发现或者查处，但可能招致严重处罚甚至动摇企业经营基础，是企业经营的大忌。投资人在发现这类端倪时应该予以充分重视。实践中由于新兴业务层出不穷，新商业模式不断出现，有些时候并不能很容易判断业务是否存在合规性问题。投资人在无法明确判断时应该谨慎决策，并尽可能多听取行业专家和法律专家的意见。此外，行业监管政策发生变化而导致行业经营环境发生重大变化，可能导致企业丧失经营合法性或者商业基础逻辑被颠覆，对这类风险也需要充分予以重视。比如互联网金融行业中，大量的创业公司因为监管问题退出行业。

通常情况下，经营合规性会在报告的"行业监管体制及法律法规政策"

部分进行分析。但分析这部分内容时，不少人会照搬招股说明书的写法，机械地列举一些行业主管部门的名称和职能，以及几乎不沾边的法律规定，给出的行业政策结论几乎都是"国家支持或者鼓励该行业的发展"。从投资角度来看，这类内容几乎没有价值，因为它适用于任何项目。

对行业政策和法律法规的分析至少从两个角度为投资决策提供判断依据：第一，从成长性角度，行业政策所制定的阶段性目标可以作为预测未来市场规模的依据；第二，从风险角度，法律法规规定的合规性经营要求可以作为企业的经营红线，政策风向也可以作为未来行业发展的风向标。

【案例1-5】某目标企业主营业务系为用工单位提供人力资源服务，以其所拥有的互联网爬虫技术来抓取第三方求职网站中的人员简历数据，然后通过对这类数据进行跟踪对比分析，了解求职人员的简历投递、更新和修改情况，以此向用工单位提供人才流失预警、简历修改查询等服务。企业业绩增长良好，也吸引了大批投资人。这类业务在用户隐私保护相关法律规定尚不完善的年代仍然有打擦边球的嫌疑，整个业务逻辑基础处于灰色地带。最终企业因为侵犯用户隐私、违法买卖简历等问题触犯刑法而招致刑罚。

4. 重大财务风险

重大财务风险是指能够对企业持续经营构成重大影响的财务管理风险，主要包括三类：第一，现金流风险；第二，税务风险；第三，内控风险。

现金流风险是指尚无法实现正向现金流的企业在现金流管理方面存在的风险，比如现金流断裂等。在投资尽调时需要关注企业的未来资金使用计划，包括扩产、增加员工、业务垫资等，避免在自有现金流尚无法支撑企业正常发展时激进投入、大量消耗资金；以对外融资为主要现金流补充方式的企业，要考虑目前融资结构是否合理，避免对单一融资方式的依赖，同时应该合理规划使用目前账面资金，避免因对融资进展估计过于乐观而导致经营风险。

税务风险是指企业纳税不规范可能导致被税务机关稽查处罚的风险。在这里要按照重要性原则判断，重点关注税务问题可能造成企业被查处其至无法经营的情形。

内控风险是指因内部控制制度不完善或者执行不到位所带来的重大风险，比如内部贪腐、职务侵占等。

（六）风险应对原则

讨论"投资风险"的原因有两个：第一，为了投资决策；第二，为了投后管理。

在投资决策中，成长性风险可以作为企业成长性的抵销项，成长性风险与企业成长性二者结合后与估值进行对比。如果成长性风险过高，可以以此作为估值修正的理由与目标企业进行估值谈判。

对于持续经营风险，则需要考虑其发生概率、影响大小和应对措施等情况。在某些情况下，持续经营风险是可以解决的，比如创始人分歧可以通过一致行动协议、协议约定特定情况下退出机制等方式来解决；再比如股东适格问题，可以要求瑕疵股东在新的投资进入前将股权对外转让等。

对于不可控或者不可预测的风险，一般可以通过约定风险分担的方式来应对，要求目标企业或者创始人在一定条件或者一定限度内承担相应的责任。由于实践中不可能考虑到风险的所有因素，所以投资机构往往要约定回购条款，确保投资项目有解决方案。

如果投资决策是对风险进行充分考量和设计措施，那么投后管理就是具体的落实。在退出期中，投资机构需要根据前期制定的风险目标来定期跟踪，同时针对新发生的情况进行风控机制的调整。

七、基金策略

以上我们讨论了单一项目的投资逻辑。在这部分，我们试着从宏观的角度思考投资目的。

我们经常能看到某项目获得几十、上百倍超高回报的新闻，但是从投资目的来看，衡量普通合伙人管理能力的不是单一项目的回报，而是基金的整体回报。单一项目要考虑价值、估值、退出等事项。对于基金运作而言，在项目选择和决策方面比只判断单一项目要考虑的因素更多。

此外，基金要考虑不同有限合伙人的诉求，政府引导基金的反投、招商、回购等要求，市场化母基金的跟投要求，各个有限合伙人之间的利益协调，优质项目的额度分配等问题。

还有，基金要考虑未来募资的事情，如已投资项目是否能够及时退出形成投资业绩，退出收益率是否能满足潜在有限合伙人的要求，已投项目是否符合基金管理人的策略定位并体现专业聚焦的能力等。

最后，基金还要考虑团队，如所投资项目方向是否符合团队自身的利益诉求。每一个项目的人员分配、利益分配，都会影响项目的投成率和退出率。

综合以上因素来看，不是每一个项目都适合所有机构投资。当站在投资经理的角度上时，你思考的是单一项目，但作为基金的负责人时，你要考虑的就不再是单一项目的得失，而要纵观全局、多方兼顾。

八、投资最重要的事

投资判断中最重要的是什么？有人说是趋势；有人说是赛道；有人说是识人；有人说是估值；有人说是退出；有人说是风险……

结合本章的内容，我们能发现，上述观点都是从一个角度去看问题，说的都是片面的，但任何单独的一点都无法独立构成项目的判断逻辑，所以笔者认为投资并没有所谓最重要的事情。如果有，那就只能是**投资逻辑的完整闭环**。

投资决策的核心要点总结如下：

成长性业务＋成长性市场；成长性＞估值对应成长性预期；退出方案明确、可执行；风险可控且风控机制完善；项目符合基金策略。

第二章　尽调逻辑

很多有关投资尽职调查的文章经常喜欢用一些原则或者简化的标准来判断中早期项目。比如，"女性创始人的公司不能投资""夫妻创业的公司不能投资""'60后'创始人的公司不能投资"等。有人喜欢以某些财务指标作为投资判断标准，如销售净利率、毛利率、净资产收益率等；或者强调某一尽调对象的重要性，如专利技术；或者强调某一尽调方法的重要性（比如要早来或者晚走以观察员工的上班情况）；又或者提出某些非常规的方法（比如查看公司的厕所）。

有人试图通过一两个"原则"来代替复杂的项目论证过程，这就好比是"低价股就一定会涨"的逻辑一样。这些所谓的原则貌似有道理，实则往往以偏概全。它们更像是写给外行人看的行业新闻，而不是投资经理的入门手册。

合格的投资人不应该完全依赖于任何一个单一的因素进行投资。因为任何一个判断标准都是有限定条件和适用范围的。

尽职调查是一项复杂的系统工程，既需要用专业知识去理解与分析，也需要踏实工作，进行资料收集与论证。尽职调查本质上是一个收集信息的过程，信息掌握得越全面，内容越真实，那做出的判断就越合理。

尽职调查是为投资决策服务的，投资决策是一个权衡与取舍的过程，只有建立在真实尽调基础上的决策才是有意义的。了解了真实情况，做出投资决策就相对简单了。有些时候，是否投资的结论甚至不是最重要的，重要的是在验证的过程中提升认知，这能够帮助你抓住下一次更大的机会。

一、尽职调查概述

（一）投资尽调定义

尽职调查（Due Diligence）一词是舶来品，根据 Investopedia[①] 网站的定义：“尽职调查是为了确认交易标的的实际情况而进行的调查、审计或审查。”随着《1933 年证券法》的通过，尽职调查在美国成为一个通用术语和一种惯例。根据该法律，证券交易商和经纪人有责任完全披露有关所出售金融工具的重要信息，只要证券交易商和经纪人在调查其出售股票的企业时尽职调查并充分披露其结果，将不对在此期间未发现的信息承担责任。

根据国内相关文章与书籍中的定义，尽职调查亦称“审慎调查”，指在并购活动中收购者对目标企业的资产和负债情况、经营和财务情况、法律关系以及目标企业所面临的机会与潜在的风险进行的一系列调查。尽职调查最初是企业收购兼并程序中重要的环节之一，也是收购运作过程中重要的风险防范工具。调查过程中通常利用管理、财务、税务方面的专业经验与专家资源，形成独立观点，用以评价并购优劣，作为管理层决策支持。由此可知，尽职调查最初更多应用在并购交易领域，然后逐渐延伸到风险投资等领域。所以，这也是在网络上搜索“尽职调查”，出现最多的是并购类尽职调查书籍的缘故了。

尽职调查，本质上是一种交易前针对交易标的的调查行为，在不同的语境下有不同的含义和分类。

按照投资标的划分，尽职调查可以分为：股权投资尽职调查、债权投资尽职调查、房地产投资尽职调查、不良资产投资尽职调查等。

按照尽调内容划分，尽职调查可以分为：商业尽职调查、财务尽职调

---

①Investopedia 是一家致力于互联网投资教育的知名网站。它于 1999 年 6 月由 Cory Janssen 和 Cory Wagner 投资创建。

查、法律尽职调查、税务尽职调查等。

按照投资目的划分，尽职调查可以分为：财务性投资类尽调、产业整合类尽调、并购类尽调、破产收购类尽调等。类型不同，目标也不同，具体的实施方法和评价标准也有区别。比如，财务性投资类尽调更关注企业自身成长性，产业整合类尽调更关注业务协同性，并购类尽调则可能会考虑市值管理等方面，破产收购类尽调则更关注资产价格和债权处置等问题。

针对不同发展阶段，企业的投资尽调的关注点也有很大不同。比如早期项目阶段，目标企业没有财务数据，甚至可能没设立企业，尽调时主要关注创始人和其商业规划，这时候的尽调方式就与 VC、PE① 阶段项目有很大差异。

针对不同行业，尽调方式也有很大的差异。比如 To B② 类项目要关注销售合同，To C③ 类项目需要通过业务数据来调研 C 端的需求；科技类项目需要增加对技术原理和先进性的分析。

本书重点讨论的是一级市场中早期财务性股权投资类的尽职调查，即VC尽调。当然，投资尽调的某些思路和方法是相通的，同样可以应用在投资早期、PE 阶段、Pre-IPO 阶段的投资中。

通常来说，VC 以财务性投资为主，即不谋求控股地位，以企业原有管理团队为主导，以企业内生性成长为主要判断对象，以赚取企业业绩增长所带来的估值增长为主要盈利模式。

按照行业普遍的做法，VC 尽调一般分成四个部分：业务尽调、财务尽调、行业尽调、法律尽调。此外，税务尽调、IT 尽调④ 等专项尽调，一般是

---

①PE，Private Equity 的缩写，即私募股权投资，是指投资于非上市股权，或者上市企业非公开交易股权的一种投资方式。此概念与 "VC" 放在一起讨论时，往往指代投资处于成长中后期或成熟期阶段企业的股权投资机构。企业的发展成熟度一般高于 VC 阶段的项目。
②To B，To Business 的缩写，是指以企业客户为服务对象的商业模式。与 "To C" 相对。
③To C，To Customer 的缩写，是指以消费者为服务对象的商业模式。
④IT 尽调，即针对企业的 IT 系统所进行的尽调，一般针对互联网企业实施。

针对特定事项所发起的尽调，以识别和发现特定领域中的风险，作为上述四种基本尽调内容的补充或者特定部分的延伸，可以根据项目情况灵活发起。

从成果来看，尽调报告是尽职调查的结果呈现方式，是一系列尽调文件的总称，主要包括：投资建议书、财务尽调报告、法律尽调报告、行业研究报告、风控报告等。不同机构对于上述文件的要求不尽相同，名称和格式不尽一致。当然，格式与结构的差异并不影响分析的结果，尽调分析的思路和深度才是最终影响决策的关键因素。

（二）投资尽调的常见误区

VC 尽调应该怎么做？实践中存在很多不同的观点与做法。

有人认为：VC 项目不需要做财务尽调，只需要把握好行业方向即可。

有人认为：尽调要重点研究企业的技术门槛，如专利和研发等方面，把握技术就掌握了核心竞争力。

有人认为：对人的尽调是关键，尽调要重点关注创始人和团队的背景。

有人认为：对财务真实性的尽调是关键，避免因企业财务造假误导投资人做出错误决策。

上述观点的正确与否暂且不论，但至少说明一点，对于 VC 项目应该如何尽调，实践中没有共识和通行的做法。

笔者曾经与某投资机构的负责人交流，他的投资逻辑就是"好行业 + 好估值"就是好项目。这个逻辑没有错，只是这位负责人擅长以行研方式判断项目，却对自己并不擅长的财务尽调与法律尽调嗤之以鼻，因此经常踩雷。其掌管的一只 VC 基金以中早期项目为主，为遵循其"好行业，好估值"的投资原则，要求单一项目估值必须在 2 亿元之内。基金共投了 8 个项目，5 个血本无归，2 个回购，只剩 1 个发展正常。而他依然认为，这一个项目未来会有几十甚至几百倍的回报。其实简单算算市场容量和成长速度就能够大概判断出这一个项目未来的估值天花板和收益区间，其情况并不那么乐观。

在这里，笔者想说明以下几点。

· 投资决策是一件复杂的系统工程，需要严谨、专业地开展尽调工作来执行和落实，既不可以以所谓的产业与技术认知来替代，也不可以只凭投资策略来做决策，更不能照搬股票投资、信贷、并购等其他领域的尽调操作方法。

· 投资决策是一个完整的逻辑链条，投资尽调也同样如此。不同的尽调内容有各自的验证目的与目标，彼此形成密不可分的统一整体。忽略任一部分的重要性都会让尽调结论产生瑕疵，无法形成完整逻辑闭环。

· 投资决策可能会因基金策略、风险偏好等因素而形成差异化的结论。但尽调应该是标准化的，在尽调目的、尽调目标、尽调逻辑、尽调方法等方面应该有客观的判断标准。

二、尽调核心逻辑

投资决策的影响因素有五点：价值、估值、退出、风险、策略。尽调的主要目的是判断目标企业的价值与风险。

（一）尽调的含义

财务成长性影响企业价值和估值。因此，验证财务成长性是尽调的核心目的，但财务成长性只是结果，其背后是业务，业务是预测财务的基础，也是尽调认知和验证企业价值和估值的核心要素。同时，企业的成长依赖于内外部环境的稳定，所以影响企业经营稳定和未来退出的风险因素也是尽调的重点。

综上，可以用一句话来总结：尽调是以衡量目标企业未来财务成长性为目标，以认知业务实质为核心，以判断投资风险为重点的调查活动。

（二）尽调的逻辑方法

尽调要有一套逻辑方法，笔者把它称为"尽调逻辑树"，如图 2-1 所示。

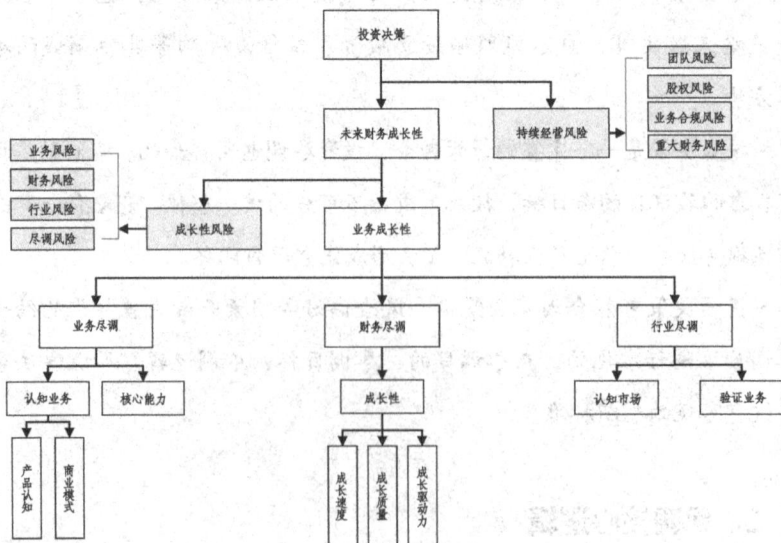

图 2-1　尽调逻辑树

尽调逻辑树可以看作将总论点不断拆解为众多分论点并通过尽调获取的事实来一一验证的过程。每一个分论点都支撑着一个上级分论点，最终汇聚成为总论点的佐证。总论点的作用是形成投资决策意见和制定风险控制方案。对尽调逻辑树而言，中间环节的每一个验证事项既是论点也是论据。

据此，可以把每个验证事项的结构拆分如下。

（1）验证事项

验证事项与投资决策相关，本身应该有明确定义并且拥有可以评价的标准。比如，要验证企业的成长性，可以将合同增速、收入增速作为量化评价的标准；再比如，将产品竞争力作为尽调目标，可以将毛利率、关键技术指标等作为量化评价的标准；还比如，将创始人的诚信度作为尽调目标，可以将是否有逾期借款、是否有违反商业规则行为等事实作为评价的标准。我们应尽可能为每个尽调目标寻找更多、更精确的验证事项，以增强其证明力。

（2）动机

根据上文，每个验证事项本身是作为更高一级论点的论据所存在的。所以，在验证一个事项的时候需要与其他事项有明确的逻辑从属关系，需要知道验证该事项的动机是什么。

（3）论据

要验证事项，我们要有明确的事实作为论据。论据本身也是一个分论点，也应该有明确的定义并且具备明确的评价标准，而不能是观点模糊的简单定性表述。比如"创始人爱吹牛"这类评价并不具有作为论据的价值，因为其没有明确的评价标准。

在尽调逻辑树的末梢，底层事实可以分成以下三类。

1. 描述性事实

比如，目标企业面向客户时，对于客户画像只需做描述，不做评价和对比。因为不同的客户本身并不存在好坏高低之分，尽调的关键在于分析企业针对该客户是否制定了合理的商业模式并提供了适合的产品，所以该事实可以为其他部分的分析评价做支撑。

2. 定性评价事实

比如，对于创始人诚信度，可以做定性评价，结论只是有或无。定性评价事实有客观的评价标准，不需要对比就可以得知。这类事项往往无法量化评价。

3. 定量对比事实

比如，对于毛利率，可以做定量对比，结论是"相对 ××，企业的毛利率水平高/低"，不做定性分析。定量对比事实没有客观的评价标准，比如，同样是 30% 的毛利率，在不同行业所体现出的行业竞争力完全不同，需要与同行业对比才有意义。

（三）尽调的分类与关系

1.尽调分类

（1）业务尽调

业务尽调可以拆解成两个部分：认知业务、认知核心能力。

企业的业务可以拆分为产品和商业模式两部分。产品的尽调主要包括产品
功能、结构、运行方式、技术原理、技术门槛等方面；商业模式的尽调主要从
业务流、交易流和资金流等三个维度展开，同时包含对上下游的分析，比如
对客户的分析包括客户的类型、行业、区域、行业集中度等。

企业的核心能力可以总结为两大类：产品能力和交易能力。企业在核心
能力的构造上有各自特点。

（2）财务尽调

财务尽调以量化的方式来验证企业的成长性。财务尽调将业务尽调中的
定性概念以定量的方式进行体现和验证，并对企业真实的成长性予以还原。

财务尽调的验证目标可以分成三个：

· **成长速度**：合同成长性、收入成长性、回款成长性等方面核查；

· **成长质量**：高增速、高门槛、高投入等方面核查；

· **成长驱动力**：对于不同业务模型的财务特征的验证分析。

（3）行业尽调

行业尽调是从外部竞争角度去审视与评价业务的竞争力，同时对企业所
处的外部环境形成认知。行业尽调的目标可以分成如下两个：

· **认知市场**；

· **验证业务**。

（4）法律尽调

如果把上述三类尽调归纳为针对价值的尽调，那法律尽调就是针对风险
的尽调。价值尽调重点关注的是成长性风险，而风险尽调重点关注的是持续
经营风险。法律尽调更多是从团队、股权、业务合规、内控制度等方面去调

查影响企业持续经营能力的情形，为投资决策做参考。

2."业、财、行"结合

有人认为：财务尽调的主要目的是排雷，防止财务造假，保证财务真实性，最终目的是符合IPO上市的合规性要求。

有人认为：行业尽调的主要目的是选择赛道，判断趋势。

有人认为：业务尽调的主要目的是了解产品与技术，判断技术先进性。

有人认为：三种尽调是从三个不同的角度去了解项目，彼此并无关系，亦无法相互验证。

在笔者看来，三种尽调的首要目的是判断成长性，而且要结合分析。三者的逻辑关系如图2-2所示。举例说明如下：

①创始人说企业成长性高，这是业务层面的描述，需要通过财务层面来验证；

②假设企业收入增速达到50%，可以验证业务层面的描述是真实的，但还需要判断收入增速在行业中的水平；

③假设行业头部企业的增速为50%，但其收入规模为目标企业的10倍多，说明二者的差距在增加，未来目标企业可能被挤出市场。

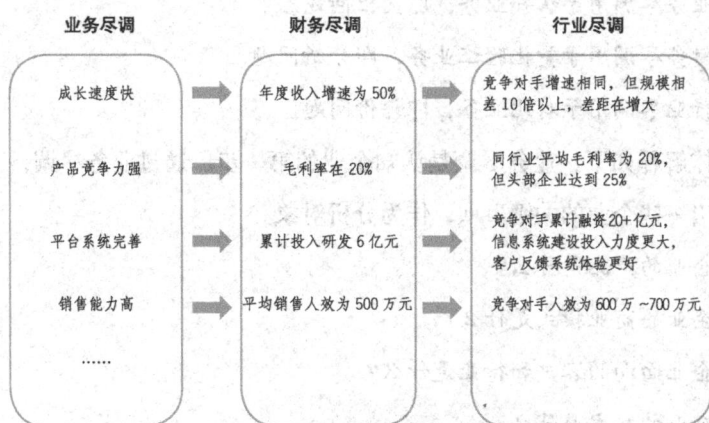

业务尽调	财务尽调	行业尽调
成长速度快	年度收入增速为50%	竞争对手增速相同，但规模相差10倍以上，差距在增大
产品竞争力强	毛利率在20%	同行业平均毛利率为20%，但头部企业达到25%
平台系统完善	累计投入研发6亿元	竞争对手累计融资20+亿元，信息系统建设投入力度更大，客户反馈系统体验更好
销售能力高	平均销售人效为500万元	竞争对手人效为600万~700万元
……		

图2-2　三种尽调的逻辑关系

再比如：

①业务层面：

· 企业的产品竞争力强；

· 企业拥有一套支撑业务的强大平台系统；

· 在系统的支持下，企业能够实现远超同行业水平的销售业绩。

②财务层面：

· 企业产品综合毛利率为 20%，但是在下滑；

· 企业系统开发历时 7 年累计投入 6 亿元；

· 销售人员人均销售额为 500 万元。

③行业层面：

· 行业平均毛利率在 20%，但头部企业的毛利率高达 25%；

· 竞争对手累计融资 20 亿元用于开发系统，通过客户访谈反馈，竞争对手系统体验更好；

· 竞争对手的人均销售额为 600 万 ~700 万元，超过目标企业水平。

通过上面的分析，我们可以得出三种尽调之间的关系，三者结合构成一个完整的认知业务的过程。

· 业务尽调用于认知业务，即提出问题。

· 财务尽调用于量化验证业务，即分析问题。

· 行业尽调用于对比业务，即评价问题。

具体解释如下：业务尽调是认知企业的第一步。通过业务尽调，我们可以提炼出一些企业的关键事项，作为分析对象。

· 企业的产品是什么？

· 企业的商业模式是什么？

· 企业面向的客户和行业是什么？

· 企业的技术是什么？

· 企业的核心能力是什么？

　……………

这些问题仅仅依靠业务尽调是无法解决的，需要结合财务尽调来分析。

表 2-1 是某企业列出的与产品性能有关的对照表。在很多技术类企业的尽调资料中都会有这类图表，用以比较目标企业的产品与同行业企业的产品指标。如果没有财务尽调，投资人很难验证下列事项的真实性。

表 2-1 目标企业与产品性能有关的对照表

序号	品牌 / 指标	目标企业	A 企业	B 企业	C 企业
1	系统功能及性能	5	4	4	4.5
2	X86 运维能力	5	4.5	4	4
3	案例质量	4.5	5	5	4.5
4	适配能力	5	3.5	3	3
5	用户口碑	5	4	4.5	4

财务尽调是将定性的业务能力和竞争优势以定量的方式进行分析。它要回答下列问题。

· 企业的核心业务是什么？

· 企业的商业模式优劣有哪些？

· 企业的核心客户和行业是哪些？

· 企业在产业链上的地位如何？

· 企业的运营效率如何？

· 企业的管理能力如何？

…………

但是，财务尽调无法解决评价的问题。

行业尽调通过对比的方式来评价经过量化的业务以及所处的市场环境。它要回答下列问题。

· 企业的成长速度在行业中处于什么水平？

· 企业的核心业务构成与其他企业相比有何差异？各自的优劣如何？

· 企业的产品性能、价格在行业中处于什么水平？

· 企业在行业中体现了何种层次的竞争力？

· 企业的商业模式与其他企业相比有何差异？各自的优劣如何？

…………

专业的投资人应该专心研究业务，不懂尽调的投资人是研究不好业务的。如果把业务尽调比喻成在曲折的路途中寻找终点，财务尽调就是指引方向的指南针，而行业尽调则是可以登高远望的瞭望台。业务尽调、财务尽调、行业尽调必须结合分析，缺一不可。

（四）投资的标准化与挑战

如何评价尽调的质量？笔者认为，评价的标准有以下两点。

· 第一，尽调广度。即已覆盖企业的所有重要维度，未遗漏任何重要的事项。

· 第二，尽调深度。即已结合企业的特点，在重点关键事项上进行深入的分析论证，有充分的证据来支撑最终的结论。

上述事项说起来似乎很容易，但要做到很难。因为尽调是有时间和成本限制的，尤其是对于估值不高、投资金额不大的中早期项目，大部分投资机构可能不会花费太多的时间和人力。成本与尽调质量是一对矛盾体。

质量与成本不应该是二选一，而应该是有机结合，其关键在于：尽调需要有方向。不管是在目标、方法，还是结果等方面，都不能没有方向。

· 其一，要明确目标——知道为什么查、查什么。

· 其二，要明确方法——知道如何查，哪些能查、哪些不能核查，哪些必查、哪些可查可不查。

· 其三，要明确结果——知道查了有什么用。

以对人的分析为例，能验证的事项如诚信，不能验证的如情怀。

创始人是否诚信，既关系到其自身业务发展，又关系到投资本金的安全。不诚信的人往往较为短视，注重短期利益，很难让企业实现长远的发展。诚信与否主要体现在创始人或者企业是否有违反承诺义务的行为。这是核查目标。

我们可以根据创始人或企业是否与股东或者第三方发生过纠纷诉讼、是否有债务逾期、是否有员工劳动纠纷、财务是否有刻意粉饰以误导投资人等事项来判断创始人是否诚信。这是核查方法。

如果确认存在不诚信的事实且创始人无法合理解释，则构成投资风险事项，可以根据严重程度来决定设置额外的投资协议条款，直至否决投资。这是核查结果。

但是，情怀呢？

情怀是什么？是放弃海外高薪毅然回国报效国家的家国情怀？是坚持技术研发多年虽不成功但依然不放弃的学术情怀？还是多次创业失败却屡败屡战的创业情怀？

情怀怎么查？是进行以往工作背景调查？是核查技术研发储备和其领先性？还是听创始人说故事？

情怀能验证什么？有家国情怀的人一定有毅力坚持吗？有学术情怀的人在技术商业化方面一定做得更好吗？有创业情怀的人有更大概率成功吗？

情怀的核查结果是什么？有情怀的人是投资决策的加分项吗？没有情怀的人就不能投资了吗？可能未必。如果情怀对于投资决策来说可有可无，那核查的意义何在呢？

对于 VC 项目而言，需要完善的是投资策略和尽调方法论，而不是针对每个项目没有限度地增加具体核查措施，否则核查对于执行团队而言，意味着"什么都去查，什么都查不深"。

尽调不是追求完美的艺术行为，而是精打细算的商业行为。尽调应在满足最低决策需求标准的基础上，根据项目重要性来灵活调整。

如何满足最低决策需求？

投资要有相对明确的标准，要实现标准化。投资的标准化包括：标准化的投资决策方法、标准化的尽调逻辑论证过程、标准化的尽调执行手段和方法等。只有整个过程实现标准化，才能保证尽调的质量可控、评价客观、决策高效。

投资中存在很多个性化的因素，比如不同机构、不同投资人可能都会有针对某类企业、某类人或者某些事项的尽调方法和分析诀窍。假设把这些方法汇集起来，一一对比验证，不同事项的分析方法是存在最优解的。

要实现上述目标，需要对不同类型企业的投资与尽调有透彻的理解与认知。在笔者看来，难点有以下三点。

第一，不同行业、不同阶段的企业在投资决策的考虑因素和评价标准上有很大差异。比如产品型企业与平台类企业等在尽调目标和方法上存在差异，所以互相之间不能直接参照。

第二，不同机构的投资策略不同。比如某些机构对于估值的容忍程度极低，而有些机构认为"只要项目好，估值不是问题"，这两类观点导致其对尽调的关注点有很大差异。

第三，投资尽调的部分事项很难以标准化方式描述。比如行业趋势分析、人的评价、风险识别等事项中总有部分内容是无法以科学性的方式描述的。几乎每个项目都会有此类的问题，这些问题十分考验投资人的思考与分析能力，也是投资与尽调工作的创意性所在。照本宣科不难，难的是对症下药。

当然，遗憾的是，不同个体的认知实践得到的最优解分散在不同的机构或投资人的头脑中。我们应以追求最优解为目标不断向前迈进。投资的科学性是成功之匙。

第二部分

尽调方法论篇

———

本部分主要讨论尽调方法论。按照前文的划分，本书将主要从业务尽调、财务尽调和行业尽调等三个方面分别展开论述。由于法律尽调相关专著较多，且侧重风险因素的调查与分析，因此本书不对其予以介绍。

第三章 业务尽调

　　从这一篇开始，我们正式进入企业尽调的实战环节。从了解企业的一般顺序出发，业务认知是第一步，是投资尽调工作的起始。接下来我们将一步步了解如何对一家企业的业务进行尽调。

　　如果有拜访企业的经历，你应该对这样的情景不陌生：一位神采奕奕的创始人兴致勃勃地为你展示融资计划书中的各种高科技技术和炫目的图表、光鲜耀眼的管理团队背景、新颖而富有创意的商业模式、漂亮的财务数据。等待企业开拓的是一个无比庞大的广阔市场，而竞争对手听起来似乎不堪一击。仿佛只要创始人愿意，占领市场只需一声令下，行业第一唾手可得，一切都无法阻挡企业迈向成功的脚步，前景看起来一片光明。上市敲钟已然排进日程，千亿市值近在咫尺，而这份辉煌不过是企业千里征途的跬步而已，这将是一家颠覆整个行业的伟大企业。知名企业争相合作，行业专家造势助威。万事俱备，只缺融资。

　　这种感觉像极了旅游景区里遇到了一年一次的商品特卖，导购员激情宣讲，大家都纷纷购买，你头脑一热，就买回来一堆可能永远都不会用到的东西。

　　假设用正确的方法做一些研究之后再做决定，也许在大部分情况下，我们能分辨出这些商品没有那么诱人，也就不会再冲动消费了。

　　如果把企业看成一件商品，尽调就是"挤水分"的过程，能够将创始人口中的"完美公司"还原成真实的面貌。世界上不存在绝对完美的交易。

一、从"生意"的角度理解"业务"

对于投资决策而言，"业务"的认知是核心。企业的价值体现在它的"业务"上。"业务"是投资决策的核心，也是尽调的核心。整个尽调工作都是围绕着"业务"展开的，其重要性无论怎么强调都不为过。

那么，什么是"业务"？通俗地理解，业务就是生意。

从生意的角度来看，卖芯片与卖茶叶蛋在本质上并没有不同。投资人要有企业家思维，不要囿于条条框框，要学会从生意的角度去认知企业，抓住本质。这听起来有些抽象。打个比方，如果有人问你一家大数据企业未来是否有爆发性的业务增长，你也许很难判断。但是如果问你一家经营杂货的夫妻店是否有爆发性增长时，相信大部分人都能给出确定的答案。因为你的脑中会有杂货店的形象（产品 / 服务形态），你见过很多杂货店的生存状态（同行业企业分析），你也许知道老板从哪里进货、哪些人经常光顾店铺（上下游产业链），你也许还跟老板聊过他每月的收入情况和成本支出情况（财务分析），所以你知道一家杂货铺是不太可能有爆发性的业务增长的。这并非基于高深的财务模型预测或者行业趋势分析，这就是生意的常识。把这种思维方式带入投资决策与尽调中，我们就能更好地看清楚一家公司。

二、业务尽调目标

业务尽调是接触和了解公司的第一步，也是非常重要和关键的一步。在业务尽调中，我们的主要任务不是去"验证"，而是"聆听"。绝大部分情况下，我们需要通过访谈、观看产品使用演示和生产演示等方式来理解公司到底是做什么的。

在这个阶段，尽调应该以感性认知为主，从多个维度了解产品与业务的情况，务求细致，不要浮于表面，不要简单地跟创始人聊几句就轻率地给公司的业务和产品下结论。

（一）认知业务

当我们开展业务尽调时，第一个要思考的问题是：业务尽调的目标是什么？

业务尽调的第一个目标是认知业务。

这听起来有些难懂，但其实就是搞清楚公司是做什么的。

有人可能会觉得这很简单。在传统制造业的环境下，一家公司可能只做一两种产品，产品形态也并不抽象，比如冰箱、洗衣机、电视、服装等，因此，认知业务并不困难。

但是，在如今新兴产业不断出现、产业结构日趋复杂的时代，搞清楚一家公司的具体业务，尤其是某些并不熟悉的行业和领域，并不是一件简单的事情。

举个例子，某数据安全公司提供给投资人的产品矩阵描述如下。

·**数据安全合规监测管理系统**：智能清点用户的敏感数据，明确保护对象。给用户数据进行风险评估，保障后续的数据安全和建设。

·**数据安全大脑**：AI技术形成数据血缘关系的梳理、敏感数据资产流动态势的预测、计算资源及行为动态分析等多维度模型；建立风险识别模型，发现、预警潜在的数据安全风险。

·**数据资产梳理系统**：利用自动发现技术、"静态＋动态"梳理公司资产状况及安全状况；智能发现大数据平台中的敏感数据，实现自动分类分级管理；同时帮助公司发现未曾利用的数据价值，分析公司数据资产的变化趋势，分级管理公司现有数据资产，洞察嫁接在自有数据资产上的API。

·**可信数据安全网关**：可信数据安全网关以零信任架构为核心，通过隐身网关与最小授权机制，实现快捷、安全的网络资源访问。依靠应用"隐身"的特色功能，使黑客无法扫描，从而消除各种网络攻击风险；以身份为中心实现更细粒度的访问控制。

· **超级 SIM 卡**：实现手机底层隔离的机制，数据交互通过超级 SIM 卡的密钥解密。

通过描述我们知道公司有 5 款产品，主要功能为保证系统中的数据安全与合规等，但依然会有一系列问题。

· 产品具体的形态是什么？软件，硬件，还是软硬件结合？

· 产品的标准化程度如何？标准化还是定制开发？

· 产品之间的关系是什么？是否存在主辅之分？是否需要搭配使用？

· 产品的系统架构是怎样的？比如，分成几层结构，每层的功能是什么？

· 产品的运行原理和过程是什么？比如，如何"智能清点用户的敏感数据"？系统收集、分析、处理、输出数据的过程是怎么样的？

· 产品的技术原理是什么？比如，"AI 技术形成数据血缘关系梳理"中，使用哪类 AI 技术？技术来源是什么？公司在其中做了怎样的技术研发和创新？

· 产品的使用场景是什么？比如，哪类客户在什么情况下针对哪些目标群体、终端、系统、数据会做这些审查？做这些审查的目的是什么？想要达到什么样的效果？客户如何确定效果是否达到？

· 产品"自定义术语"的含义是什么？比如，什么是超级 SIM 卡？

…………

进一步地，我们要搞清楚什么是公司的真实业务。

也许会有人觉得奇怪：公司的业务难道还有"真实"和"虚假"之分吗？

确实如此。这主要有两个原因。

1. 产品 / 商业模式复杂

实务中，很多情况下，对于投资人而言，公司的业务并非一目了然，主要的认知难点与障碍如下。

（1）产品体系混乱，理不清头绪

比如，某公司的产品线包括：工业级手持智能终端、特殊作业监测系统、数字移动气体检测仪、工业多源数采安全网关、AI智能摄像头。根据描述，公司产品体系中既有软件系统，也有硬件设备；既有固定监控装置，也有手持终端；既有检测仪器，也有监控系统。乍一看，很难理解公司的产品逻辑。实质上，这类公司往往是围绕特定大客户做软硬件定制开发的，相关的底层技术都是使用的第三方技术。

（2）应用场景多样，找不到对标

比如，某公司研发光芯片模组，其产品既包括激光雷达组件，又包括光通信组件，还包括激光器组件。在市场上每个具体场景都能找到对标产品和公司，但找不到同时做3种产品的公司。在这种情况下，需要理解公司核心产品具体是什么，再分别与可比公司的产品进行对比分析。

（3）商业模式复杂，抓不住本质

比如，某些平台模式的互联网公司的业务涉及多方，各方之间会发生不同业务行为，受益方与买单方常常并不一致。在这种情况下，如果没有好的分析方法，就很难抓住项目的本质。

（4）背景知识缺乏，摸不清模式

由于缺乏背景知识，摸不清行业的惯常模式，所以无法听懂公司的业务，更谈不上分析判断。

2.公司故意包装

为了顺利融资或者提高估值，公司倾向于将低门槛业务包装成"看起来有竞争力"的高门槛业务。这会导致投资人认知业务的时候遇到很多困难，甚至经常被误导。

【案例3-1】某公司声称其为客户提供纯国产虚拟化软件产品，但发现其实际采购中有大量的国外同类产品，进而了解到其目前依然在代理国外品牌。该公司在面向客户销售时将自身产品作为低端产品销售，从其销售合同中可以发现销售给大部分客户的依然是国外产品，自有产品仅作为补充。显然，这与其声称的自有产品已能完全取代国外产品的说法不相符。

【案例3-2】某无人机巡检公司声称升级产品线，自行研发了新产品无人机机库。但实际上公司因资金紧张，刚刚大规模裁员，尽管公司声称保留了研发团队，但投资人认为目前研发人员支持现有产品尚且存在不足，遑论研发新产品。投资人从该公司采购合同中发现，公司从一家第三方公司高价购买了全套的无人机机库产品方案，印证了猜测。

（二）定义核心能力

业务尽调的第二个目标是定义核心能力。

不同类型的公司，其业务的核心能力不同。公司的核心能力可以总结为两大类：产品能力和交易能力。

所谓产品能力，是指通过研发投入在产品上形成了具有行业领先性的产品、技术壁垒，公司依靠该壁垒能够持续获得高于行业平均水平的盈利能力和高增长速度的能力。

所谓交易能力，是指通过市场投入和商业模式的打造，在客户和/或供应商以及其他交易主体等资源方面形成了具有行业领先性甚至垄断性的平台壁垒，公司依靠该壁垒能够持续性地扩大流水或者营收规模并最终形成垄断效应的能力。

将两种能力强化到极致，就可以形成两种商业形态：好产品不需要销售、好销售可以卖出任何产品。

从产品能力和交易能力两个维度，可以将所有公司划分成三种类型，如图3-1所示。

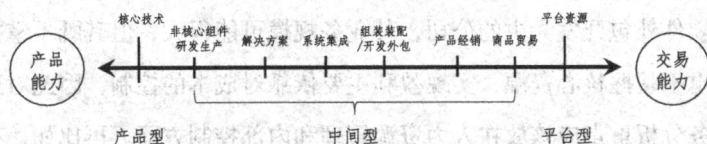

图3-1　公司核心驱动力类型

产品型公司：芯片研发、创新药研发、高端装备制造等。

交易型公司：电商平台、视频平台、应用分发平台等。

中间型公司：大部分公司属于此种类型。按照其核心驱动因素在产品能力与交易能力间的侧重不同，具体业务模式举例如下：

①非核心组件研发生产商；

②软硬件一体化解决方案提供商；

③系统集成商；

④组装装配服务商／开发外包服务商；

⑤产品经销商；

⑥商品贸易商。

图 3-1 从左侧到右侧，产品层面的核心技术因素逐渐弱化，销售资源层面的因素逐渐增加，与之对应的公司的核心能力分别是：

·原创技术能力；

·技术应用能力；

·成本控制能力；

·供应链管理能力；

·市场营销能力；

·平台整合能力。

上述能力对于评价公司而言，有非常好的指导意义。

对于产品型公司，评价重点应该放在其技术能力方面。但是，不同公司的核心能力不同，适用的评价标准也应该有所差异，而不是都要以"技术先进性"标准来评价。

对于平台型公司而言，评价重点应该放在商业模式和资源等方面。比如，以软件外包开发为主的公司，其业务规模可能很大，但其既不掌握核心技术，也不掌握核心资源，实现盈利主要依靠对成本的控制，因此对这类公司的业务分析重点应该放在人力资源管理和内部控制方面。再比如，有些公司的核心能力恰恰体现在那些看起来没有技术含量的"脏活""累活"方面。以工业电商公司为例，供应链能力影响公司对客户的履约能力，进而影响客户的满意度和复购率，同时影响资金使用效率，最终影响公司业务的增长潜力。因此，供应链能力是公司核心竞争力之一。而供应链能力的前期打造依靠大规模的寻源询价，通过一笔笔交易积累数据，最终形成一个庞大的供应商数据库，从而建立壁垒。此外，采购与履约的平衡、自营备货与运营资金的取舍、服务效果与运营成本之间的选择等一系列决策，有赖于公司的信息化系统与产品体系的搭建以及数据运营能力，而这更多要归功于正确的战略规划和商业模式，而非高深的技术。这些都是劳动成果，虽然称不上是难以复制的"核心技术壁垒"，但却实实在在地形成了公司的"竞争护城河"。

很多技术应用类项目，如系统集成业务、软硬件一体化解决方案业务、软件系统开发业务等，尽管表面上看起来涉及技术，但更多是应用类技术，而非原创类技术。这类项目实际比拼的是对客户行业的认知能力、为客户解决实际问题的服务能力、对内优化管理体系的成本控制能力等。

【案例3-3】笔者曾经在某项目上与一位投资同行共同做公司管理层访谈。公司本身是一家为金融公司提供技术开发服务的公司。尽管公司号称利用大数据技术为金融公司提供服务，但这类技术的应用并不存在太高的门槛。打个比方，一款PPT软件产品的门槛无疑很高，但是会使用PPT的人成千上万，因此使用PPT来写报告谈不上门槛。

访谈过程中，这位同行一直在询问"公司的技术门槛在哪里""你们的技术相比于××怎么样""未来如何提升技术水平之类"的问题。他没搞清楚的是，这家公司的业务并非以技术驱动，业务的核心能力也不在技术本身，因此以技术角度来评判这类公司的价值是有失偏颇的。

三、定义业务

（一）如何用一句话概括业务

作为投资人，经常会遇到这样的情形：别人希望你用一句话来概括某家公司的业务情况。这是基本但很重要的内容，往往并不容易做好。

举个例子，"××公司是行业知名的企业大数据服务提供商，基于自主研发的 E2C（E-service to Company，数字商业大数据云服务平台），通过'大数据 + 技术产品 + 应用服务'的业务模式，为公司客户提供技术开发服务和大数据应用服务（主要包括数据分析咨询、数据采集和管理、增值运营服务，以及大数据在数字营销、电子商务、客户关系管理等应用场景的行业解决方案），帮助实体公司构建大数据资产和智能应用平台，推动实体公司逐步实现以数据为驱动力的数字化转型升级。"

这是摘自一家科创板 IPO 公司的招股说明书中关于业务的描述。根据这些描述，你可能很难理解这家公司到底是做什么的。为了吸引投资人，公司会刻意将自己的业务表述得契合热点与风口。但从尽调的角度出发，投资人要尽可能用直白简洁的方式描述公司的业务，比如上面这家公司的业务实际上是为客户提供广告营销服务，而所谓的大数据等只是实现方式和手段而已。

实践中，在描述公司业务时经常会陷入一些误区，常见的一种情况是把技术和产品混为一谈。比如，大数据厂商、云服务厂商、AI 厂商，这是很多公司喜欢的称谓，但从业务描述角度讲，这对于投资人理解公司的业务并没有太大的意义。比如，大数据厂商可能是软件开发商，也可能是系统集成商；云服务厂商可能是一家 SaaS[①] 厂商，也可能是一家云基础设施厂商；AI[②]

---

①SaaS，Software as a Service 的缩写，直译为"软件即服务"，一般是指通过网络提供软件服务的模式。
②AI，Artificial Intelligence 的缩写，即人工智能。

厂商的范围就更广了，可能是硬件厂商、SaaS 厂商、软件开发商、系统集成商等。对于投资人而言，在描述公司业务的时候要弄清实质。

要想清晰描述公司的业务，笔者认为至少要包含下列三个要素：客户、功能、产品形态。

比如，下面这家公司的业务表述："公司自设立以来专注于工业无人机相关产品的研发、生产、销售及服务，致力于为客户提供智能化、标准化、工具化的工业无人机系统，是国内垂直起降固定翼无人机领域规模领先、具有较强市场竞争力的工业无人机企业之一。公司以垂直起降固定翼无人机系统为核心产品，目前拥有大鹏 CW-007、CW-10、CW-15、CW-20、CW-25、CW-30、CW-100 七大系列垂直起降固定翼无人机系统，最大起飞重量涵盖 6.8~105 千克，航时覆盖 1~8 小时，产品广泛应用于测绘与地理信息、巡检、安防监控、应急等领域，报告期内主要客户包括国家基础地理信息中心、各省市测绘院、华测导航、南方测绘、国家电网、南方电网、中国地震局、中国飞行试验研究院等知名企事业单位及科研院所。"

我们可以把它概括为一句话：目标公司为工业客户提供用于测绘与获取地理信息、巡检、安防监控与应急处理领域的工业无人机软硬件系统。

再比如，下列两家公司的业务表述。

一家公司的业务表述："公司主营业务是智能投影产品的研发、生产及销售，同时向消费者提供围绕智能投影的配件产品及互联网增值服务。公司专注于智能投影领域，构建了以整机、算法及软件系统为核心的战略发展模式。"

可以概括为：公司为消费者提供娱乐用智能投影整机、配件等软硬件产品，并提供基于智能投影系统的应用分发、影视内容等互联网增值服务。

另一家公司的业务表述："公司是一家主要从事机器视觉核心软硬件产品的研发、生产和销售的高新技术企业。公司定位于智能制造核心零部件供应商，以'打造世界一流视觉企业'为目标，致力于为下游行业实现智能制造提供具有竞争力的产品和解决方案。"

可以概括为：公司为 3C、新能源、半导体等行业的核心零部件生产厂商提供在自动化生产线上使用的识别、测量、定位和检测的机器视觉软硬件产品。

（二）远景规划与业务现实、核心业务与非核心业务

在公司的业务访谈中，我们经常能听到创始人畅谈未来业务规划，其中可能会涉及尚未开始实施的所谓远景规划或者未来构想。

第一，对于投资人来说，要分清哪些是远景规划，哪些是业务的现实情况。举个例子，创始人说自己提供汽车经销业务，同时会开展造车业务，造车市场前景非常广阔……结果后来发现造车业务只是公司的业务构想，尚未开始真正实施。造车业务能作为投资人在尽调和估值方面评判公司的重点吗？答案很明显，这类业务从重要性上讲几乎可以忽略不计。

第二，从业务现实情况来说，我们要分清什么是核心业务和非核心业务。核心业务是代表公司主要发展方向的业务，是公司核心竞争力的体现；而非核心业务是基于核心业务所进行的延展，比如维保服务等。

那如何判断远景规划与业务现实、核心业务与非核心业务呢？结合财务尽调，看财务收入占比即可。收入占比最大的即为核心业务，其次为非核心业务，没有形成收入的业务属于远景规划。

但这同时要结合行业来分析，比如新药研发公司在拿证前可能没有收入，但这不妨碍新药生产销售成为其核心业务。再比如，在转型期的公司，新业务占比可能并非最大，但公司未来会以新业务作为核心，因此我们要结合新业务增速、利润率、竞争门槛等因素来综合分析判断其可行性；而且这类转变必须在一定期限内完成，我们不能把一项在 5 年后才会成为公司占比最大的业务称为公司的核心业务，并以此作为估值的依据。

核心业务的判断似乎看起来很简单，但实践中把远景规划作为核心业务

来做尽调的投资人不在少数。以买房打比方，买房得先把房子的价格、面积、楼层、朝向、装修、位置等搞清楚，再去看整体区位，再看地区的未来中长期规划。投资则需要先把公司本身业务情况搞明白，再看行业，再看未来趋势。笔者不止一次在访谈项目时遇到投资同行连公司的业务都没搞清楚，也不了解行业目前的市场格局，就询问公司今后的战略构想和整个行业未来的发展趋势。这跟要买一期的房子，却问十期的户型有什么区别？如果尽调访谈不根据实际情况提问，那这不是在做尽调，更不是做行研。

（三）业务沿革

在业务尽调时，不仅要了解公司目前在做什么，还要了解公司过去做过什么，以及是如何从过去的业务转变成目前业务的。通常来说，从业务沿革中能反映出创始团队的背景以及所拥有的真实核心能力和资源、对市场的敏锐度以及基于环境变化所进行的战略选择及其偏好、适应力以及个人的性格与品质。

举个例子，一家原本主业为代销第三方软件产品的代理商向上游延伸，开发自有品牌产品，那说明其核心能力大概率为其掌握的下游渠道与客户资源，以及面向特定行业客户所积累的行业应用能力，而不在于底层技术能力。如果管理层过分强调其技术能力，那就难免让人怀疑其可靠性。

通常来说，业务方向频繁跨界变化的公司是存在问题的，尤其在缺乏合理理由的情况下不断跨入新的领域，这反映出团队可能既缺乏长远规划的眼光和能力，又缺乏专注的品质和坚持的毅力。这样的团队不断在寻找机会，却很难抓住真正属于自己的机会。

从尽调方法上看，可以通过访谈方式来了解公司的业务沿革。这里可以以创始人最初的工作经历、创业的初衷等问题为切入点进行延伸，进一步了解其在过程中做过的尝试、遇到的问题、采取的解决方式等。

四、认知产品

（一）描述产品

在通常情况下，我们可以把业务认知拆分成两个方面：产品认知和商业模式认知。其中，产品认知包括：产品（服务）分类、产品关系、物理结构、逻辑结构、运作原理过程、产品功能、技术原理、使用场景等。商业模式认知包括：研发模式、采购模式、生产模式、销售模式等。

我们首先来探讨如何描述产品。假设目标公司业务是生产圆珠笔，该如何从投资的角度来描述它？如何保证不会遗漏重要的信息？

核心是利用拆解方法。通常情况下，产品可以从下面几个维度进行描述。

1. 特点拆解

在描述一款产品时，首先要归类，找到其所属的大类。比如圆珠笔是一种笔，笔是一种文具，文具是一种办公用品……逐层归类，找到目标公司所面向的具体市场。

其次，通过拆解的方式将大类划分为不同的细分品类。

按照材质细分，圆珠笔可以分成油性、中性、水性等类型；按照颜色细分，圆珠笔可以分成单色、双色、多色等类型；按照使用次数细分，圆珠笔可以分成一次性、可换芯等类型。笔的分类如图 3-2 所示。

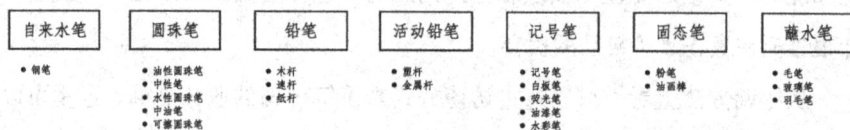

自来水笔	圆珠笔	铅笔	活动铅笔	记号笔	固态笔	蘸水笔
• 钢笔	• 油性圆珠笔 • 中性笔 • 水性圆珠笔 • 中油笔 • 可擦圆珠笔	• 木杆 • 进杆 • 纸杆	• 塑杆 • 金属杆	• 记号笔 • 白板笔 • 荧光笔 • 油漆笔 • 水彩笔	• 粉笔 • 油画棒	• 毛笔 • 玻璃笔 • 羽毛笔

图 3-2 笔的分类

通过对目标公司产品特点进行归纳与拆解，可以清晰地了解产品各方面的属性，从而加强对产品的理解和认知。

2.产品结构拆解

我们需要对目标产品的结构进行拆解，了解产品有哪些构成组件，各个组件的功能是什么，哪些是核心部件等。圆珠笔的结构如图 3-3 所示。

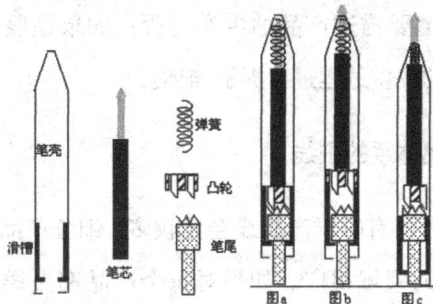

图 3-3　圆珠笔的结构

3.运作原理拆解

要了解产品的运行原理，可以把圆珠笔的运作分成三步：挤压笔尾，凸轮挤压弹簧，笔芯弹出，如图 3-4 所示。当然，这种描述看起来似乎有些多余，相信几乎没有人不会用圆珠笔。但是如果是一种专业设备或者复杂软件系统，就有必要详细描述了。通过拆解运作原理，我们可以理解产品的运作过程。

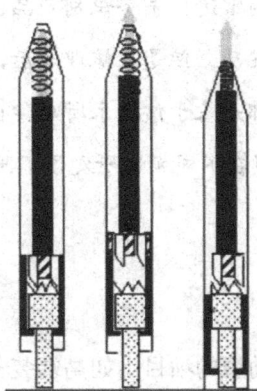

图 3-4　圆珠笔的运作原理

4. 生产（服务）流程拆解

生产流程如下：制作塑料成形模具—注塑机加工零件—零件组装—包装。

如果是产品，需要描述产品的生产过程；如果是服务，如软件系统开发，则可以将服务的提供过程进行拆解描述。

（二）找到产品体系的主线

规模稍大点的公司有时候产品线会比较多，细分产品可能多达十几类，甚至几十类，覆盖的领域很广。如果对每个产品都做详细的尽调，就无法把握重点，进而失去尽调方向。因此，我们需要找到公司产品体系的主线。

在大部分情况下，公司都是依据某一种或者多种核心能力来延伸业务的，比如不同产品线、有相同的客户群、基于相同的技术，或者基于相同的销售渠道等。只有找到主线，我们才能理解公司如此设置的原因，也才能对如此设置的优劣进行评判和分析。

【案例3-4】笔者曾经看过一家公司，其产品多达十几项，涉及安防、无人机、交通、游戏、军工等多个领域，产品线包括雷达芯片、卫星通信电扫阵列天线、雷达整机、固态功率放大器、老人监护产品、自动驾驶成像雷达、安防雷达、无人机监测雷达、手势识别产品、交通路况预警雷达。在刚接触的时候，会觉得产品混乱，但是在梳理之后，发现公司的业务核心在于微波芯片技术，现有业务都是基于该技术所延伸出来的。公司从研发芯片到模组，再到天线，基于天线在不同领域研发了不同的应用产品。

（三）技术尽调

1. 技术原理

通常来说，对技术驱动型的项目（如高端装备、半导体、生物医药、新材料等）需要做技术原理的阐述，以作为产品描述的补充，方便从技术角度理解产品。

我们在对技术路线进行分析时，主要需要了解目标公司的技术路线在整个坐标系中的位置、同类技术路线有哪些，以及各自的优劣等。尤其是面对新技术时，很重要的一点是判断技术的成熟度，即技术是否能达到设想的状态。在一个新产品问世时，往往有多种不同的技术实现路径。在技术路线尚未定形之前，比拼的是差异化优势，而在定形之后，比拼的则是执行层面的优化程度了。从时间维度上看，我们还需要了解技术的演变过程、国内外所处的阶段是否有差异、未来的发展趋势等。

2. 技术尽调方法

一提起技术，大家首先想到的是专利，专利是技术在法律层面的一种体现。科创板上市标准中，有"形成主营业务收入的发明专利5项以上"的相关要求，不少人会倾向于通过发明专利的数量来衡量公司的技术先进性。在实务中，我们可以把专利分析的方式作为对公司进行技术尽调的方法之一。

此外，行业专家访谈也是技术尽调的重要手段之一。很多所谓的创新技术实际上已经诞生了很久，真正底层技术的创新从开始到商用的过程是缓慢的。但是对于非专业人士来说，这些技术的实质并没那么显而易见，通过搜集公开资料也很难确定，而专利分析也有门槛，并不能适用于所有情形。因此，目前针对技术类项目较好的尽调方式是寻找行业专家做访谈，由行业内的资深专家提供技术评判的相关依据供投资人参考。

（1）专利分析作用

通常情况下，专利分析更适合技术驱动型公司，比如创新药、新材料等行业。这类公司可以通过专利来限制竞争对手，以达到行业垄断的效果，从而获得超额利润，因此有较大的动力来申请相关专利。专利分析能帮助我们了解公司的竞争性门槛、提前获悉公司的业务布局和未来战略。

【案例3-5】吉利德公司于20世纪70年代诞生于美国硅谷，是全球主要的抗病毒药物的生产企业，被誉为"制药届的苹果公司"。吉利德公司在全球范围内申请了 1 万多件专利，对公司产品进行了全面的专利布局。通过其专利信息可以了解公司的研发动向，甚至可以推测公司的创新战略。吉利德公司在 2×12 年之前主要针对化合物申请专利，有两件比较核心的专利——瑞德西韦和索磷布韦。时间往后发展，2×12 年到 2×18 年，该公司主要针对药物用途申请专利，比如开始对治疗丙肝、肺病毒、甲流等应用药物布局，前期申请的化合物专利在这一阶段转化为了药品相关专利。这就是专利分析的价值，即：可以预测公司的产品研发和产业化方向；可以了解公司的竞争性门槛，是否可以排除其他竞争对手，形成垄断性壁垒。

（2）专利分析方法

首先，我们可以通过管理层访谈方式来确认哪些是公司的核心专利，搞清楚专利对应的产品。有些情况下，公司会以项目原因申请专利，随着项目完结或者业务停止，相关专利即不再使用，这类专利对于公司来说不再产生价值，在尽调时要予以区分。

其次，要了解产品的技术原理，通常可以查阅相关专利说明书。专利说明书中详细记载了专利的原理。尤其要关注"背景技术"章节，了解专利拟解决的问题和目前的解决方案，方便为目标公司的技术定位坐标系。

最后，可以根据下列指标对专利的含金量做间接的验证，比如：关联人数越多意味着专利投入的成本和人力越多；审查期总长度越长意味专利越复杂，需要通过的审核步骤越多；独权专利个数越多，意味着专业研发投入越大。

（3）专利分析限制

尽管专利分析有其自身价值，但是把专利分析作为一个常规的尽调手段有现实的问题。

①每家公司对于核心技术的保护策略并不相同，很多公司会选择不对真正核心的技术申请专利，所以专利分析方法不适用于这类公司。

②若非产业界内部人士，即使了解专利本身，也很难对下一步的产业化

方向进行预测，更无法评判竞争对手是否有绕过专利的能力。

③技术型公司的专利数量往往较多，如果对每项专利进行深入分析，工作量很大。

④评估专利的含金量很多时候需要专业的判断，大部分投资机构并不具备这种能力，很难对专利的价值做出实质性的判断。

综上，专利分析门槛高、投入大，能够通过分析得出的有价值内容相对有限并且不确定性较大。专利分析用于研究竞争对手更为合适，若用于投资尽调则颇有得不偿失之感。

五、商业模式

在完成了产品层面的分析之后，再来讨论如何将产品转化为一项业务，这里就涉及商业模式的问题。比如，同样是生产销售圆珠笔，既可以做成简单普适的入门产品，也可以做成高科技的高端产品；既可以直接定位于大客户做批量定制，也可以面向广大 C 端用户做消费级产品；既可以做直销，也可以通过渠道销售；既可以做线下销售，也可以做线上销售；既可以在电商平台推广，也可以自建渠道通过私域流量营销。围绕该产品的公司既可以是一家传统的生产型公司，也可以是一家流通型公司，甚至还可以是一家互联网公司。

不同的商业模式会对公司的产品、研发、仓储、物流、资金、信用、系统、数据等各个环节产生巨大的影响。虽然产品相同，但是在不同的商业模式下，公司有可能以完全不同的方式运作。

（一）商业模式内涵

商业模式是什么意思？在很多人看来，商业模式是个听起来很高端的词汇，似乎能明白但是又很难说清楚。商业模式的具体定义其实并不重要，因为它显然不是针对风险投资而言的，所以其含义跟风险投资的关联度并不大。

在笔者看来，商业模式的实质是在回答这样一个问题：基于产品／服务，公司是来如何运营并获取收益的。这包括以下内容。

·你怎么找到客户或者让客户找到你的？（营销模式）

·你与客户达成了什么样的交易，比如在价格、供货时间、产品、账期等方面有什么要求？（销售模式）

·你向谁采购了哪些原材料／服务？供应商的选择机制是什么？（采购模式）

·你是如何组织生产的？如何配置产能的？（生产模式）

·你是如何研发新产品／新技术的？（研发模式）

·你是如何赚钱的？（盈利模式）

这有点类似于学习如何做生意，我们要从多个维度了解这门生意是如何经营的。最终脑中应该想象出商业模式示意图，概括出公司的商业模式全景。

以销售模式为例。销售是公司设立的基础。没有销售，公司就失去了存在的价值。销售模式是研究公司商业模式的核心要素。

销售模式主要研究的内容包括：

·销售对象（企业客户／消费者）；

·产品类型（通用／垂直）；

·销售方式（直销／渠道）；

·下游行业（客户行业）；

·交付方式（标准／定制）；

·定价方式（变动／固定）；

·付款方式（预付／分期）；

·营销方式（线上／线下）。

不同要素之间是存在关联的。在分析时发现与一般认知不同的情况时，我们需要关注原因，并据此判断这是公司的创新性做法，还是别有隐情？

比如，如果销售对象是消费者，那就很难做定制化产品，而只能做标准化产品，因为消费者单价较低，定制化可能无法覆盖成本。一旦采用定制化模式，那大概率以直销为主，因为要根据下游客户需求来提供产品服务。定制化的付款方式大多不是一次性全付，一般按照进度付款，那就意味着会有账期。通过下面这个案例，我们可以了解商业模式对公司的影响。

【案例3-6】A公司是一家软件开发企业，最初是做仓储管理系统（Warehouse Management System，简称WMS）的定制开发。该产品相对通用，主要是面向汽配、家电、玩具、陶瓷等行业客户。由于以定制化方式为主、客户需求不统一、服务周期长，公司决定转型做SaaS的WMS标准化产品。公司认为自己有5年的业务经验，具备标准化的能力，于是暂停了定制开发业务，正式转型为SaaS。但是，由于提供的是标准化产品，因此原本同样的项目报价只有原来定制开发的1/4~1/3，公司收入锐减，甚至难以覆盖团队成本。于是，在坚持了一年后，公司被迫又转回定制开发模式。

（二）商业模式如何描述

关于商业模式的描述，我们经常能够在投行IPO招股说明书中看到。在招股说明书中有"商业模式"（或者称为"经营模式"）的专门章节。

招股说明书中的商业模式一般包含：

· 采购模式；

· 生产模式；

· 销售模式等。

招股说明书中的商业模式的具体内容如下。

1.采购模式

公司采购的主要原材料包括光学及光纤材料、部分光电元器件、结构件、化学品等。公司外购的主要原、辅材料以直接采购为主；少部分非核心加工工序则委外加工。

公司基于对市场的预测安排采购和生产。销售中心每年度末会结合新产品的投放情况对未来一年销售规模进行预测，从而制定公司下一年度整体的销售计划，每季度末和月度末进行销售总结并修正下一季度和下一月度的销售计划。对于生产使用物料，物控计划部在综合考虑销售计划和安全库存量后制定生产计划和采购计划，采购部根据采购计划提前与供应商洽谈合作事宜，并根据物料采购周期合理下达采购订单进行备货。研发物料由研发部根据项目需求列明物料清单交至物控计划部，由物控计划部根据库存状况向采购部下达采购申请，采购部根据采购申请向供应商下达采购订单。

公司依据付款条件向供应商付款，一般在原材料检验合格且双方对账确认后 30~90 天付清款项，以转账或承兑汇票方式结算。对境外供应商，公司一般在原材料检验合格且双方对账确认后 30 天内付清款项，部分供应商要求现款现货或预付款，以电汇的方式结算；除直接付款外，公司通过委托专业进口报关公司协助报关的同时，委托报关公司付款。

2. 生产模式

（1）自主生产

公司所生产的产品大部分为标准化产品，少量为定制化非标产品。对于标准化产品，公司根据年度和季度的销售预测制定生产计划，实行备货式生产。对于定制化非标产品，由技术部门进行合同评审，确定可行性和交货期，签订合同后直接按订单安排生产。物控计划部根据月生产计划向生产部门下达生产工单，产品生产完成后经检验合格入库。品质部门在进料、制程和产品入库阶段，依据物料和产品质量标准进行全过程的质量检测，保证产品质量符合既定标准。从器件生产到整机装配完成，脉冲光纤激光器生产周期为 2~3 周，连续光纤激光器生产周期为 3~4 周。

（2）委托加工

公司少部分非核心加工工序通过委托加工的模式进行，主要包括五金件表面处理、光纤头镀膜、电路板贴装等。委托加工程序为：根据工序需要，由生产部门向采购部提出委托加工申请单，由采购部向委托加工厂商下达委托加工订单。公司将委托加工厂商纳入合格供应商评审体系，实施供应商认证及加工工艺的认证。

3.销售模式

公司产品销售绝大部分通过直销方式进行，客户主要为激光设备集成商。从销售额来看，公司产品90%以上在国内销售，采用直销模式销售给激光设备集成商；公司产品出口比例不足10%，采用直销模式为主、代理分销为辅的销售模式。

（1）国内市场

国内市场销售全部采用直销模式，在全国主要销售市场均设置了销售网点或办事处，形成了覆盖国内激光产业重点区域的销售网络，重点布局珠三角、长三角、环渤海等核心区域。业务部门在每年末制定次年销售计划，每月度末和每季度末进行销售总结并修正销售计划。销售人员通过客户拜访、展会展示、行业推广等方式获取订单，通过引导客户应用进行业务推广。同时，由于公司产品在行业内具有较高知名度，部分客户也会通过其他客户推荐或者浏览公司官网等方式，主动与公司洽谈合作事宜。

售前，公司销售及技术服务人员一同参与客户打样、选型、工艺测试流程，为客户确定采购提供完善的技术建议和支持；售中，公司协助客户完成激光器与整机的配合调试与工艺调试，并对客户技术人员进行产品知识、应用方案、常见问题及故障解决等方面的培训；售后，公司提供7天24小时不间断在线电话客服，针对直接客户和终端客户的任何疑问，公司售后人员首先会通过电话进行沟通，对电话沟通不能解决的问题则在24小时内上门勘察，若需返厂维修，则在维修期间提供备用机使用。

公司直接与最终客户签订合同，产品也直接运送至客户处，经签收后确认收入。业务结算主要采用转账和票据相结合的方式，给予国内客户的信用政策根据客户规模和采购产品的不同，通常分为款到发货、当月结、月结30

天或月结 60 天付款等。

（2）海外市场

公司海外销售采用直销为主、代理分销为辅的销售模式，主要通过展会、网络、市场人员驻地自行开发等方式进行销售。公司海外客户分布于亚洲、欧洲、美洲、大洋洲各地，其中东南亚和南亚是公司海外销售的主要地区，主要包括印度、泰国、越南、马来西亚、新加坡等地。作为对发行人海外市场销售拓展的补充，公司积极发展代理分销模式，寻找合适的代理商，鼓励代理商为公司发掘潜在客户，拓展业务渠道。利用在国内经营取得的丰富经验，目前公司可通过电话、视频、互联网、现场等多种形式为海外客户提供售前、售中和售后服务，在国际市场上继续发挥公司优质服务的优势。报告期内，公司存在零星销售回款由第三方代客户支付的情形。

以上商业模式的写法对吗?

严格意义上讲，这并无对错。不同招股说明书的撰写方式不尽相同，并没有严格规定应该如何撰写商业模式。

那么，这样写有意义吗?

以采购模式为例，上述采购模式包含的主要信息如下：采购内容、采购方式、采购计划、付款账期。这些内容其实已经包含在财务尽调的成本分析和存货分析中了，而且介绍得很详细，因此在业务部分不必再详细描述。

笔者认为，商业模式应该从三个层面来描述业务，分别是产品层面、交易层面、资金层面。

·**产品层面**：目标公司提供了什么产品/服务。比如，设备厂商设计制造了某类设备。

·**交易层面**：目标公司与哪类客户进行了何种交易。比如，设备厂商通过渠道商将设备卖给了汽车厂商，用于汽车装配。

·**资金层面**：围绕目标公司，资金在不同主体间是如何流转的。比如，汽车厂商把钱给了渠道商，渠道商再跟设备厂商结算。

这个看起来很简单，对不对？

那我们再看看下面的商业模式，如图 3-5 所示。图 3-5 描述了一个法律平台类项目的商业模式，如果不用这种方式来描述商业模式，可能很难解释公司到底是干什么的。

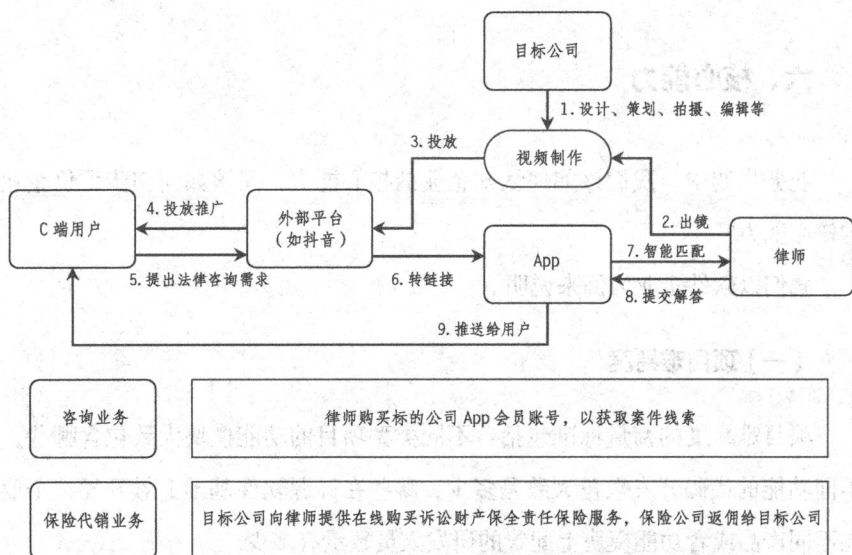

图 3-5 商业模式

从产品层面看，目标公司与律师合作，由公司提供视频设计、策划、拍摄、编辑等服务、律师出镜的方式来制作法律宣传视频，并在抖音等平台投放。C 端用户观看视频后如有法律咨询问题和需求则点击平台链接接入目标公司的 App，App 通过自身匹配系统将其匹配给特定区域和特定专业的律师，由律师直接答复 C 端用户。C 端用户可以针对问题进一步向律师咨询，进而委托律师承办案件。

从交易层面看，目标公司向律师销售 App 会员账号；同时目标公司接受保险公司委托，向律师销售诉讼财产保全责任保险，并根据销售金额提取佣金。为鼓励律师使用平台，目标公司会向律师提供补贴。会员收入和保险佣金是公司的主要盈利模式。

从资金层面看，律师向目标公司支付会员账号费；律师在 APP 上付费购买保险，保险公司根据保险销售情况按月与目标公司结算佣金收入；目标公司根据律师回答问题数量和用户反馈情况向律师实时支付补贴。

六、核心能力

业务尽调中，我们该如何认知企业的核心能力，又该如何初步评价企业的核心能力？

我们以软件企业为例来说明。

（一）项目难易度

项目难易度的衡量标准包括：不同类型项目的功能模块大致包含哪些，不同功能的代码开发数量大致是多少，哪些在开源软件基础上做开发，企业在不同产品或者功能模块上配置的研发人员数量有多少。

在通常情况下，做通用化和标准化产品的项目难度会高于做定制化产品的项目。

而对于投资尽调而言，比较有效的判断企业产品是标准化还是定制化的方法是分析企业的成本费用结构。

举例说明，A 公司、B 公司均拥有 100 人的研发团队。

·A 公司开发了一款通用的财务软件，按照 1 万元的价格卖给 1 万个客户，交付给客户的是"软件 + 激活码"或 SaaS 账号。

·B 公司安排了 100 个人，为 50 个客户每人开发一套财务软件，每套软件均不一样。每个客户收费 100 万元。

从财务方面看，两家公司的收入和净利润可能都一样。但是如果会计核算规范，两家公司的成本费用构成差异应该很大。

·A公司的成本应该很低，毛利率很高，研发费用（研发人员薪酬）和销售费用（一般通过渠道销售）会比较高，所以净利润的水平主要取决于费用（对研发的投入力度）情况。

·B公司的成本（研发人员或者技术服务人员薪酬）应该很高，毛利率很低，但研发费用（严格意义上讲，这类公司不会有太多的研发人员）和销售费用（一般为直销模式下产生的费用）比较低，所以净利润的水平主要取决于成本管控（降低开发成本）的情况。

由以上案例可知，根据成本费用的比例情况，可以分析出企业的产品化程度。大部分情况下，企业都是朝着产品化的方向发展。

实务中，经常会遇到有些企业标榜自己是一家高新技术企业，理由是有很多研发人员，但实际情况是可能很多人员都在做项目的定制开发，而定制开发的软件在大多数情况既不能复用，也很难概括出共性的功能，从而难以打造成一款通用性的产品。即使企业有通用的产品，其销售的客户也较大概率与目前的客户不同，需要另外打造销售体系。

（二）研发人员情况

1. 研发人员数量

需要了解做该类型的产品大致需要的研发人员数量，然后结合企业的研发人员数量来判断企业技术是自研还是以使用开源技术为主。例如，一款基础软件和一款基于开源软件的大数据平台所需要的研发人员的数量是不同的。如果100人左右的团队要做数据库，那大概率是基于开源数据库做的，而不太可能是自研。

当然，这并非说自研好，或者开源技术不行，而是要看企业的表述跟实际情况是否一致。在某些情况下，如国产化领域，客户对于自研的比例是有明确要求的，这种时候搞清楚自研和开源技术的比例对于做投资判断来说就非常重要了。

2. 研发团队素质

关注研发团队的年龄、学历、薪酬情况、招聘标准、团队优化的方向等；关注研发团队的具体设置、人员分工情况、绩效考核标准等；关注在研项目的方向和具体内容、在不同项目上投入的人力情况、预期的时间进度安排、使用的开发工具等。

需要注意的是，企业发展的不同阶段配置的研发人员的水平可能大不相同。研发团队的配置并不是越高越好。在大多数情况下，企业在发展初期很难吸引到优秀的人才，但这并不意味着企业的研发没有成功的可能。

在创业前期，企业更多是将创始团队之前的成熟经验移植过来，创始人可能直接负责研发工作。在这种情况下，对于研发团队的要求就是执行到位，难度不高，因此，研发人员水平并不需要太高。

随着业务发展，产品需要结合客户的需求在深度和广度上不断升级，创始人或者创始团队原有的经验可能很难满足需求，因此需要更专业和资深的人员来管理研发工作。

投资机构需要关注管理层对于研发负责人的选择，尤其是创始人对企业研发水平是否有合理的评估，后续是否有招募研发合伙人来提升研发能力的计划，是否已经有目标人选，目标人选的能力是否能满足企业的业务发展要求等。有合理的规划才有进步与提升的可能。

优秀的产品是在不断迭代的过程中打磨出来的，所以方向和执行力很重要，而这与研发负责人的业务水平、规划能力和打造团队能力息息相关。好的研发负责人知道在什么时候用什么样的人研发出能够满足业务需求的产品，然后在持续、快速迭代中不断完善。

（三）团队情况

1. 团队过往经历与项目的匹配程度

关注创始人或者研发负责人之前是否从事过类似业务，是否有相关的管理经验，进而评估管理团队成员目前负责业务与其之前经历的匹配程度。毕竟术业有专攻，哪怕很厉害的销售来做研发，也可能不能胜任。

在企业服务领域，笔者看过的大部分发展比较顺利的项目中，创始人多是在该领域的全球头部企业中从事过相关业务的，因此其拥有对行业成熟的、体系化的理解和前瞻性的思维，知道行业存在哪些机会并且懂得从什么角度切入市场。

【案例 3-7】笔者曾经接触过一家国产数据库公司，创始人有做 Oracle[①]代理商的背景，最初为 Oracle 软件提供实施服务，后来自创品牌研发数据库软件。借助于国产化的春风和地方政府的大力支持，公司的业务获得较大的发展。但受限于公司创始人的背景，公司对客户的需求理解无法与自身的技术认知能力匹配，走上了偏定制化的方向，越做越偏，并且始终无法突破区域性的市场。后来，病急乱投医，高薪从国外公司挖来一位售前负责人（偏售前咨询类）来指导公司的研发工作，结果是外行指导内行，引起公司研发团队人员不满，纷纷离职，后来证明产品研发路线出现了很大的问题。该公司不得已另起炉灶，重新开始。

2. 团队人员的执行力

关注技术团队人员，不光要听其言，更要观其行。即使团队人员的背景再光鲜，但是如果在具体工作的分配和安排上毫无章法，在研发和团队的管理上毫无建树，那其专业性就得打一个问号。大企业出身的创业团队有很多优势，但同样也存在一些问题。投资机构要关注团队人员的执行力。比如，实务中我们见过的某些外企背景的创始团队经常容易犯的一种错误就是不接地气，尤其是销售。

国外的某些软件产品技术门槛一般比较高，客户可选择的范围不多，企业相对强势，销售人员待遇好，在面对下游客户并没有太多压力，不会刻意

---

①Oracle，即美国甲骨文公司，是全球知名的数据库公司。

迎合客户，其销售业绩更多依靠的是产品本身而非销售能力。

因此，销售人员在创业后容易误认为自身的销售能力很强，低估了平台的作用，在创业后依然用外企的销售方法来销售企业的产品，不能俯下身子贴近客户，结果自然容易碰壁。

技术也存在同样的问题。曾经见过一个 20 人的小公司，CTO^①带一个 10 人的研发团队，CTO 实际担任研发团队的负责人，更偏执行层的角色，但是这位 CTO 并不写代码，甚至连代码放在哪里都不清楚，很明显其没能从大企业的角色中及时转换过来。

（四）创始人特点

很多时候，创始人的行事风格和理念会直接影响企业的文化。软件领域的创始人的出身背景最好不是单一的技术背景或者单一的销售背景，拥有销售、咨询、产品、技术等相关领域的复合经历为佳，懂技术、懂产品的同时，也有面对客户的经验，理解商业和市场。

【案例 3-8】笔者曾经看过一个早期项目，企业主要做视觉 SoC（System on Chip，系统级芯片），其产品主要应用在监控摄像头领域。创始人是美国某顶尖大学的博士后，参与过多项国际音视频标准协议制定，其创业团队的成员基本都是各自领域的学术专家。可以说团队实力很强，但是团队切入的领域和方式并不理想。他们选择了直接面对海康威视、大华等巨头，因此其产品很难拥有规模化的应用机会。创始人过于理想主义，更多考虑的是如何实现其技术愿景，而缺乏对商业前景的考量。在产品设计之初并未考虑应用场景和客户需求，结果在花费了大量的资金将产品成功研发出来之后，面临无处能用的窘境。

【案例 3-9】笔者曾经访谈过一家大数据公司，创始人早年在国外某 IT

①CTO，Chief Technology Officer 的缩写，即首席技术官，一般是指负责公司研发工作的高级管理人员。

头部公司担任全球大数据部门负责人，其本人也是国内银行大数据领域公认的技术专家，但其很早就不再从事技术工作，从其公司的业务方向来看，更多是提供技术开发服务和开发人力外包服务。但是在访谈时，创始人很喜欢讲述自己曾经解决的很多疑难杂症类项目，以及如何因此获得客户的认可和赞赏。实际上，事后回忆时会发现创始人并没有从技术层面来阐述产品和业务的技术原理和优势，而更多是讲述了一个个他当年精通技术的故事。在分析这类公司时，要分清现实和故事，不要被创始人的耀眼光环遮蔽双眼，要踏踏实实地和技术人员沟通，了解公司的产品和研发情况。

（五）总结

那么，如何评价一家软件公司的核心能力？

以大数据平台为例来回答这个问题。

在技术分享论坛或会议上，谈到大数据平台的技术组件时，大部分人都会给出一个大同小异的系统架构图。在这个架构图中，有各种日志和 DB（Datebase，数据库）数据采集组件、存储和计算引擎、监控和调度系统等，除了个别组件的增减替换，每家公司的大数据平台看起来都没有太大的区别。

从技术层面看，不同大数据平台之间可以比较的有具体组件方面的技术细节、组件的性能、平台的稳定性，以及各自的开发平台具体业务流程的适配和应用等方面。

如此看来，各家公司的大数据平台水平是不是应该都差不多？

当然不是。

阿里巴巴、腾讯的大数据平台和二、三线互联网公司的差距巨大，更不用说一般公司了。

那么，不同大数据平台的差异在哪儿呢？

多数公司在大数据具体组件的应用水平方面固然与头部公司存在差距，

但这并不是平台整体差距的根本所在。产品和服务形态这些容易被忽略的方面，才是体现各家大数据平台水平的核心因素。具体来说，就是你为使用平台的用户解决了哪些问题，扫除了哪些障碍，提升了多少工作效率，附加了哪些增值收益。

对于大数据平台来说，重要的是解决用户的问题。简单来说，用户需要的服务有三类：存储、计算和查询（展示）。不论是存储、计算的具体组件，还是平台集成所需要的工作流调度、权限管控、元数据血缘分析、质量监控等各类支撑和监管系统，都是完成服务的手段而已。

用户需要的是稳定、可靠、高效地存储数据。只要满足性能指标，他们其实并不关心底层使用的是什么类型的存储系统。用户关心的是高效、低成本地使用产品，钻研和学习各类计算框架并不是他们的初衷。用户在意的是方便、快速地查询到想要的数据，结果便于理解和沟通，能够有效地支持业务决策，不关心数据存储在哪里、用什么工具查询、需要做什么预处理、是否需要缓存优化等。

从大数据平台服务构建的目标来说，服务的价值就在于能在多大程度上减少用户对底层系统了解的必要性，降低业务开发的门槛。大数据平台的服务目标应该是提供一个完整的解决方案，尽可能满足用户的需求，而不只是提供组件或孤立的系统，把流程串接和方案集成的工作都交给用户。所以，大数据平台的门槛不在技术层面，而在于解决方案。这有点像厨师炒菜，厨师水平的高低与食材和厨具固然相关，但是如何利用现有资源做出适应顾客口味的菜肴才是评判好厨师的标准。

第四章　财务尽调

财务尽职调查（Finance Due Diligence Investigation，FDD，以下简称"财务尽调"）是指投资机构在投资之前针对目标企业所进行的财务方面的尽职调查。财务尽调种类很多，不同类型财务尽调的目的亦不尽相同。本书讨论的财务尽调是指一级市场以财务性股权投资为目的的中早期项目的财务尽调，即通常意义所讲的 VC 财务尽调。

一、财务尽调概述

（一）财务尽调只是为了排雷吗

有人说，财务尽职调查的主要目的是排雷，即发现和预防财务造假等风险。这种观点笔者认为比较偏颇。

首先要界定什么是财务造假。

投资意义上的财务造假行为是指以虚增收入、利润为目标，以虚构交易（比如，资金体外循环、关联交易非关联化）或体外承担成本费用等方式掩盖企业真实财务状况的行为。注意，这里限定是投资意义上的，诸如企业为节税而调减收入、利润的情况不在讨论之列。

财务造假不是利用会计政策来调节或者粉饰报表，而是赤裸裸地虚构，因此一般都是经过精心准备的，目的就是想展示假的财务数据。

由于财务造假不仅是报表层面需要调整，业务数据也要符合钩稽关系，一般需要业务端配合，会改变企业的实际经营方式，所以这种造假行为成本极高并且难以长期持续。

那么，VC阶段的项目财务造假的概率大吗？

这取决于造假的经济利益有多少。

企业造假是有成本的。判断企业会不会造假，需关注企业能不能从中赚取收益。

那么，为了获取投资而造假，能获得很大的收益吗？

VC的投资款对于企业来说只是暂时性、附条件地占有。在通常情况下，投资协议中会有相关条款约定，一旦企业被发现造假或者到期上不了市，投资款就将被收回。此外，获得投资也不能获得流动性、估值溢价、知名度的提升等益处，所以，从成本收益角度来分析，VC阶段企业造假并不划算。

避免财务造假的方式不是依靠财务尽调，而是从投资策略上摒弃那些造假成本低、能力高、动力强的行业和企业。从这个意义上分析，财务造假是我们在策略制定环节就要首先解决的问题，因此不会成为财务尽调的主要判断目标。

既然VC项目的风险不是财务造假风险，为什么还有很多投资机构针对财务造假做财务尽调呢？笔者认为主要有以下三点原因：受投行思维影响，受信贷思维影响，受并购思维影响。

1.投行思维

先说说投行思维的问题。监管部门和投行在审核IPO项目中，经常遇到的同时也是很关心的问题就是财务造假。因此，以投行的角度去做投资就会产生这个问题——误把能否上市的标准作为投资决策的标准。

企业IPO上市造假的动力为什么大？原因如下。

第一，企业上市的收益高。二级市场的流动性、融资功能、市值溢价、知名度提升等让企业本身和创始人都能获得巨大的收益，并且投资人的期望和各种对赌条款的压力也迫使企业尽快实现上市。

第二，上市过程维持业绩难。首先，拟上市企业已达到一定体量，往往已经过了高速增长的阶段，增长容易遭遇瓶颈；其次，上市合规性要求高，企业相当于戴着枷锁前进，再加上上市本身也会消耗精力，导致整个企业无法完全专注于业务；最后，审核周期内要求业绩稳定，甚至要持续增长，而正常情况下企业业绩随着市场波动是正常情况，要保持稳定就必定需要人为干预。

第三，上市审核漏洞大。由于上市审核的是历史数据，所以，上市审核重点关注的是报告期和审核期内的财务数据。因此，企业的工作重点在于审核期内的历史财务情况，至于是不是会透支未来的业绩或者未来这种增速还能保持多久，就只有企业自己知道了。当然，监管层也一直在出台各种政策加强上市后的监管，但是实践中依然很难执行。

所以，企业上市容易产生闯关的心理。上市就像考试，重在一张答卷。在这种情况下，监考老师必须看紧企业，上市尽调与审核的目的就在于此。

但是，企业为了融资而造假的动力则小得多，因为这并不是一锤子买卖，也带不来巨大的收益。所以，从成本收益角度看，企业没动力为融资造假，因为这并不划算。

再反过来想，假设企业真的为了融资造假，通过财务尽调能发现吗？

比如，有些投资机构在尽调时要求对现金流核查细致到翻看企业历年的银行流水的程度，如果是从了解业务角度出发，当然没问题。但是如果是为了排除财务造假风险，笔者认为这并不可行。原因有以下三点。

第一，逻辑链条不完整。如果从财务造假角度审查企业，资金流水核查只是一部分，要想形成完整的证明链条，审查程序还必须包括客户供应商走访、银行函证、资产盘点等流程。如果不做完这些流程，理论上企业依然有造假的可能。

第二，企业不会配合查。如果要把上述的核查流程都做完，那首先意味着不仅要查企业的资金流水，还要查实际控制人及企业高管甚至财务人员的所有个人账户最近几年的银行流水。现实中几乎不可能有企业会接受这种程度的财务尽调。

第三，投资机构没能力查。资金流水核查是企业 IPO 的必查内容之一，需要券商和会计师的团队联合进行，周期可能长达数月。而投资机构一般现场尽调时间不会超过 1 周，即使允许查，从操作层面来说，也不可能完成。

在实务中，诸如资金流水核查之类的财务尽调大都是尽调人员为了应付内部合规流程而做的，质量低下，非但起不到应有的风控效果，反而增加了尽调人员的负担，分散了精力。

2. 信贷思维

银行机构在审核企业贷款时会核查企业的经营状况以了解企业的还款能力，从某种程度上看，这与财务尽调相似。但是信贷思维下的财务尽调更多是以核实资产的真实性为主，财务造假的风险主要针对的是经营业绩造假所导致的资产不实的风险。

信贷考察的核心是企业的还款能力，重点关注安全性。放款后，企业业绩持续增长当然好，即使不涨，只要企业的资产够还钱，那依然能够还款。但投资则不行，一旦投资之后企业业绩不涨，股权就会变成难以兑现的纸面财富。

举个例子，一个制造业企业拥有价值 5 000 万元的厂房，收入 2 000 万元，利润 200 万元。假设没有其他负债的情况下，银行给企业贷款 2 000 万元，年利率 6%，期限 3 年。投资机构 A 按照 15 倍 P/E[①] 即 3 000 万元估值投了 1 000 万元，获得了公司 33% 的股权。

（1）第一种：乐观情况。

假设企业发展良好，收入每年以 100% 速度增长，3 年后企业收入 8 000 万元，净利润 800 万元。

[①]P/E，Price / Earning Per Share（价格 / 每股收益）的缩写，即市盈率。

对于投资：企业的增速快，吸引了其他投资机构来投资。投资机构 B 以 4 000 万元的价格买走了投资机构 A 的全部股权，投资机构 A 投资获利 3 000 万元，IRR 为 60%。

对于信贷：3 年到期后，企业归还 2 000 万元贷款，银行的收益率为 6%。

我们能看到，在乐观情况下，投资的收益率远高于信贷收益率。

（2）第二种：一般情况。

假设企业发展一般，收入原地踏步。

对于投资：收入不涨，估值就没法涨。投资机构 A 所持有的股权价值还是 1 000 万元。但投资机构有收益率要求，估值不涨会影响投资机构的整体收益率，而且更大的问题是这笔投资没法变现，只能一直持有。

对于信贷：3 年到期后，企业归还 2 000 万元贷款，银行的收益率为 6%。

一般情况是投资市场中普遍的情况。一旦企业收入不涨，对于投资机构来说，吸引力就大大减弱。如果没有相关退出或者分红的约定，投资机构 A 的投资本金就失去了收回的可能。

（3）第三种：悲观情况。

假设企业发展不好，产品滞销，3 年后企业决定关门歇业，企业除了房产和仓库积压的存货之外，已无其他资产。

对于信贷：变卖企业的房产，为了找到买家，按照市场价格的 60% 即 3 000 万元出售，足够偿还贷款本息。

对于投资：由于股权劣后于债权，等到投资人受偿时，企业资产所剩无几，投资人几乎血本无归。

我们可以发现，在所有情况下，银行只需要关注企业的偿债能力即可；而投资机构则几乎不需要关注其偿债能力，因为大部分情形下，企业在经营不善时，其资产是不可能足够覆盖投资机构保本需求的。

因此，以信贷思维去做投资的话，就会出现割裂的状态：一方面让团队花很多精力调查企业资产的真实性，核实偿债能力；另一方面在企业发展不善时无法以信贷的方式来保障投资安全。那么，做尽调的意义何在呢？

3.并购思维

很多投资传统行业或者以传统企业并购整合为主的基金，在投资时会重点核查财务真实性，主要原因有以下三点。

第一，传统行业估值倍数低。比如农林牧渔或者生产纸杯、塑料杯等传统低端制造业，只能按照 P/E 估值，企业收入及利润规模相对于估值而言差异不大，因此企业对投资的吸引力大大加强。反观新兴产业中很多企业按照股价计算法则（Price to Sales，PS）估值，企业整体估值与融资额差异较大，创始人较少为了融资而去造假。

第二，传统行业门槛低。生产经营对于企业主体要求不高。企业创始人也往往不止一家企业，业务在不同主体间可以灵活转移，企业被收购后可以另成立一家企业再干一番，投资人的钱基本相当于买了个壳而已，造假成本极低。而新兴行业的企业创始人往往之前并没有太多商业积累，目标企业也往往不具备各类资质，一旦主体出现问题，业务迁移成本巨大，很可能导致短期内业务无法开展。

第三，传统行业有能力造假。造假是一项需要成本的事情，无论是资金体外循环冲业绩，还是转嫁成本冲利润，都需要投入真金白银，而且还需上下游配合。重要的是，财务造假需要有专业规划，这个说起来简单，但是想做得天衣无缝需要非常复杂的谋划，稍有不慎，就会牵一发而动全身。

综上所述，如果总是碰到财务造假的企业，应该反思的不是尽调方法要加强，而是投资策略要改变。

（二）财务尽调的目标

1.目标一：验证成长性

那么，财务尽调的目标到底是什么？

在回答这个问题之前，需要先思考投资的目的是什么。

很简单，资本是逐利的，投资就是为了实现盈利。从这个角度讲，投资跟任何一门生意都没有区别。企业做的都是生意，不管它是卖纸飞机还是真飞机。既然是生意，就必须以企业家视角思考问题。

如果你是一个企业家，你在经营的时候最关心什么？

· 怎么规范经营？

· 怎么保证经营安全？

· 怎么上市？

都不是，企业家最关心的事是怎么赚钱。注意，是怎么赚钱，而不是怎么实现报表上的盈利，这里的赚钱是指资金流入。把赚钱这件事拆开来看，其实就是以下三件事。

· 订单从哪来？

· 如何完成交付？

· 钱何时能回来？

把这三件事情搞清楚了，就理解了企业的业务实质，就能真正明白企业是怎么赚钱的。财务尽调就是一个拨开迷雾的过程，这里的迷雾不是指财务造假，而是真正理解企业的业务实质。判断分析企业的业务实质是否具备成长性、是否有质量并分析其成长驱动力，是财务尽调的第一个目标。

2. 目标二：识别财务风险

预防财务造假并不是财务尽调的目的之一，但这并不意味着企业会将真实情况和盘托出。从报表真实性角度出发，VC阶段项目主要面临的财务风险是财务粉饰。

通常情况下，财务粉饰只是在财务会计层面调整报表，而不会牵涉业务经营。财务粉饰的危害在于将一个60分的企业美化成了80分，误导投资人。

财务粉饰的目的也基本相同——增加收入和利润，但方法有所不同。比如在收入方面可能采取调整确认政策、适当延长账期、渠道压货等方式来调节，而利润方面可能采取成本费用混淆、费用资本化等方式调节。

财务粉饰的目的不是告诉你假数字，而是不告诉你真数字，让你误认为企业业绩很好。

财务粉饰一般不涉及外部第三方，通过查看业务数据的钩稽关系、查看科目明细等方式可以很好地还原真实情况，并不需要复杂的财务核查程序。其实，要发现这一问题并不难，关键在于投资人懂不懂、做不做。

此外，其他财务风险也是在尽调中需要关注的事项，如现金流风险、重大税务风险、重大内控风险等。

二、财务尽调的评价标准

搞清楚了财务尽调的目的，我们还需要了解评价标准，即从财务尽调的角度去看，满足什么样条件的企业才是好企业。

前文我们讨论过，有成长性的企业才是好企业，成长性的评价标准有两点：处于市场扩张阶段、自身业务有成长性。

关于第一点的市场分析是行业尽调的内容，后文会讲述。在财务尽调中，我们重点讨论成长性。成长性可以拆解为三个细分指标：

·成长速度；

·成长质量；

·成长驱动力。

财务尽调逻辑结构如图 4-1 所示。

財务尽调逻辑结构

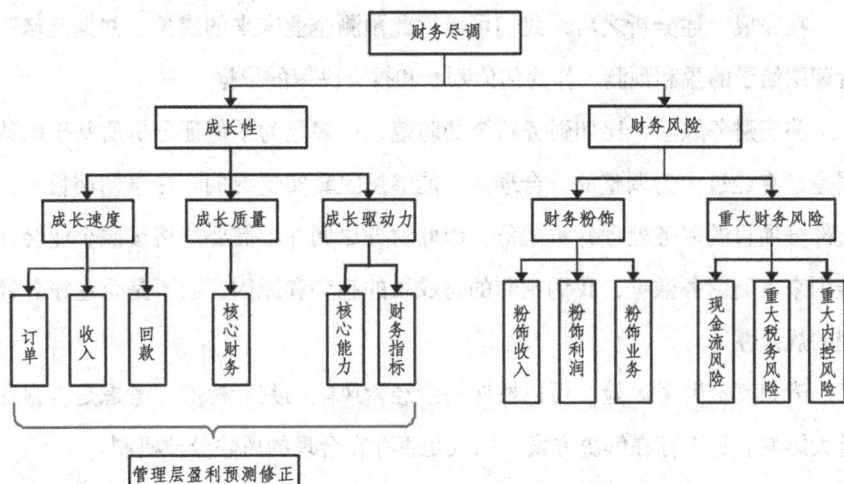

图 4-1　财务尽调逻辑结构

首先，通常情况下，高速成长是企业有投资价值的第一个因素。没有成长性，企业的投资价值也就失去了讨论的前提。

其次，这种成长必须是有质量的，意味着它来自核心业务，所谓核心业务具有两层含义：①核心业务是企业投入资源最多的业务，集中体现了企业的核心能力和优势，是企业的竞争门槛；②核心业务既构成了目前企业营收的主体部分，也代表了企业未来重点发展方向。

最后，在速度和质量都满足的前提下，我们需要考虑成长的驱动力是什么，这种驱动力在未来是否能让企业继续保持增长。

投资人做投资判断时，这三个目标是层层递进的。三者的关系如下：

· 速度是质量基础上的速度，质量是速度前提下的质量；

· 速度和质量反映企业的现状，驱动力挖掘成长的原因。

如果前一步不符合要求，那就没有必要继续分析后一步了。当然，实务中，尽调过程并不总是能够清楚地划分阶段，更多是在不同目标层次之间反复地验证。

在完成上述分析之后，我们可以据此预测企业未来的成长，并据此修正管理层给予的盈利预测，作为估值判断和投资决策的依据。

关于财务风险，比如财务粉饰的防范，更多是为了保证分析所基于的数据是没有经过人为调整的、合理的、能够反映真实情况的。在早期项目中，大部分项目的账务处理并不规范，因此财务尽调并不需要严格按照企业会计准则来审阅财务数据，我们判断的是成长的趋势和原因，而不是企业账务处理的规范性。

诸如其他财务风险，可以按照持续经营风险的判断标准，考虑是否存在重大影响、是否存在解决方案，以及是否存在合理的风险分摊机制。

三、成长速度分析

成长速度的验证需要结合收入、订单（销售合同）、回款等三个方面进行判断。

（一）成长速度的含义

1. 为什么收入是衡量成长性的最佳指标

成长速度是指收入的增长速度。有人会问为什么不是净利润的增速。实践中，有些机构更偏向以净利润衡量成长性，主要原因是便于市盈率估值分析和衡量上市预期等。但是净利润作为一项衡量成长性指标远不如收入，原因是净利润指标要受太多因素（成本、费用、各类资产减值损益、投资损益、公允价值变动损益、营业外损益、税率等）影响，可调节的空间非常大。

那什么样的成长速度才是好企业的标准呢？这需要根据企业所处的行业和自身的规模来判断。根据前文所述，成长速度至少要高于行业平均增速。而企业规模越大，成长性要求会越低。以软件企业为例，我们认为具有投资价值的企业应该符合以下标准：

- 收入小于 2 000 万元时，年均同比增速不低于公司去年收入的 2~3 倍；
- 收入小于 6 000 万元时，年均同比增速不低于公司去年收入的 1~2 倍；
- 收入小于 1 亿元时，年均同比增速不低于公司去年收入的 60%~80%；
- 收入超过 1 亿元时，年均同比增速不低于公司去年收入的 30%~50%。

2.订单为什么重要

收入作为一个会计概念，也会受到企业会计政策的影响，可能会出现同一家企业因为采用会计政策不同而导致各期收入金额迥异的情形。因此，在尽调时需要从不同的角度验证收入的实际增速。其中，订单就是非常重要的一个方面。

订单在金额方面相对固定，不会受到会计政策的影响，可以与收入结合分析，以便更好地反映企业的真实收入情况。从合同签订到收入确认，这个过程体现的是企业产品服务的交付能力，而交付能力会受到诸如产品服务形态、客户定位、销售策略等多种因素的影响。因此，把握影响交付能力的关键性因素，有助于理解企业经营的核心逻辑。

在通常的财务尽调中，一般在盈利预测中分析订单，订单作为盈利预测可实现的支撑性证据。而不管是投资机构还是第三方财务尽调机构，很少分析历年订单，因此在这里有必要阐述订单分析的重要性。

举个例子，企业会按照业务类型对收入进行分类，比如 AA 大数据平台 5 000 万元，BB 大数据平台 2 000 万元……因为这是企业自己起的名字，随意性很强，但投资机构很难评判这些业务的具体内容，如果只看企业给出的收入名称，很容易就被忽悠了。

而看订单就很容易发现业务实质，比如某个客户采购了 1 000 万元的 AA 大数据平台。只要打开订单一看（一般订单附有具体的产品清单或者服务清单）：存储磁盘阵列 500 万元、摄像头 300 万元、软件定制开发服务费 200 万元……就可以发现，这并非大数据，而是系统集成和定制开发，如此业务实质就会清晰地展现出来。

还有，订单可以作为预测企业成长性的指标。比如一家企业订单额为
2 000万元、收入确认1 000万元、回款500万元，如果只看收入或者现金
流，就会低估企业的成长性。

此外，订单也可以作为验证企业真实性的指标。如果企业收入持续增
长，而订单没有对应增长，那说明企业可能在透支未来业绩。

3.回款为什么重要

现金流作为验证财务真实性的手段之一，可以帮助投资人了解企业经营
状况的真实性。收入只有真正转化为现金，才意味着一笔业务的完结。没有
回款，收入就只是报表上的数字而已。

众所周知，企业的利润表是按照权责发生制来编制的，而现金流量表是
以收入实现制的角度来反映企业的经营情况。那么可以简单理解为，收入和
回款是记录企业经营情况的两种不同口径，二者有一定的时间差，但如果把
期间拉长来看，二者所反映的经营情况应该是一致的。

从真实性角度出发，审查现金流是核查企业造假、财务粉饰的重要手
段。从业务角度出发，现金流是企业的竞争力和产业链地位的有力体现。

举个例子，一个经营红火的小酒馆接待普通散客，每天收到的现金等于当天
的含税收入，收入和回款应该基本相同；如果接待的是企业客户，每个月结算账
款，那么酒馆虽然每天都可以确认收入，但是直到月底才能收到现金。

有一天，一位企业客户突然到来。

客户："我以后每两个月来跟你结账。"

酒馆老板："不行，那样的话，我的现金流会很紧张。"

客户："那以后我不来了，这条街上酒馆这么多，我何必来你家？"

酒馆老板（咬牙）："那……好吧，两个月就两个月。"

这个案例说明如果行业竞争激烈而产品缺乏门槛，现金流就会被占用，
体现了企业在产业链上的弱势地位。

客户："我以后每三个月来跟你结账。"

酒馆老板："不行，那样的话，我的现金流会很紧张。"

客户："那以后我不来了，这条街上酒馆这么多，我何必来你家？"

酒馆老板："哈哈，自从上次之后，我就改进了产品，这条街上的酒馆只有我家有怪味花生，每天排队来喝酒的人络绎不绝。不来的话，就请便吧。"

客户（想了想）："好吧，那我们就不改了。保持原样吧。"

酒馆老板："不行，本店现在实行会员制，要想保证能有包间，必须预付充值，最低1 000元起充。充1 000元送200元，充10 000元送5 000元，多充多送。"

客户："好吧……那我先充1 000元吧。"

企业通过改进产品和商业模式来提升竞争力，进而可以在产业链上拥有话语权，而现金流的充裕就是竞争力的最佳体现。

隔壁的酒馆老板老王因为经营不善，生意清淡，周转资金困难，想要通过融资解决资金问题。于是他伪造了一份财务报表，并请来了一堆亲戚朋友在店里吃喝，营造出一种生意火爆的状态，然后找来了一位投资人，投资人开始对他的酒馆进行尽调。

投资人："看你的报表数据还不错，收入增长很快。"

老王："是的，我这家酒馆的生意非常好。"

投资人："可为什么你的应收账款这么高呢？"

老王："我的酒馆主要以企业客户为主，都是赊账的。"

投资人："账期是多久呢？有淡旺季吗？年底的收入占比高吗？"

老王："账期在1个月左右，没有特别明显的淡旺季，年底的收入跟其他月份差不多。"

投资人："那就不对了。你说年底收入跟其他月份差不多并且客户账期在1个月，那么假设你年底收入占比为全年收入的1/12，这部分计入了应收账款，那你的经营性现金流入应该是你的含税收入的 11/12，但实际现金流入却连收入的 1/2 都不到，这怎么解释呢？"

老王："这……"

现金流与主营业务收入、应收账款等科目存在着钩稽关系，分析现金流可以验证企业的财务是否有水分。当然，上述案例并不完全恰当，实践中的造假手段不会这么明显。

需要指出的是，很多时候，企业的商业模式和其在产业链中的地位导致了它的现金流不佳。在判断投资项目时不能轻信利润表中亮眼的业绩以及企业给出的全是知名企业的客户清单，而应看它的业务是否能实实在在地带来现金。跟大企业做生意往往订单额不小，但回款率差。从收入来看，不能说这类企业的成长性不好；但从现金流来看，能说它是好企业吗？

真正富有竞争力的企业凭借出色的产品服务获得产业链上的优势，在面对巨额订单的客户时依然能够在现金流的控制上游刃有余。而那些依靠垫资活着的企业从利润表来看也许风光，但其中冷暖只有企业自知了。

（二）成长速度的四种模型

为了便于理解以及更好地与投资实务结合，根据订单、收入、回款的增速可以做出以下分类，如表 4-1 所示。投资的目标是找到理想型和蓄势待发型的项目。

表 4-1　成长速度模型

订单增速	收入增速	回款增速	定位
快	快	快	理想型
快	快	慢	低门槛型
快	慢	慢	蓄势待发型 / 垫资业务型
慢	快	快	透支未来型

1. 理想型

理想的成长速度模型应该是订单、收入、回款三者的增长趋势统一。

2. 低门槛型

订单增速快，收入增速快，但回款增速慢是实践中经常见到的成长期企业的情况。这类企业的特点是有一定的创新门槛，但本身并不具备太强的竞争力，市场有需求，企业本身产品有价值，但是产业链地位不高，投资门槛不高。

3. 蓄势待发型／垫资业务型

如果订单增速快，但收入和回款没有增长，那么投资人要判断企业所处的阶段。这类情形多见于初创期项目，企业刚刚积累第一批客户，产品已经得到验证，客户订单需求产生，但尚未完成交付。这类企业往往是较好的早期投资标的，有进一步挖掘的价值。

但是还有一种情况，如果是成熟阶段的企业，比如工程类企业，项目实施周期长，回款周期长，业务垫资严重，商业模式欠佳。某些建筑类企业实施周期长达几年，回款周期则更久，在此期间企业的现金流将一直被占用。

4. 透支未来型

如果企业的订单增速不快或者从高速增长变为明显放缓，这说明企业的业务可能遭遇瓶颈，如果这些企业的收入和回款还在增加，很有可能这是在吃老本。这类增长只有财务或者现金流上的价值，已经丧失了业务上的价值。

四、成长质量分析

（一）核心业务与非核心业务

1. 核心业务定义

有投资价值的企业不仅要符合成长速度的要求，还必须保证成长是有质量的。成长质量是指企业的增长主要来自核心业务。

通常来说，核心业务是指企业收入占比最高的业务。核心业务必须是有前景、有门槛并且企业已经实际投入资源发展的业务。衡量企业的成长质量，主要看核心业务的成长性。例如，一家软件企业为客户提供基于行业的软硬件解决方案，其核心产品是软件，同时会外采第三方的硬件产品（如服务器、存储器等）为客户提供一站式解决方案。如果企业的收入增长主要来自软件业务，则可以认为是核心业务的增长。但如果企业的收入增长主要来自第三方的硬件产品，那就是非核心业务的增长，这会改变其原有的业务模式，在投资判断时需要重新审视。

2. 成长质量的评价标准

从财务角度来看，核心业务成长质量好的评价标准为高增速、高门槛、高投入。

（1）高增速

投资人在尽调时经常会遇到一种情况，即目标企业业务整体增速很快，但其增长并非来自核心业务。举个例子，如果一家餐馆的主要收入增长不是来自餐饮，而是来自卖餐具，那么，要么这家餐馆的餐饮服务缺乏竞争力，要么这根本就不是一家餐馆。不管是哪一种情况，对于一家餐馆来说，其成长质量都是不佳的。

处于转型期的企业，常常将收入占比尚低的新业务定义为核心业务。在这里我们还是要分析具体的增速以及规模，通常核心业务应该至少占比30%，增速应该超过传统业务，在1~2年应该有赶超传统业务的可能。

（2）高门槛

首先，毛利率是衡量产品竞争力的直接且常用的指标。高毛利率意味着客户愿意以更高的溢价购买产品，或者企业可以更低的成本提供产品或服务。企业的核心业务应该是其内部各项业务中毛利率相对高的业务，但也有例外情况，比如某些维保服务的毛利率可能接近100%，高于核心业务，但其是基于核心业务的延伸业务，不能单独存在。

其次，不同行业的毛利率不能一概而论，毛利率高并不意味着一定是好企业，应根据其所处的行业和商业模式具体分析。比如生物医药、半导体这类行业天生就具有高毛利率的特点，其本身市场需求刚性，降低毛利率并不能有效扩大市场需求，而行业的研发成本极高，需要通过高毛利率来激励企业持续投入，因此高毛利率是适合这类行业的。同时，小米创始人雷军说过，高毛利率是一条不归路，会变成客户的敌人，因为许多企业为了提高毛利率都会从两方面考虑：提高价格与控制成本。然而，提高产品价格就是在与客户慢慢变成敌人，一旦控制成本就会慢慢偷工减料。因此，能否成为一个伟大的企业，就要看该企业是否有勇气限制毛利率。对于靠流量价值变现的中早期互联网企业来说，高毛利率与规模增速是相冲突的，"小而美"并不适合互联网行业，规模不大就意味着企业失去了最大的竞争壁垒；而低毛利率可以有效激发这类的市场需求，快速扩大市场份额，因此是适用于互联网企业的。

从判断成长质量角度来看，企业的核心业务毛利率应该高于行业平均水平，在业务模式可比的前提下，毛利率越高越好。

最后，要从业务的角度去思考问题本质，而不能只简单根据指标进行判断。比如有人认为毛利率下滑就是产品竞争力减弱的表现，这是不客观的。比如，To B 类的软件企业向下游延伸，由销售产品转变为承接项目，这是一种正常的商业策略；虽然会降低综合毛利率，但可以直接面对客户，增强客户黏性，同时也能扩大自己的业务规模，提升话语权。再比如，To C 类企业也经常会采取降价促销的方式来扩大销量、提升市占率等。

（3）高投入

对于技术类企业来说，没有研发投入意味着产品没有门槛，而没有门槛的业务即使短时间内能获得快速增长和超额收益，也很难持续发展。一家有投资价值的企业的核心业务需要有足够的研发投入。

在这里要分清企业的研发是否是真正的研发。一些开发外包企业对外会将其做软件定制开发的人员称为研发人员，在判断时我们可以结合业务分析，也可以结合其薪酬水平来分析。比如企业的业务形态是对外提供大数据平台产品，但自有产品比例很低，员工人数众多，业务毛利率和人均产值均低于行业水平，那么这类企业几乎不可能是有大规模研发投入的企业，对外提供大数据平台产品也就不符合核心业务的标准。

【案例 4-1】A 企业是一家发薪报税企业，主要业务为代替互联网平台向灵活用工人群提供发薪报税服务。该企业解决了互联网平台的经营规范性和税收成本的问题，因此发展迅速，短短 2 年时间收入迅速蹿升过亿，GMV^① 高达上百亿元，在巅峰时期成为行业数一数二的企业，盈利颇丰。但是这个行业门槛不高，竞争对手的迅速涌入导致行业的利润率极速下滑，盈利模式由原本赚取平台支付的服务费转为只能赚取地方税返。

综上，如果企业的成长来自核心业务，而核心业务符合高增速、高门槛、高投入这三个标准，则可以认为企业的增长是有质量的。

（二）成长速度与成长质量的关系

通常来说，缺少成长速度和成长质量任何一个，企业都是没有投资价值的。在大部分情况下，我们希望企业同时拥有成长速度和成长质量。但是在某些情况下，为达到成长速度可以牺牲部分成长质量，尤其是针对 C 端的互联网相关项目，如在线教育、电商等。

速度优先的业务模式要满足下列三项条件。

第一，业务规模增大，能够带动产品（服务）质量的提升。比如，电商企业的规模越大，意味着参与的上下游企业越多，产品越丰富，履约能力更强，客户满意度更高，从而进一步扩大交易规模，形成良性循环。

第二，业务规模增大，能够降低边际成本。平台建设投入金额相对固定，交易规模越大，服务客户数量越多，分摊成本越低。

第三，业务规模增大，能够提升用户黏性、降低销售成本。尤其对于头

---

①GMV，Gross Merchandise Volume 的缩写，即商品交易总额，多用于电商行业。

部企业来说，用户形成使用习惯，大大降低了销售拓客的营销成本。

对于针对 C 端的互联网相关项目而言，最终是通过赢者通吃的方式来获得垄断效应或者业务规模大到足够覆盖成本费用的方式来实现盈利的。

但是对于大部分非互联网的面向 B 端的企业来说，这种靠降低成长质量的方式来追求成长速度的操作方式不可行，原因有以下三点。

第一，B 端产品有较长的研发周期，业务规模增大并不能明显提升产品的竞争力。传统模式下的企业要保证毛利率，而不能通过贴钱方式运营。

第二，B 端客户决策机制不同，其采购决策往往遵循内部的流程机制，价格因素只是其中之一，质量、服务、稳定性、供货时间、账期等一系列因素都会影响决策。简单的降价措施并不能快速拓展市场。

第三，B 端市场往往是分散市场，没有规模化的效应。即使市场规模再大，也要逐个拓展区域性市场，不存在一家通吃的情况。企业触达客户能力是有限的。

【案例 4-2】某在线教育企业最初以经营社群积累了大批粉丝。在教育产品推广初期，利用私域流量低成本地转化了大批用户，是业内少有的实现正毛利率的企业，在与同行的竞争中获得了极大的优势，也因此获得了资本的青睐。企业本着稳健发展的策略，并没有选择贴钱抢市场的做法。但在经历了几年的快速发展后，私域流量耗尽，业务增长出现瓶颈。而由于企业的稳健发展策略，其业务规模已经远远落后于那些采用贴钱策略的竞争对手。此时，企业不得不面临选择：要么缩减规模以保持正毛利率，要么放弃原有策略贴钱与竞争对手抢市场。选择前者意味着未战即出局，选择后者意味着被迫变成了自己讨厌的样子，且一旦失败则几乎是满盘皆输。

五、成长驱动力分析

如果说速度和质量的分析是对经营情况的历史和现状进行总结，那么驱动

力的分析就是针对企业的成长原因进行分析。即，了解是哪些因素支撑企业的
增长，以及实现企业制定的发展目标需要投入多少新的资源。

（一）企业财务特征模型

根据成长驱动力的不同，可以将企业分成不同的类型。不同类型的企业
在财务层面表现出不同的特征，具体如表4-2所示。我们在尽调时可以据此
分析和验证。

表 4-2　不同类型企业的财务特征

企业类型	利润率	研发	营运资金	销售	员工
原创技术型	高	投入高，周期长	回款好，营运资金少	投入中	离职率低、待遇好
应用技术型	中	投入中，周期中	回款中，营运资金中	投入低	离职率中、待遇中
成本控制型	低	投入低，周期短	回款差，营运资金多	投入中	离职率高、待遇差
销售驱动型	中	几乎不投入	回款差，营运资金多	投入高	离职率高、待遇差
平台模式型	低	投入高，迭代快	根据具体模式而定	投入高	根据具体模式而定

首先，要强调的一点是，上述不同类型企业的财务特征是针对同行业或
者同一产业链上下游企业而言的。跨行业的企业之间的财务特征通常是没有
可比性的。比如，制造业企业的原创性再强，其毛利率可能也不如一家普通
的软件企业，这是由行业特性决定的。

其次，不同类型企业有各自的特点。

原创技术型企业（原创型企业）是指以原创技术为核心、拥有明显的技
术壁垒、产品具有自主知识产权、在行业内具有绝对领先性的创新型企业，
比如原研药研发、芯片研发、高端装备制造等企业。这类企业一旦研发成功
并且顺利将产品导入市场，将拥有极强的竞争力，可以享有超过行业平均水

平的利润率，市场广阔，拥有非常高的投资价值。但同时，该类企业研发周期长、投入大，因此研发失败的风险较高；此外，可能会因为打破原有行业格局而面临激烈的市场竞争。

应用技术型企业（应用型企业）是指基于通用性技术进行延伸性研发，为客户提供一体化解决方案的企业。其产品／技术一般针对特定行业、领域、场景、功能等进行开发或优化，专门适配某类客户的需求。该类企业通常不具备原创核心技术壁垒，其壁垒主要体现在应用转化经验方面。基于对客户需求的深刻认知和持续服务，其产品技术在某些方面拥有优于通用性技术的表现。比如，专用无人机在特定领域中的使用效果优于大疆等企业的通用性产品。此外，应用技术型企业的目标市场一般更为聚焦，但业务范围和市场规模也相对局限。

成本控制型企业（成本型企业）是指利用管理手段降低自身成本，为客户提供低附加值工作外包服务的企业。某些服务本身价值较低，但客户却不得不使用，而且所花费的成本相对较高，比如软件开发外包服务、人力资源外包服务、生产装配组装服务等。成本控制型企业就是着眼于解决客户此类问题的企业，其业务目标不在于提升产品的品质与效果，因此几乎没有技术门槛，其门槛更多体现在成熟的流程化操作等管理方面，以实现严格的成本费用控制。

销售驱动型企业（销售型企业）是指依靠大量的销售投入来驱动业务增长的企业。通常来说，技术与销售并不互斥，优秀企业对技术与销售往往是并重的。但在很多中早期项目中，资源有限，研发往往见效慢且周期长，因此很多企业就会在销售方面加大投入力度。此外，销售型企业也特指依赖某些资源来拓展客户的企业。在大部分情况下，销售型企业的业绩规模及增速还不错，但技术投入低、竞争力弱。这类企业创始人往往善于营销，精于包装，倾向于将企业打造成即将上市的项目，以迎合投资机构。

平台模式型企业（平台型企业）是指依靠商业模式在交易链的不同环节

形成资源的集聚，并以此向其他环节延伸，形成以数据为核心竞争力的企业。评价平台模式型企业，首先要看其商业模式和基本逻辑；其次要看其实际的执行力，以及面对市场竞争时的应变能力。大部分情况下，平台模式型企业都需要依靠巨额投入快速扩大规模。对于这类企业而言，"规模"就是一切。"规模"意味着更多的供应商、更多的客户、更丰富的产品线、更多的资金沉淀、更多的数据汇集……

需要说明的是，上述总结只是提供一个典型画像。实务中的企业类型千千万万，并非上述这几类所能完全概括的，不同企业之间的特征也会有交叉。比如，在很多领域中，从原创通用型技术向专用技术的延伸，依然会有很多的障碍和困难，需要投入大量的精力和成本，因此，应用技术型企业是产业链中必不可少的，其技术门槛未必低于原创技术型企业。在尽调项目中，要根据具体问题具体分析，而不能简单套用模板进行决策。

（二）成长驱动力验证方法

我们可以通过对不同财务数据的分析来挖掘和验证企业的成长驱动力。

1. 收入

收入是财务尽调的重点，其包含的信息非常丰富。从历史收入增长曲线，我们可以判断和验证企业的成长驱动力。比如，原创型企业在成立的前几年往往收入较少，在完成产品研发后收入会迎来快速的增长甚至爆发性增长；相对而言，应用型企业的收入曲线会平缓很多，前期收入增长较快，后期的增长相对较为平缓；成本型企业、销售型企业在成立之初很快就会有收入甚至盈利，但增速往往较为稳定，很少会有爆发式增长；平台型企业的业绩增长更多体现在成交额上，增速极快，但会有较长周期的亏损甚至陷入严重亏损的"贴钱"阶段。

从按照客户规模划分的收入结构来看，如原创型企业一般表现为知名客户居多，在金额和数量上占比较大，证明其产品获得了业界的认可；成本型、销售型企业的客户更多以区域性的中小客户为主；平台型企业则往往以用户数量多且广泛为典型特点。

从按照客户行业划分的收入结构来看，如原创型企业的下游行业往往较多，产品适用性较强，而应用型企业的目标市场则相对聚焦。

2. 利润率

毛利率是衡量企业是否为原创型企业和其门槛高低的重要指标。如前所述，不同行业的毛利率标准不一，并不能跨行业直接比较，而是要根据同行业的平均毛利率水平来判断。如果企业毛利率明显低于行业水平，则其原创技术或者技术门槛就值得怀疑。

应用型企业的毛利率通常低于原创型企业，因为原创型企业的产品化程度相对更高；但应用型企业的净利润未必低于原创型企业，因为应用型企业的研发投入和市场投入一般不会太大。从市场规模和业务增速来看，应用型企业都远远不及原创型企业。举例而言，一家为服装企业提供定制 ERP[①] 系统的企业，毛利率可能在 50%~60%，净利率可能在 20%~30%；而用友的 ERP 软件产品的毛利率可能高达 90% 以上，净利率只有 10% 左右。

成本型企业一般毛利率非常低，普遍低于 30%，净利率低于 10%。由于利润率低，因此企业对于成本费用的控制非常严格，否则稍不注意就会产生亏损。

3. 研发情况

关于研发，可以从下列几个方面来分析。

· **研发周期及投入**：根据笔者经验，一项真正有门槛的产品或者技术的研发及商用化周期应该在 3 年以上，累计研发投入应该在几千万元至上亿元，年均研发费用占收入比重应该在 30% 以上。在研发期内，企业的财务状况通常较差。相反地，如果企业在初期就依靠其他业务实现盈利，这类企业

---

①ERP, Enterprise Resource Planning 的缩写，即企业资源计划，一般是指可以提供跨地区、跨部门甚至跨公司整合实时信息的企业管理信息系统软件。

在业务专注度方面通常会有所不足。此外，原创型企业需要具备较强的资金实力或者融资能力，以支撑其研发工作。因此，我们可以从是否有产业背景股东支持或者是否有知名机构投资来验证企业研发能力。

【案例4-3】创始人背景不出众，没有任何外部投资的支持，企业也设立不到3年，全部员工合计30人，但却声称自己掌握了行业顶尖的技术。这从正常逻辑上来说并不合理，如果这门技术真的这么容易获得，那它的门槛必然不会高。反之，如果真的有这么高的门槛，凭借这样的团队也不太可能短期内获得。这类企业通常只是在应用层面做了一些研发，而这类研发不需要大量投入资金，见效快，但门槛低，并不能构成较强的竞争壁垒。通常情况下，应用型企业的研发周期在1年左右，累计研发投入在几百万元到上千万元，年均研发费用占收入比重在10%~20%。

· **研发人员**：研发人员素质应该普遍较高，这点可以从研发人员的学历结构方面验证。研发人员的数量应该与研发技术难度匹配，研发人员的薪酬水平应该明显高于行业平均水平。研发负责人应该在相关领域内拥有丰富的研发相关经验和头部企业的从业经历，拥有一定的行业地位和知名度，其履历应该能够匹配企业的技术研发工作。目标企业给予研发负责人的职位（是否属于高管序列/是否进入董事会等）与其负责工作的重要性匹配。根据不同应用技术的难度，研发人员素质需求也会有所差异。相比原创技术研发人员而言，应用技术研发人员的待遇相对一般，因为门槛较低，可替代性强。

· **知识产权**：通常情况下，发明专利数量能够体现企业的研发技术能力，拥有原创技术的企业专利数量往往较多，而且质量较高。但笔者也见过不少反例：有些企业热衷于申请各类专利（更多以实用新型、外观设计等为主），但是实际上很多专利与特定项目相关，在项目结束后企业即不再使用相关专利；还有的情况是，申请的专利所对应的产品已经过时，但专利依然保留。因此，专利数量应该作为判断原创型企业的一个必要条件，而非充分条件。

应用型企业的专利数量多寡并不重要，创始人是否重视专利申请较为重要。有些企业虽然专利数量多，但往往质量一般。此外，实务中可能会遇到的一类情况是某些企业的无形资产金额较大，企业给出的回复是研发投入较多，予以资本化处理，此时应该关注其资本化的背景和目的。在大部分早期项目中，创始人并不会选择研发费用资本化的做法。如果存在这种情况，意味着创始人懂得利用财务手段调节报表数据，而其目的是融资，此时应重点关注其报表数据，核查是否存在粉饰报表的行为。

4. 销售情况

关于销售情况可以从下列几个方面来验证。

· **销售费用**：销售费用率要区分不同商业模式和阶段。通常来说，直销模式下，营销推广费用由企业负担，因此销售费用金额及占收入的比重会较高。而代理模式下，营销推广费用会由代理商分担，因此销售费用相对较少。如果在产品推广初期，销售费用金额相对较高，而在产品顺利导入市场之后，销售费用可能会有所下降。通常情况下，原创型企业的销售投入不大，由于产品本身具备高门槛，所以企业在销售方面拥有较大的主动权。

通常情况下，应用型、成本型企业都以直销为主，因为产品标准化程度较低，难以通过代理商直接完成销售，需要根据客户需求做二次开发。相对而言，由于市场规模局限，这类企业的销售费用的金额绝对值不大，投入不多。在多数情况下，这类企业的销售以区域性为主，难以做到全国性销售。

· **销售人员**：这部分可以从销售人员数量、薪酬水平、人均销售额等方面验证。对比其他类型企业，原创型企业的销售人员数量中等，因为要覆盖全国甚至全球市场，需要在各地设销售服务网点；薪酬方面相对稳定，固定薪酬能够保证薪酬在相对合理的水平，而不会完全根据销售业绩来发放薪酬。绩效考核指标考查的方面较多，即收入、毛利率、回款等均会有所考量；此外，客户满意度、复购率等指标也会纳入考虑。对于其他类型的企业来说,销售人员薪酬设计相对激进,固定薪酬较低,薪酬中与销售业绩挂钩部分比例较高。而应用型和成本型企业的销售人员数量相对较少,因为主要业务一般集中在特定的区域内。

5. 营运资金

营运资金是反映企业产业链地位很重要的指标,可以从以下几个方面来验证。

·**应收账款**:通常情况下,原创型企业的应收账款占收入的比重较低,且较为稳定。验证应收账款可以按照下列步骤操作。首先,分析应收账款增长比例与收入增长比例趋势是否一致,如不一致,需核查企业是否存在刻意放宽账期或向渠道商压货来冲业绩的情形。企业刻意放宽账期往往是为了融资,因此可以结合其他因素(比如是否存在其他财务粉饰的情况)来综合判断。向渠道商压货的情况可以通过访谈渠道或者审阅销售合同等方式来验证。其次,分析企业账龄结构是否恶化,比如一年期以上的应收账款的占比是否在增加;如有,则需要具体分析原因,是因为特定客户特定项目的特殊性,还是因为企业整体的经营策略有变化。最后,可以按照客户、项目、产品等口径来分别统计审阅期内各年度应收账款的回款情况,以分析企业回款变化的原因。

·**预收账款**:预收账款体现了企业的产业链地位,通常与"应收账款"科目结合分析。对于原创型企业来说,由于其产品市场需求旺盛甚至供不应求,在客户付款方面往往有严格的要求,一般会要求预付定金甚至付全款后发货。因此,企业账面会体现为较大金额的预收账款。这是企业产品富有竞争力的一种表现。

·**应付账款**:正常情况下,供应商都会给予一定的账期,反映在账面上即为应付账款。企业的业务规模越大,采购金额越大,对上游的话语权越强,往往可以获得更好的账期条件。不过,这取决于企业的业务规模与供应商自身的业务规模,不能一概而论。当然,应付账款并非越多越好,比如,经常不合理地拖延上游供应商的货款也能体现出企业创始人的品德与经营策略问题。强大的供应链能力成为企业的核心能力之一，而经常不合理地拖延货款会影响企业在业内的口碑。

· **预付账款**：如果上游供应商（比如移动运营商、能源类企业等）特别强势，则可能会出现预付账款。通常情况下，如果不存在对某一类产品原材料的特别依赖，原创型企业的预付账款金额应该不会很高。

· **存货**。通常情况下，企业存货多的原因有两个：一是客户较为强势，对供货的及时性要求较高，因此企业需要为客户提前备货；二是服务类企业（比如软件系统开发企业）项目交付需要一定的周期，在此期间发生的开发成本在存货中核算。通常情况下，原创型企业的存货金额不会很大。

相较于原创型企业，其他类型企业在整体财务表现上会相对较弱，比如应收账款的账期长、预收款项较少、存货金额较高、周转率较慢等。

6. 员工情况

员工情况可以从下列两个方面来验证。

· **薪酬情况**：原创型企业的员工薪酬普遍高于行业平均水平，福利待遇较为完善。尤其是核心研发部门的待遇应该与其人员能力与素质相匹配，在行业内处于领先水平。但要区分发展阶段，中早期阶段的企业由于资金相对紧张，可能会结合股权激励等方式来稳定员工。而其他类型企业在员工的整体薪酬待遇方面弱于原创型企业，因此员工波动性较大，在股权激励方面，员工获得的股权比例一般较低。

· **离职率**：原创型企业在早期阶段离职率可能较高，一般20%左右都属于可接受的范围。对于离职率指标，需要结合全员离职率和高管离职率综合分析。如果离职率指标异常，还可以具体分拆到部门、个人等维度进行查看。而其他类型企业的离职率往往较高。

六、财务风险防范

（一）财务粉饰风险

在核查财务粉饰风险时，首先要明确企业财务粉饰的目的是获取融资，因此应站在 VC 的角度来分析，仅需考虑不利影响的因素，比如调增收入、调整利润等，而诸如企业为了节税而刻意调低收入或调节利润等情形对投资构成不利影响较小，因此不在考虑范围内。

其次，与财务造假不同，财务粉饰基本只是在财务层面进行调整以达到粉饰的效果，大部分情况下不会影响到业务层面。

常见的财务粉饰如下：

· 虚增收入；

· 虚增利润；

· 粉饰业务。

1.虚增收入

常见的虚增收入的财务粉饰手段有以下几种。

· 不按照企业会计准则确认收入。

比如，按照开票时间确认收入、缺乏收入确认依据（比如没有客户验收单）的情况下确认收入等。这类情况在早期项目中较为普遍。笔者认为，只要在审阅期间内保持做法统一，没有反复变动，即可认为是正常情况，不视为财务粉饰行为。

· 利用关联方虚增收入。

这里的关联方既包含潜在关联方也包括公开关联方。前者包括前员工或者管理层亲属开设的企业，后者包括股东关联企业。有些投资人不明白为什么股东关联企业提供的业务不能证明企业的产品竞争力，下面这个案例可以解答。

【案例4-4】某企业原本经营传统电力设备业务，后转型智能家居业务，创始人利用其个人关系引入了某房地产企业入股。后因对赌失败，房地产企业成了企业控股股东。该企业的智能家居业务的90%来源于其控股股东。在对外融资时，负责人自豪地说，我们的客户中有知名的房地产企业，目前已经在其很多楼盘中使用了我们的产品，未来准备在房地产行业中大规模推广。

通过关联方的订单来维持的业绩无法证明企业的产品拥有面向市场竞争的能力，尤其关联方交易的占比非常高的时候。控股股东可以为了融资冲业绩将业务交给企业，也可以在未来将业务交给其他企业。对于关联交易，并不必然要排斥，而是应该考虑关联交易的背景和依赖程度，万一关联方的业务没有了，企业该如何经营。

· **利用业务关系虚增收入**。

这种情况常见于利用代理商销售产品的企业。企业可能通过与代理商私下签订退货协议或者强迫代理商压货的方式在短时间内提升企业的收入。这种情况已经接近于财务造假了。

2. 虚增利润

虚增利润更多表现为毛利率和净利率的虚增。

· **混淆成本与费用**。

有些投资人看重净利润，但实务中企业家大部分更关注的是毛利率。毛利率是衡量每一笔生意盈亏的指标。某些企业为了展示竞争力，人为地将成本降低。比如，实务中经常能遇到一些软件外包类企业将本该计入成本的项目实施人工成本计入了"研发费用"。

· **资本化**。

比如，无形资产资本化（降低研发费用）、将应结转的成本挂账存货（降低成本）等。正常情况下，无形资产资本化是符合企业会计准则的一种会计处理方式，但是现实中很容易滥用。对于中早期项目，这些财务粉饰手段的操作相对复杂且耗费成本，因此大部分企业不会选择使用这些手段。而既然选择资本化，必然有其目的。在大部分情况下，只要看到创始人有这类操作，但缺乏规范的核算方法，基本可以判断其存在粉饰报表的动机，其业绩真实性自然要打上一个大大的问号了。

3. 粉饰业务

粉饰业务一般是指故意将低门槛业务包装成高门槛业务的情形。一般表现为信息披露口径和列报内容方面的问题，比如收入分类的误导性描述，利用刻意调整的订单内容来掩饰真实业务等。举例说明，某企业有两类业务：一类是为客户提供软硬件产品一体化解决方案，有一定的技术门槛，但收入占比较小；另一类是代理第三方产品的贸易类业务，收入占比较大。为了进行业务包装，企业与客户在签订合同时，将全部合同均按照解决方案类的模板进行签署，并在划分收入时将上述业务全部划为解决方案收入，以此改变企业的真实业务形态，并误导投资人。

（二）重大财务风险

重大财务风险是指可能会对企业持续经营能力造成影响的财务风险。

1. 现金流风险

现金流风险是指企业资金消耗较为巨大且缺乏合理规划，可能导致企业出现兑付困难的风险。实务中，大部分企业的现金流都是偏紧的，尤其是中早期企业。因此，经营性净现金流为负、企业资产负债率高的情况并不必然构成问题。需要关注的是那些本身因为企业管理存在问题或者资金规划不合理而造成的资金持续性紧张，且短期内无法缓解的情形。比如，一家企业明明应收账款高企、垫资严重、现金流极差，还在大规模扩张业务、招聘人员，这就属于典型的现金流风险。

2. 重大税务风险

重大税务风险是指企业存在偷税、漏税等行为且金额较为巨大，可能导致企业或者创始人承担刑责的风险。实务中，战略新兴产业中的大部分早期项目规模小、盈利少，创始人素质较高，税务中的小问题可能很多（比如发票开具与实际业务主体不对应、营业外收入的认定及其发票开具问题、开票主体与合同主体不对应等），但只要不是刻意偷税、逃税，基本不会存在重大的税务问题；而具备一定规模的项目会有专门的人员负责税务筹划，一般也不会犯这类低级错误。传统行业或者某些商业模式特殊的企业容易产生这种风险。投资人需要谨慎评估在税务方面存在瑕疵的创始人，存在风控意识弱、看重短期利益等问题的人往往很难在创业的路上走得很远。

3. 重大内控风险

重大内控风险是指企业内部管理存在重大的漏洞，可能导致企业经营出现重大问题的风险。中早期企业的内控问题往往很多。投资并不是帮企业做合规性梳理或者提供改进服务。投资人对于内控的尽调更多是为了防范风险。因此，在看待问题的角度上应该有区别：对待那些现实中普遍存在但对于业务发展本身并无实质影响的瑕疵（比如，员工账户收款、现金收款、第三方回款、未签订合同直接销售等）可以包容，但对于那些可能反映出实质性问题的瑕疵（比如，关联方代收付、实际控制人长期占用企业资金等），则需要重点防范。

七、管理层盈利预测分析

我们在了解了业务实质之后，下一步就可以对企业管理层给出的盈利预测进行分析了。毕竟了解过去只是手段，预测未来才是真正的目标。

在 VC 股权投资领域，融资方所编制的财务预测是投资决策重要的依据之一，很多情况下其是融资交易估值的直接来源。投资人可以通过财务预测的依据、假设、构成等方面，来评估创始人对业务的真实想法，包括对市场战略的定位、对不同产品的规划和构想、对具体拓展策略的节奏、对未来发展的预期等。

几乎没有初创企业会沿着最初预测的速度增长，大部分企业的实际发展情况要比预测情况差得多，少数则远好于预测情况。但这并不意味着盈利预测毫无意义，相反，盈利预测是一个非常好的了解和观察管理层真实想法的窗口。一个再喜欢信口开河的创始人在面对需要承担对赌义务的盈利预测时也会变得谨慎起来。所以，财务预测的数值结果相对次要，制作这份预测的过程才是真正有价值的。

在中早期投资中，管理层盈利预测的关注点主要有以下方面：

· 修正预测中所使用的关键财务假设；

· 变更预测所选用的会计核算方法；

· 模拟合规性成本对未来盈利能力的影响；

· 根据修正后的预测结果评估现金流的压力和融资规模的要求。

【案例 4-5】[1] 目标企业是一家从事游戏开发与运营的企业。表 4-3 的左上侧是管理层提供给投资人的财务预测结果，右上侧是经财务尽调修正后的预测结果，可以看到两者差异较大。在对照表的下方列示了导致差异的主要影响因素及金额。

表 4-3　盈利预测调整

千元

项目	管理层预测				模拟调整后预测			
	2017	2018	2019	2020	2017	2018	2019	2020
主营业务收入	300	20 160	30 240	45 180	76	3 261	9 351	17 647
其中：会员收入	50	2 850	3 150	5 640	42	1 637	2 645	4 735
虚拟道具收入	250	17 310	27 090	39 540	34	1 624	6 706	12 912
减：主营业务成本	−670	−13 364	−18 434	−19 328	−740	−8 370	−16 313	−20 815
其中：维护成本	−670	−6 948	−12 984	−15 876	−731	−7 532	−14 352	−17 518

①Wifs P（知乎）. 财务尽调与财务预测 [EB/OL].

续表

管理层预测					模拟调整后预测			
开发成本	–	-4 048	-2 048	–	-9	-579	-1 128	-1 700
手游分成	–	-2 268	-3 402	-3 402	–	-159	-833	-1 547
项目	2017	2018	2019	2020	2017	2018	2019	2020
版权申请费用	–	-100	–	-50	–	-100		-50
主营业务利润	-370	6 796	11 806	25 852	-664	-5 109	-6 962	-3 168
营业利润	-370	6 796	11 806	25 852	-664	-5 109	-6 962	-3 168
所得税	–				–			
净利润	-370	6 796	11 806	25 852	-664	-5 109	-6 962	-3 168

模拟调整事项					备注
调整预计收入单价	-33	-2 218	-3 326	-4 970	关键财务假设的修正
调整含税收入的增值税	-15	-1 016	-1 523	-2 276	关键财务假设的修正
调整多计的会员收入	0	-756	0	0	关键财务假设的修正
补提员工社保费用	-61	-827	-1 368	-1 885	合规成本对盈利影响
调整后净利润 1	-479	1 979	5 589	16 721	
虚拟道具收入摊销	-176	-12 909	-16 040	-20 287	会计核算方法的变更
开发成本摊销	-9	3 712	920	-1 457	会计核算方法的变更
根据收入调整手游分成成本		2 109	2 569	1 855	会计核算方法的变更
调整后净利润 2	-664	-5 109	-6 962	-3 168	

第一，关键财务假设的修正。这家企业目前已经有一个游戏上线运营，每月人均内购金额（Average Revenue Per User，ARPU）是42元。企业预计明后年还有两款新游戏会上线并产生收入。在编制预测时，企业把这两款新游戏的人均月消费水平设定为60元，比历史消费情况高出了43%。企业给出的理由是，新游戏面向的玩家的消费能力更强，因此预期收入水平高于老游戏。

但站在投资人的角度，该假设很难有效验证，原因在于：新游戏尚在开发中，无从知晓其未来的市场定位是否能如企业描述得那样乐观。由于无法评估，相对公平的计算口径就是参照历史数值来预计未来收入，即将财务预测中的ARPU调整为42元，与历史数据保持一致。

第二，变更预测所选用的会计核算方法。常见的情况为融资方在财务预测中对收入或成本的核算不符合会计要求。这个案例中，融资方以每个月的收款金额作为预测中的收入计量口径；而这些收款来源于售卖游戏中的虚拟道具，道具本身又有特定的有效期限，依照企业会计准则的要求必须把这些收款在一定的期限内进行分摊确认为收入。

需要说明的是，并不是每个案例中，会计师都必须对错误的会计核算方法加以修改，这取决于投资人以何种标准来评估业务和衡量估值。同样是游戏行业，如果投资人关注的是这家企业的经营活动净现金流，对历史数据的验证和分析也是以该指标而非主营业务收入为主要参考对象，那么企业同样以此口径来编制财务预测就是合理的，并不需要会计师人为调整干预。

第三，模拟合规性成本对未来盈利能力的影响。一些企业在真正准备上市前并不会按照企业实际经营情况缴纳税款，也不会按照劳动法的规定为所有员工按照实际工资情况缴纳社保和公积金，此外还会存在一些其他的合规性问题。这些事项都会造成企业的实际利润率被高估，在做财务预测时需要将这部分合规性成本进行模拟调整。

第四，在某些情况下，投资人并不需要对整体财务情况做预测，但要对某些关键问题或特定环节有所关注。比如，针对某些还处在贴钱抢市场阶段的企业，会计利润和现金流都是负的；投资人希望知道当业务达到何等规模时，企业有机会实现盈亏平衡。此时就需要对目标企业的盈亏平衡点进行预测，而尽调需要考察管理层给出的预测中所做出的各种假设是否合理，比如，对固定成本和变动成本结构的拆分，固定成本适用的有效区间，收入单价以及单位变动成本的金额和变化趋势等。如果对某个假设的合理性或可靠性存在疑问，可以用更可信、谨慎、有支持依据的结果进行替代，并修正整个预测。同样地，当无法准确判断某个条件的可靠度时，也可以借由敏感性分析的方法对这一特定环节做范围性框定。

总而言之，财务预测作为连接过去、现在与未来的桥梁，是投资人考察管理层对于业务规划的一个重要渠道。高质量的财务预测虽然并不一定能保证一切按照预想发展，但能够反映出管理层对未来发展的信心、对战略规划的方向和执行落地的可行性，从而能够增加成长性预期实现的概率。

八、非财务数据的分析逻辑

在财务尽调时，要真正理解企业的投资价值，就要像企业家一样深入业务本身，了解业务的实质。前文说过，财务尽调是一个认知和验证业务的过程。财务尽调就像一把尺子，帮助丈量业务，最终目的是形成对业务实质的认知。这样我们才能真正理解企业成长的原因并对其未来做出预测。评估业务成长性是我们认知企业的第一步，而找到业务成长性的原因才是我们的最终目的。因此，很多情况下，业务指标是相对于财务指标的先导性指标。

举例说明，假设我是一个便利店的老板，平时生意清淡，门可罗雀，但突然有一天，来店顾客数量大增，每个人在店里的停留时长逐渐增加，一天中，店里始终人头攒动，结果不出意外，店里的销售额暴涨。顾客访问量和进店停留时长这两个指标就能作为前瞻性的业务指标来描述增长原因。

因此，在这里要引入一个非财务的概念——北极星指标。北极星指标也叫唯一关键指标（One Metric That Matters，OMTM），是企业在某一发展阶段最关键的指标，其寓意就是要像北极星一样指引企业前进的方向。《硅谷增长黑客实战笔记》提到北极星指标的作用：北极星指标指引企业的发展方向，可以帮助明确任务的优先级。因为任何企业的资源都是有限的，不可能在所有方向上全线出击，集中火力突破某一方向才有可能成功。北极星指标代表着业务的核心关键点，是一个可以串联起财务和业务的关键要素。理解了企业的北极星指标，也就理解了业务的核心。

如何寻找北极星指标？每个行业都有自己的特点，因此北极星指标也各不相同。同一个业务的北极星指标可以有多个，如根据不同的部门、产品的不同发展阶段，都可以制定合适的北极星指标。一个合适的北极星指标需要具备以下特点：

·可以明确计量；

·可以体现企业核心价值导向；

·是营业收入的先导性指标。

举例来说，表4–4是不同模式企业的北极星指标及其核心价值。

表4–4　北极星指标及其核心价值

业务	北极星指标	核心价值
UiPath	续订率	替代人工重复工作
Amplitude	每周运行查询的用户数	分析用户行为数据
淘宝	GMV	网上购物
知乎	回答用户数	分享知识与见解
抖音	停留时长	短视频内容

通常通过与企业访谈沟通，确认企业的北极星指标及其影响因子。之后可以要求企业针对每个影响因子提供相关数据，通过数据的二次拆解与分析，从而找到业务增长原因与企业的核心竞争力要素。

下面举例说明如何通过北极星指标分析业务。

假设一款产品为电子竞技线上平台，为B端用户提供一站式的电竞比赛解决方案，盈利模式为向有举办比赛需求的B端用户收取手续费。该产品的最终价值是帮B端用户尽可能多地触达C端用户，以及让C端用户通过比赛获得更多的福利。

1. 第一步：建立北极星指标

通过与管理层访谈，得出这款产品的北极星指标为"每日赛事的总参与人数"。

2. 第二步：拆解核心指标

每日赛事的总参与人数＝每日成功创建赛事数 × 赛事曝光率 × 每日活跃人数 × 人均参与赛事数。

可以看出核心指标主要受每日成功创建赛事数、赛事曝光率、每日活跃人数、人均参与赛事数这四个因子影响，每个因子都与整体结果成正比。

3. 第三步：针对各影响因子做分析

以每日成功创建赛事数为例，该指标可以拆解为每日尝试创建赛事数 × 创建成功率，可以进一步拆解为：（每日尝试创建赛事人数 × 人均创建赛事数）×（第 1 步成功率 × 第 2 步成功率 × …… × 第 N 步成功率）。

（1）每日尝试创建赛事人数

了解企业在该方面的拓展方式有哪些，比如商务合作、渠道投放、信息流广告等，了解不同渠道的投放效果与成本情况。对比同行业，分析公司在该方面的优劣势，进而分析原因。

（2）人均创建赛事数

了解企业找到目标用户后，如何引导用户创建赛事，比如通过专人引导、产品新手引导等方法帮助用户解决首次体验认知障碍，通过产品的极简化设计让用户快速上手。企业可以将基础配置（如赛事类别、赛事名称、开始时间等）和高级配置（赛制，是否争夺三、四名等）相结合，满足不同层次的用户需求。通过转化率等指标来评判效果，对比同行业，分析企业在该方面的优劣势，进而分析原因。

重复上述流程，直至覆盖企业完整业务流程。最终我们可以得出对企业整体业务情况的评价。

综上所述，在财务尽调时，我们不能只局限在财务数据本身，要从财务到业务，以找到业务成长性的原因为最终目标。

九、财务尽调流程

（一）认知流程

在财务尽调时，经常出现的问题是：花了很多时间核查的事项其实并不重要，重要的内容反而没有时间做详细核查。尽调是在有限的时间内把最重要的事项调查清楚。

所以，财务尽调需要根据工作量的多少、核查难度的高低来制订合理的尽调计划，既要做好规定动作，又要懂得随机应变。具体的认知流程如下。

1. 第一步：搞清楚基本财务情况

在这一环节，应该做好规定动作，即获取目标企业合并范围内主要企业的财务报表、审计报告、科目明细账等，搞清楚企业的基本财务情况（收入是多少，收入增长速度是多少，毛利是多少，费用是多少，利润是多少，应收账款是多少，存货是多少，分产品的收入金额情况、收入增长情况、毛利率情况……）。

2. 第二步：厘清钩稽关系

在这一环节，要对所获取的资料进行整体性的思考，厘清钩稽关系，分析合理性。比如收入在增长，那么应收账款、存货、销售费用是否同比例增长？应收账款的账龄是否在恶化？存货构成中是原材料在增长还是产成品在增长？随着收入增长，销售人员绩效奖励是否在增长？……这里重点要从业务角度思考问题。不光要找到财务上的钩稽关系，还要找到财务数据与业务之间的钩稽关系，找到业务增长的原因。

3. 第三步：重要性事项

在这一环节，要判断哪些事项对于财务尽调的结论会构成重大影响，并有针对性地做进一步核查分析。重要性事项的标准如下。

· **固定事项**：收入、成本、期间费用等科目。

· **金额或占比较大事项**：科目余额在百万元以上，或者占比超过资产（或者收入）的10%。可根据企业规模调整。

· **变动较大事项**：与前一年度相比变动幅度超过30%。可根据企业规模调整。

· **异常事项**：财务内部数据钩稽关系不合理，或者财务与业务数据之间钩稽关系不合理。

4. 第四步：验证真实性

在这一环节，主要是对单项证据本身的真实性进行核查。比如，企业通过伪造银行对账单的方式来虚增资金，那么通过数据钩稽关系来证实造假是很难的，要核查真实性需要借助银行函证等外部第三方证据。

在投资尽调中，应该以钩稽关系验证为主，以真实性验证为辅。真实性验证作为钩稽关系验证的补充。原因有以下三点。

第一，理论上讲，企业提供的所有资料都有可能造假，但如果投资机构对所有资料都不相信并核查真实性，那么工作量将很巨大，这在实操中显然是不可行的。

第二，针对大部分 VC 阶段项目而言，几乎不存在系统性造假，所以通过前三步的核查基本能够发现企业的真实情况，验证是否存在财务粉饰或者重大财务风险。

第三，针对系统性造假问题，合理的方法是通过某些重要性事项的抽样核查来从整体上测试企业的真实性。比如，假设企业财务方面有 20 项内容，尽调根据重要性抽取其中 3 项进行真实性核查；如果这 3 项不存在造假问题，同时 20 项内容之间的钩稽关系合理，那么可以认定企业的财务数据是真实的。

实务中，经常存在的错误做法是在第一步就急着去核实真实性，这很容易抓不住重点，在某一两个财务问题上纠结，忽视了对企业整体性的判断。

（二）工作流程

财务尽调工作流程一般包括以下五步。

1. 第一步：业务访谈，挖掘业务逻辑

首先对企业的业务有个初步的了解，挖掘其背后的业务逻辑。以软件企业为例，了解其是纯软件业务还是软硬件业务均有，是定制化产品还是标准化产品，下游主要面对哪些行业，客户以大中型企业还是小微企业为主，以直销为主还是以渠道销售为主。

2. 第二步：财务报表分析

对企业财务情况做初步的了解，了解企业的整体业务规模及增速情况。以报表分析为主，分析三张报表项目之间的钩稽关系。对成本、费用、应收账款、存货、往来款、经营性现金流等重点项目进行核查，分析是否存在异常。重点关注两类项目：一类是项目金额占资产／收入比重较大的，另一类是项目金额变动较大的。找出异常的项目并分析其对报表的影响。

3. 第三步：明细数据和业务数据分析

获取科目余额表和序时账，通过查阅企业明细账来了解各个项目的构成情况，以分析和判断其真实性和合理性，比如，软件开发企业成本中是否包含项目人工，应收账款的账龄是否在恶化等。通过查阅业务数据来分析数据的真实性和合理性，比如，查阅销售合同，分析各年度新签合同金额与收入增长的趋势是否一致等，验证业务逻辑与企业所述的是否一致。

4. 第四步：管理层确认

与管理层确认发现的问题，并进一步验证，还原业务的真实情况。针对数据与业务逻辑不一致的地方由管理层进行解释并提供证据证明。比如新签合同增速下滑，管理层可以就解释问题所需要的证据补充提供证明资料。这里的证明资料可以是书面资料，可以是通过抽凭或者穿行测试等程序获得的资料，也可以是安排第三方（比如客户／供应商等）访谈等方式。

5. 第五步：修正盈利预测

在充分了解企业的业务模式之后，结合企业目前的发展情况，根据验证过的业务逻辑来修正对企业的未来盈利预测情况。

十、如何对待财务不规范的企业

有些投资人喜欢针对企业的某些财务不规范行为进行负面定性，进而以此作为理由否决项目。这种做法欠妥，其问题在于混淆了主次。实务中，早期企业的财务不规范是较为正常的现象，比如提前确认收入、成本费用归集不准确等。这些问题不应该定性而论，而应该进行定量的分析，比如提前确认收入的比重为多少，还原后企业的实际增长情况如何。

针对非重大、非故意的财务调整问题，我们应该以严谨的态度去还原，切忌仅从规范性去评估项目，而忽视了业务本身。

有些机构的投资部门和尽调部门是分开的，投资部门负责研究业务和行业，而尽调部门则负责所有项目的法律和财务尽调。由于双方职责的割裂，一方面投资部门只关注产品、技术等问题，无法通过财务尽调等手段去验证企业的实际业务情况而过分乐观，另一方面尽调部门不了解行业与业务情况，只能从风险与合规性角度去核查财务与法律问题而过分悲观，其结果往往是双方分歧严重且各执一词、难以沟通。

【案例 4-6】笔者曾经遇到一个 Pre-IPO 项目，企业主要为金融企业做技术开发服务，创始人是该领域的知名人士，整体团队素质较为优秀。2×20 年企业收入规模在 2 亿元。从销售合同额来看，2×16—2×18 年处于快速增长期，2×19—2×20 年增速放缓。从收入和利润来看，2×19 年收入增速 80%，2×20 年收入增速为 30%，综合毛利率保持在 40%，净利率为 20%。从管理层给出的盈利预测来看，未来 5 年收入预计保持 35% 的增长速度。企业计划在 2×21 年申报 IPO，已经选定中介机构。实际控制人愿意对赌回购。估值也相对合理。

一切看起来都还不错。但随着尽调的深入，笔者对项目产生了疑问。

第一，企业的员工有近 800 人，主要分布在一线城市，按照人均 15 万元年薪计算，人力成本高达 1.2 亿元，仅人工薪酬部分就占了 60% 的收入，再考虑外采服务成本、差旅费用、税费等因素，如何能有 20% 的净利率？

第二，企业主营的技术开发不是针对金融客户的核心业务系统，而是偏基础性的数据整理清洗和定制化的系统开发，产品标准化程度低，从创始人的战略来看，没有产品化的方向。因此企业的毛利率未来几乎不太可能有提升，那么盈利预测中 40% 的毛利率从何而来呢？

第三，财务数据与业务的钩稽关系出现矛盾。其一，企业的收入在增长，通常情况下，收入增长，应收账款应该按比例随之增长甚至增长速度更快，但是企业的应收账款却在大幅下降。其二，由于项目存在实施周期，在未确认收入前发生的人工薪酬等支出应计入存货。所以，存货金额越高，意味着在实施的项目越多。而按照惯例，企业在项目开始前会预收客户一部分款项。所以，在实施项目越多，意味着预收账款应该越多。但是实际情况却是企业的存货在报告期内大幅度增长，预收账款大幅下降。

后来，经过跟管理层反复交流，管理层最终解释说财务报表之前未严格按照企业会计准则编制，为了上市，企业按照准则重做了报表，但尚未经过会计师审计，不敢保证内容的准确性，而具体调整内容是由前任财务总监负责的，管理层和现任财务总监并不清楚。

一句话概括就是：我们的报表不对，但是哪里不对，我们也不知道。

遇到这种情况时，从技术角度出发，如果想进一步推进或者搞清楚项目，应该怎么操作呢？

笔者的建议是，不纠结于企业的报表数字，抓住实质——业务的成长性。具体方法如下。

·**找出核心业务**：根据销售合同台账来分析企业增长来自哪类业务。

·**推算收入**：通过抽样方式了解企业项目的一般交付周期，以此来推测从签合同到有收入的时间，从而根据合同金额来估算对应收入金额。

·**推算成本**：由于人工成本是这类企业最大的成本，通过查阅工资表可以获取企业薪酬真实情况，再加上外采的人工成本，可以估算企业的成本。

·**推算费用**：由于费用比例相对固定，根据收入可以大致推算。

这种方式可以测算企业的真实业绩。如果企业成长性和利润率处于可以接受范围，那至少说明企业不是故意粉饰业绩。

第五章　行业尽调

一、行业尽调是什么

　　首先解释一下为什么用行业尽调这个词，而不是行业研究。行业研究这个词的应用领域较为广泛，不论是出于学术研究、股票投资还是出于上市保荐或者咨询服务等目的，都可以将行业部分的研究与分析工作归入行业研究。但实际上，从 VC 的角度出发，行业研究有其特定的目的，它需要与业务尽调、财务尽调紧密结合，而非单独对行业进行研究。因此，为了强调与上述事项的差异，笔者倾向于把用于投资尽调的行业研究与分析行为称为行业尽调。

　　行业尽调的做法差异很大。相对于业务尽调、财务尽调、法律尽调而言，行业尽调无论在总体目标还是在具体做法方面都有非常巨大的差异。

　　·有人认为行业尽调是投资决策的关键。

　　·有人认为相对于财务尽调而言，行业尽调虚无缥缈，甚至可有可无。

　　·有人认为行业尽调应该事无巨细，结果把尽调做成了科研学术报告。

　　·有人认为行业尽调应该高瞻远瞩，结果把尽调做得言之无物。

　　·有人认为行业尽调重在宏观，往往把企业所处的行业作为尽调的重点。

　　·有人认为行业尽调重在未来，企业规划的未来战略才是行业尽调的重点。

　　如果要问"如何做好行业尽调"，相信很多人会说，要做充分地调研、要把这个产业链研究清楚等。诚然,如果我们在一个行业里待上 10 年,那自然能够轻松地做好行业尽调。但投资是一种需要考虑成本与收益的商业行为,不可能有这么多时间去专门研究一个行业。因此,我们需要快速收集和分析对投资决策有价值的信息并给出结论。

如果要问"行研报告怎么写",相信很多投资人会给你一堆的指导和建议,比如宏观经济形势、微观竞争格局、波特五力模型、行业生命周期理论、PEST、SWOT 等各种经济与产业的理论和模型。

但是,如果你再试着追问:"为什么要这么写?这么写的目的是什么?"可能就应者寥寥了。

行研报告短则几十页,长则上百页,真的就只有几点内容是重要的吗?

显然不是,但决策者显然没有太多时间认真研究每篇报告。这也是需要标准化的原因。举个例子,一份招股说明书的篇幅平均在 250 页左右,普通人阅读可能如同读天书,但专业人士阅读只需要 1~2 小时,原因就在于它是标准化的。只要熟悉它的结构,就很容易抓住重点,迅速找到关心的内容,并发现异同。

要实现标准化,就要明确行业尽调的基本原则和标准。

·行业尽调不是漫无目的地了解行业情况,它可用于验证业务的成长性,最终服务于投资决策。

·行业尽调不是单独割裂的额外尽调内容,它是对业务尽调、财务尽调在行业维度上的验证。

·行业尽调不是拼凑缺乏逻辑的观点,它有明确的验证目标、严谨的论证过程与结论。

二、行业尽调目标

如果做过投资行研,应该对下列模板不陌生。通常情况下,行业尽调报告都是按照下列模板来撰写：

· 行业定义；

· 行业监管体制及法律法规政策；

· 行业发展概况；

· 行业的周期性、区域性和季节性；

· 行业竞争格局；

· 行业壁垒；

· 行业未来发展趋势；

· 行业发展的有利和不利因素；

…………

对于经验尚浅的投资人来说，行业研究通常的做法就是在网络上搜罗各种资料，然后简单套用上述模板。如此导致报告不同部分的内容毫无关联，甚至相互矛盾，缺乏逻辑。

因此，要做好行业尽调，首先要明确其目标。行业尽调有两个目标：认知市场和验证业务。

1. 认知市场

所谓市场是指目标企业所处的细分市场。认知市场可以帮助我们更好地理解需求与供给，从而从更宏观的维度认知业务和发现风险。

2. 验证业务

验证业务是指以企业对比的方式来验证目标企业的业务。所谓企业对比是指与目标企业在同一行业的可比企业。企业对比分析是将业务尽调、财务尽调所关注的核心事项（产品、技术、商业模式、核心财务指标等）通过对比方式做进一步的验证和评价。

三、认知市场

业务尽调层面的认知，更多是以自身为主。而行业尽调层面的认知更为广阔：它延伸到终端的需求，了解需求背后的原因；它延伸到产业链的上下游，了解企业地位与价值分布；它延伸到周边，了解别人是如何运作的。

（一）需求验证

商业模式成立的前提是有市场需求，市场需求的类型可以分成两类：新需求与老需求。区分新老需求的意义在于尽调关注的重点不同。VC 的绝大部分标的都属于新兴产业的范畴，对于新需求，尽调判断的重点在于分析需求，验证其是真实需求还是伪需求。而对于老需求，比如市场上已经有成熟的模式，目标企业准备加入竞争或者改变现有模式，那么更应该关注供给的差异化，如将以何种方式改变现有的需求供给关系。验证目标企业现存的供给关系是否能产生更高的价值，搞清楚是否有重新分蛋糕的机会。

【案例 5-1】笔者曾经看过某智能购物车的项目。企业为超市提供智能购物车，该购物车自带屏幕能够向用户展示超市商品并在购物车上完成购买付款。因为是新生事物，创始人兴致勃勃地给我们讲解产品先进性和未来广阔市场前景。但是在了解到商业模式的时候，我们发现企业的智能购物车均是免费提供给超市使用。需要注意的是，在零成本的前提下，需求是无限的。没有通过用户付费来验证过的需求都是伪需求。

新老需求的划分依据在于使用场景是否发生变化，即如果原有需求的使用场景发生了变化，那就是一个新需求。比如，手机上网。在智能手机尚未诞生以前，用户已经可以通过 PC 端上网。如果仅从上网的角度来看，手机上网相对于 PC 端上网而言似乎是一种老需求。但是，我们进一步分析发现，手机上网的使用场景与 PC 端上网并不相同，二者所能为用户提供的服务有本质的差异，那么手机上网应该被认为是一种新的需求。

在通常情况下，对于新需求的投资应注重把握好时机：既不能太快——在需求尚未形成或者满足新需求的条件尚不具备时下手，很容易失败；又不能太慢——当市场中的供给者遍布时，赛道已经开始变得拥挤，好的标的已经没有或者估值高企，即使投中了，收益与风险可能也无法匹配。

再比如，针对老年人开发的所谓"老人手机"，为照顾老年人的使用习惯采取了一些独特的设计，如提高了声音音量、放大了屏幕按键尺寸、设置了一键呼救等功能。这看似开发了新的需求，但除了用户群体的付费意愿和能力的因素之外，手机所承载的社交需求对于老年用户来说是共通的，老人手机虽然便宜但因为功能的单一而导致其无法广泛流行。老人手机应该被认为是一种老需求的新供给方式。

在大部分情况下，投资机构遇到的项目类型基本以老需求为主，意味着市场上已经有满足客户的产品了。如何找到适合的对标产品，评估彼此之间的差异，是在分析中经常遇到的问题。解答这个问题的方式是直接询问管理层，如："在没有该产品或者服务之前，客户的这类需求是如何解决的？是谁在提供这些产品或服务？"通过这些问题既能直接获取想要的答案又能很好地测试创始人对行业的认知深度。优秀的创始人会描述出清晰的市场竞争格局，包括各家竞争对手的战略、优劣势等；而不太合格的创始人要么只能说出一两家众所周知的头部企业的名称，要么就简单地称自己为行业独家。

（二）市场规模

1.为什么不投市场天花板低的企业

前文我们讨论过，好企业的标准是具备成长性，但这是否意味着不管在什么情况下，只要企业在增长，就都有投资的价值呢？答案是否定的。原因如下。

（1）扩张市场

如果企业增速高于行业平均增速，意味着企业的市场份额在不断增加，假设企业持续增长，总有一天能成为行业的垄断者，享有垄断利润。这也是很多互联网企业即使毛利为负也要贴钱保持增长的原因。

如果企业增速小于行业平均增速，意味着企业的市场份额在不断被吞食，虽然短期内仍可以享受行业增长的红利，但是终有一天会被垄断者挤出市场。

（2）静止市场

如果企业增速高于行业平均增速，那企业依然可能成为行业的垄断者，享有垄断利润。但是由于行业不增长，企业最终会碰到天花板并停止增长。

根据前面的理论，如果业务停止增长，估值就不再增长，意味着投资人无法获得估值差，最后一轮的投资人就会因为无法找到接盘者而放弃投资，从而导致前一轮的投资人也会因为无人接盘而放弃投资，继而将这种效应依次传递至更早的投资人，不断恶性循环，最终导致无人投资。

所以在一个静止的市场中，不论企业是否增长，其投资价值都受到市场天花板的影响。这也就是投资人不投市场天花板明显的企业的原因。

由上面的分析，我们可以得出以下结论。

·不论行业平均增速处于何种状态，如果企业增速落后于行业平均增速，那意味着企业不足以在行业中立足，最终会被淘汰。

·企业处于静止甚至衰退的市场中，即使增速高于行业平均增速，依然会因为无法获得估值差而让投资人失去投资的动力。

所以，好企业的标准是具备成长性，但必须基于一个前提，那就是处于一个增长且没有明显天花板的市场中。

所以，在行业尽调中，我们要把市场规模及增速作为尽调的目标之一。

·市场是否在增长，未来是否会出现天花板？——这是来验证前面提到过的"成长性必须是处于增长中的市场"这个问题。

·企业的成长性在行业中处于什么水平？是否高于行业平均增速？是否高于头部企业增速？——这是来验证前面提到过的"成长性如果低于行业平均水平则缺乏投资价值"这个问题。

2.如何计算市场天花板

投资人喜欢讲一句话："这个行业有明显的天花板。"这其实就是说这个行业的市场规模不大。很多投资机构在做投资判断时会把天花板当作一项重要的判断标准。

市场规模与增速的计算是一项非常重要的工作。通常情况下，我们可以根据行业报告的数据做参考，在各家报告数据差异不大的情况下，可以采用报告中的数据来作为测算市场规模的依据。我国广告市场规模及增速如表5-1所示。

表5-1 我国广告市场规模及增速

金额单位：亿元

数据来源	项目	2×17年		2×18年		2×19年		2×20年	
		金额	增速	金额	增速	金额	增速	金额	增速
A咨询机构	我国广告市场总体规模	6 896.14	–	7 991.48	15.88%	8 674.28	8.54%	9 143.90	5.41%
B咨询机构	在线广告市场规模1	–	–	–	–	–	–	7 439.30	
C研究机构	在线广告市场规模2	3 762.70	–	4 965.20	31.96%	6 464.30	30.19%	7 932.40	22.71%
C研究机构	移动互联网广告市场规模1			4 447.20		5 426.40	22.00%	6 432.80	18.55%
D咨询机构	移动互联网广告市场规模2	2 234.00	–	3 249.00	45.43%	3 770.00	16.04%	–	–

关于我国广告市场及其细分市场规模（如在线广告、移动互联网广告等），表5-1列举了4家不同机构的数据，以进行对比验证，防止数据来源单一所可能产生的误解。

但现实中，很多新兴行业没有权威的研究报告，又或者不同报告的数据存在较大的差异，这时我们就需要自行对行业市场规模进行测算。测算行业市场规模，困难在于数据的获取。下面通过案例为大家讲解三种获取数据的方式。

【案例5-2】A公司是一家生产5G智能燃气表的公司，产品主要销售给国内燃气公司，以取代传统家用燃气表。由于该产品是一个新型产品，因此没有相关市场规模的研究报告可以参考，需要自行测算智能燃气表的市场规模及未来增长情况。智能燃气表市场规模及增速预测如表5-2所示。

表5-2　智能燃气表市场规模及增速预测

序号	项目	数量	单位	依据
（1）	天然气气化人口	44 283	万人	天然气发展"十三五"规划
（2）	户均规模	2.72	人/户	中国家庭发展报告（2×15年）
（3）	存量家用燃气表数量	16 281	万块	（1）/（2）
（4）	NB-IoT燃气表数量	1 100	万块	行业数据
（5）	NB-IoT燃气表渗透率	6.76	%	（4）/（3）
（6）	燃气表更新时长	10	年	行业数据
（7）	每年更新燃气表	1 628	万块	（3）/（6）
（8）	年燃气表增速	5	%	华润10%、中燃18%
（9）	年新增燃气表	814	万块	（3）×（8）
（10）	年燃气表需求量	2 442	万块	（7）+（9）
（11）	IC+远传表占比	71.6	%	中国计量协会燃气表工作委员会
（12）	IC+远传表数量	1 748	万块	（10）×（11）
（13）	IC卡表单价	150	元/块	访谈
（14）	NB-IoT表单价	220	元/块	访谈
（15）	NB-IoT占比	30	%	访谈
（16）	近期NB-IoT燃气表收入规模	115 368	万元	（12）×（14）×（15）
（17）	中期NB-IoT燃气表收入规模	384 560	万元	（12）×（14）

在这个案例中，用了三种方法来获取数据。

（1）官方数据

在这个案例中，在测算国内存量家用燃气表总量的时候，主要依据的是官方数据。先根据相关报告计算出我国有多少人口在使用天然气，继而根据相关报告给出的我国每户平均人数，测算出使用天然气的家庭数，按照每家一个燃气表测算出国内家用燃气表的总量。

（2）商业常识

在计算国内燃气表行业平均增速时，根据下列商业常识做测算：头部企业的增速是行业平均增速的 2~3 倍。行业头部企业中燃、华润的年均增速在 10%~18%，所以，可以得出行业的保守平均增速在 5% 左右。

（3）专家访谈

在现实中，根据行业专家访谈来获取相关行业的数据是常用且有效的方法。当然，这建立在数据容易聚焦的基础上，比如产品价格、市场规模等。

此外，如果不同渠道给出的数据口径差异过大且不易核实，还可以通过敏感性测试以区间的方式来表达。比如，假设不同资料显示市场渗透率在 30%，也可能在 50%，这时候就可以 30%~50% 的区间来分别测算市场规模及增速。

在很多时候测算市场规模的要求并不高，我们只要搞清楚它的大致数量级和增速即可。

（三）产业链

产业链是产业经济学中的一个概念。在投资尽调中，产业链一般用来说明一项业务从上游原材料采购、生产组装到下游渠道经销直至终端消费的完整过程中所涉及的不同企业主体及其承担的职能和所分享的价值，其实质是不同产业链环节的企业之间基于供给与需求的关联关系。

1. 产业链分析内容

产业链分析的主要目的是阐述目标企业所处的产业环境并分析其在产业链中的地位，主要应该包含两类内容：产业链结构和产业链价值分布。

产业链结构主要从目标企业角度出发，描述上游供应商情况、目标企业主要采购的原材料和服务内容、下游客户情况及需求。

产业链价值分布主要描述一项产品从原材料成为终端产品的整个过程中，不同主体所享有的收入 / 利润情况，具体如图 5-1 所示。

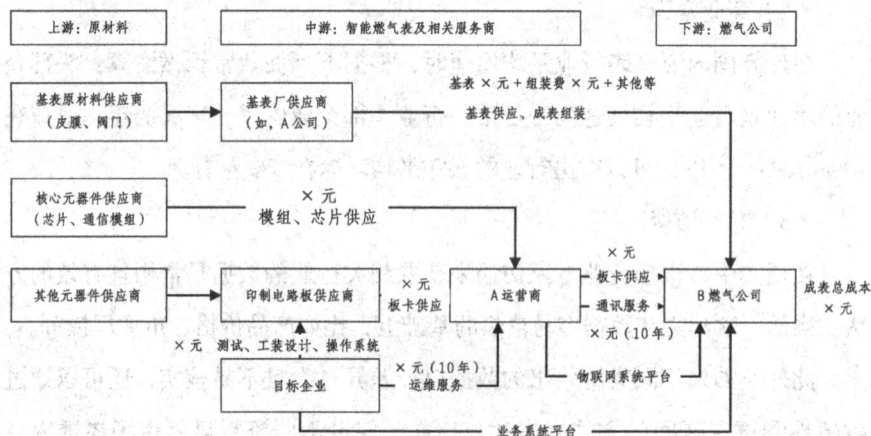

图 5-1 产业链价值分布

图 5-1 所示为一款智能水表的产业链价值分布情况。上游原材料主要包括模组、印制电路板装配和通用材料。中游目标企业向印制电路板供应商提供测试、工装设计和操作系统等产品服务，同时向运营商提供运维服务，并向燃气公司提供业务系统平台。燃气公司将成品的智能燃气对外销售的价格设为 × 元。通过产业链分析，我们可以清晰地看到企业提供的产品服务的内容，以及所对应的成本。产业链分析一般更适用于制造业企业，对于某些行业并不适用。比如，软件开发企业的上游主要是采购服务器、存储设备、操作系统等市场化程度高的产品，并无特别分析的必要。

2. 产业链验证事项

产业链分析有助于我们在更宏观的角度上认知业务。在通常情况下，业务尽调只是聚焦在直接客户层面，产业链分析则将其进一步延伸至终端用户层面。分析终端用户的需求，可以更好地认知需求和预测业务未来成长。

比如，根据上下游行业的市场格局（垄断型／分散型），我们可以了解企业在产业链中的地位，那些夹在强势上下游行业之间的企业的生存状况往往都较为堪忧，表现在财务层面就是资金被占用、上游压货、下游垫资、利润微薄。如果此时企业能表现出与以上情况截然不同的财务情况，则反而能突显出企业的产品价值和竞争力。

（四）竞争格局

行业竞争格局包括以下内容：市场集中度、集聚区域、企业数量、行业利润率等。我们需要鸟瞰整体的竞争态势。

· 这是一个新兴市场，还是一个成熟市场？

· 这是一个企业稀少的垄断市场，还是一个群雄并起的自由市场？

对于不同竞争格局的市场，企业如何选择市场开拓策略，又如何将策略与自身的核心能力匹配，这是投资人需要结合行业的普遍情况来分析与评价的。比如，在技术壁垒高的市场中耐心赚钱，为了实现盈利而舍弃规模；或者在垄断市场中试图依靠应用技术类的小幅度创新产品去颠覆整个行业；又或者，在客户已经对竞争对手形成依赖的情况下，试图依靠优势不明显的产品去抢夺市场。这些都是战略规划不合理的表现，成功的概率很小。

四、验证业务

在业务尽调中，我们的目标是认知企业的真实业务和核心能力。

在财务尽调中，我们的目标是验证企业的业务成长性和成长驱动力。

在行业尽调中，我们的目标是把上述事项做进一步的验证。

· 企业的成长速度在行业中处于什么水平？

· 企业的核心业务构成与其他企业相比有何差异？各自的优劣如何？

· 企业的产品性能、价格在行业中处于什么水平？

· 企业的利润率在行业中体现了何种层次的竞争力？

· 企业的商业模式与其他企业相比有何差异？各自的优劣如何？

· 企业的研发费用投入水平在行业中是什么水平？

· 企业的销售费用投入情况、销售转化情况在行业中是什么水平？

· 企业的核心驱动力定位是否准确？

· 企业的不同财务指标与其他企业相比是否有异常？原因是什么？

业务的验证主要通过同行业企业对比的方式来进行，尤其是与行业头部企业进行比较。具体的分析方法与业务尽调、财务尽调的分析方法基本一致，在此不赘述。

第三部分

尽调实务篇

———

本部分主要从尽调实操角度出发，对尽调的前期准备、现场实施、上会决策等过程——进行阐述，力求将实务中的细节展现给读者。

第六章　投资流程概述

完整的投资尽调工作流程一般包括下面的环节：

· 初次拜访；

· 签署保密协议；

· 资料对接；

· 初步尽调；

· 签署投资条款清单；

· 第三方尽调；

· 上下游访谈；

· 上会表决；

· 签署投资协议；

· 交割条件成就；

· 投资打款。

为免赘述，本章仅讨论与尽职调查相关的 1–7 点。不同机构的投资流程的顺序会有差异，其在流程之中可能会穿插若干项内部决策流程，比如立项、初审、质控 / 风控、投资咨询委员会（以下简称"投委会"）评审等环节。

表 6–1 展示的是正常情况下各个环节的大致推进时间。由于每家投资机构的决策流程有差异，且每个项目具体情况不同，比如部分紧急的重要项目也有在极短时间内完成尽调，或省略尽调环节直接依据第三方报告进行决策的情况，所以下列所述情况仅针对通常而言的流程进行说明。项目如正常推进，创

业者从第一次见投资人到真正拿到投资款一般需要 2 个月左右的时间。

表 6-1 项目推进时间表

事项/时间	T0周	T1周	T2周	T3周	T4周	T5周	T6周	T7周	T8周	T9周	T10周	T11周	T12周	T13周	T14周	T15周
初次拜访	■															
签署保密协议/资料对接		■														
初步尽调（含内部决策会议）			■	■	■											
签署投资条款清单						■										
第三方尽调（如需）							■	■								
上下游访谈（行业背景调查）							■	■								
上会表决（含整理报告资料）									■	■						
签署投资协议（含协议谈判）											■	■	■			
交割条件成就													■	■		
投资打款																■

一、首次拜访

首次拜访是与公司建立联系的一种重要方式。如果双方在初次接触能相互认可，可以为后面的尽调工作带来极大的便利。如何在首次拜访时给创始人留下专业的印象，这既需要投资人本身具备良好的专业素养，也需要在拜访前做好充足的准备。

在首次拜访前，投资人应该要求公司方提供融资商业计划书（Business Plan，BP），以了解公司的基本情况，对于不熟悉的行业还应该先做基本行业研究，同时制作访谈问题清单，在提问环节使用。有的创始人会跳过介绍环节，直接请投资人提问，如果投资人对 BP 没有研究或者没有准备问题清单，就会出现很尴尬的局面。

此外，创始人对投资机构普遍关心的问题包括：机构出资人背景、基金规模、基金期限、投资方向、投资阶段、单笔投资金额、投资流程、对赌回购偏好、资源赋能等。投资机构在做介绍的时候应覆盖以上问题。

为便于内部项目汇报分享，专业投资机构应该有一套访谈问题模板，提供给团队内部人员使用，以保证不同人员在拜访公司之后，能够形成类似的记录，不会遗漏重要的内容。

从业这些年，笔者访谈过数百位创始人，从上市公司董事长到创业新手，从科班专家到非科班高手，从知名企业家到稚嫩新人，每一位都有自己的风格和特点。但在访谈时，往往越专业的创始人回答问题的思路越清晰、认知越深刻、表述越明确，而那些不靠谱的创始人的回答方式也有些相似之处。看看下面这些表述是不是似曾相识。

（一）偷换概念

某公司主营业务为向客户提供语音机器人软件，以替代人工客服。

问题：请问你们公司产品的竞争优势是什么？

回答：我们的产品非常具有竞争力，与人工相比，具有明显的优势。一个语音机器人可以顶替 3~4 个客服人员，效率大大提升，所以我们的市场非常广阔，有大量有需求的客户。

评价：这是典型的偷换概念的回答。问题是公司产品的竞争优势，自然是在问公司产品跟其他语音机器人公司之间的对比优势，而不是跟人工对比。

（二）乱用比喻

问题：你们这款生产规划软件的运行方式是什么？

回答：我给你打个比方，你知道美团吗？美团接单后不仅要计算快递员、餐厅和用户的距离，还要看餐厅的订单量、后厨制餐的速度、各个主体之间的交通情况，然后再匹配合适的快递员，这个系统里面涉及很多数学模型和算法，非常复杂。我们的软件也是这样。

评价：打比方应用在回答完问题之后，以便于对方理解，而不应直接用比喻回答问题。

（三）缺乏行业认知

问题：你们的行业竞争对手有哪些？

回答 1：没有竞争对手。

回答 2：竞争对手只有阿里巴巴（或者腾讯、百度、华为等），但是他们做不了，因为大公司不会进入这个细分市场 / 大公司内耗大 / 大公司做这块业务不专业。

评价：这个问题可以很好地反映创始人对行业的认知。优秀的创始人一般在启动项目之前就会对竞争环境做充分的调研，对行业内主要的企业、模式、各自优劣了如指掌，其行业认知独到深刻，超过该行业的专业投资人。而不靠谱的创始人对行业认知非常浅显，除了自己的一亩三分地之外几乎不了解外界的情况，因此在回答这个问题时只能采用大众化的思维方式，其认知深度甚至赶不上一般的投资人。

（四）说歪理

问题：技术合伙人退出了，你们的产品后续研发怎么办？

回答：我们的产品已经成熟了，不用再做研发了。

问题：那不做研发，产品还能用几年呢？

回答：10 年。

问题：上游厂商有可能往你们这儿延伸做你们的业务吗？

回答：做不了，没有专家，做不了这个产品。

问题：你说准备做 CAD 软件？这个门槛很高，国内有刚上市的 × × 公司也做这个。

回答：他们做不了，我们这个是专用在 × × 行业的。

问题：那你们公司现在有多少人呢？

回答：30 人，我们还准备扩大人员规模……

评价：说歪理不涉及认知问题，而是明知不对，公然胡说。歪理只要说一两次，基本就可以判断创始人不靠谱了。

二、签署保密协议

在首次拜访之后，如果有进一步推进的意向，那么双方会签署保密协议，以保证投资机构不会泄露企业提供的资料和信息。关于保密协议本身其实可谈的内容不多，基本都是标准模板，实践中也很少发生因为违反保密协议真正对簿公堂的情况。这里更多是想说明关于保密的问题。

之前经常有创始人询问：如何撰写商业计划书，才能把事情说清楚，同时又不怕被投资机构盗用呢？

笔者的回复是不要保密。因为企业保密和融资是一件相悖的事情。你可以提高对投资机构的筛选标准和准入门槛，也可以聘请财务顾问帮你对投资机构进行把关，更可以在尽调开始之前跟投资机构确认好资料开放的范围和深度。当到了对接资料的环节时，企业应该尽可能配合投资机构的工作，保质保量地完成资料的对接工作。

有些企业会在资料对接阶段提出一些不合理的要求，比如仅提供基本财务报表，但明细资料不开放等。

通常情况下，企业的主要顾虑包括：担心明细资料泄露自己的商业秘密；不清楚投资机构要这些资料的目的，希望通过讨价还价的方式让投资机构降低对资料的要求；经办人并非创始人，不能站在创始人的立场从促成交易的角度考虑问题。

投资机构应注意以下几点。

首先，要坚持不降低对资料的要求。投资机构了解企业财务明细资料的目的不是刺探企业的内部商业机密或者查找企业的经营管理问题，而是要从财务的角度去了解和验证业务的增长形态，这种增长必须结合订单增速、收入增速、回款情况来验证。投资机构可以从这个角度来向企业解释为什么需要这么多明细资料，因为每一份资料都有其特定的用处，缺少则可能导致证据链不完整，所以没有太多可以讨价还价的空间。

其次，注重与企业经办人的配合。遇到问题要耐心与企业经办人沟通解释，可以当面与经办人充分阐明现状、问题与诉求。基本每个企业都会问投资机构的推进流程是怎样的，需要多长时间，核心的关键节点是什么。如果仅仅以口头沟通方式跟企业经办人交流，可能存在信息二次传递的问题，导致经办人不能很好地跟创始人汇报投资人的进展情况。如果资料对接过程不顺畅，经办人就可能出现一些负面情绪，甚至质疑投资机构的专业度。如果前期能与经办人建立良好的沟通，比如通过书面方式来实时跟经办人同步项目的推进进度，获得对方的认可，那后续沟通会顺畅得多。

最后，在充分沟通仍不能解决问题的情况下，尽快寻求创始人直接沟通。如果经办人是企业的财务负责人、董秘、FA[①]等，往往创始人会提出一些沟通的原则和要求来授权他们跟投资机构对接，如哪些资料可以提供、哪些流程可以安排等。经办人大都不会轻易违反这些规定。所以当投资机构被告知企业不能提供 ×× 资料、不能安排 ×× 客户访谈时，多半是因为超越了经办人的权限，而不是企业真的不愿配合。如果看好企业，希望进一步了解，那么较好的解决方法是直接与创始人沟通。只要创始人认可投资机构的专业度，那么这些所谓的规则也就不是问题了。

---

①FA，Financial Advisor 的缩写，即财务顾问，一般指为企业在融资过程中提供与投资机构沟通协调服务的机构。

【案例6-1】笔者曾经有某项目的FA在初步尽调之前即要求签署TS^①，这不符合惯例，也造成了投融资双方的沟通成本大大提升，因此我们选择了直接跟创始人沟通解释，创始人非常理解并且同意按照我们的方式推进。从这位FA的角度来看，他也许是为了企业利益，希望为企业带来更多有诚意的投资人。但是殊不知，这种不符合常规的操作方式反而容易阻碍企业与更多专业机构的接触，带来了反作用。

有些时候，并不是沟通方式的问题，而是沟通对象的问题。只有选择对的对象沟通，才能真正实现有效的沟通。

三、资料对接

尽调大部分的工作就是在核对和整理资料与清单。尽调的工作可以划分成以下步骤：第一步，整理资料清单，发送给企业；第二步，接收资料，核对，修改资料清单并发送给企业；第三步，重复步骤一、二……

对接资料看似不难，但在实务操作中经常会遇到很多的问题。

对于投资机构来说，如果自己都不清楚提出的资料清单，那么就会影响尽调工作的开展。对于投资人来说，资料清单就像是士兵手中的枪，要对它非常熟悉：

· 不仅要熟悉资料清单的内容，而且要熟悉资料的准备过程；

· 哪些资料由哪个部门准备，从哪个系统导出，应该是什么样子的；

· 每一份资料在企业准备的过程中可能出现的问题，及应对的措施和方法；

· 哪些资料要求可以降低，哪些资料要坚持标准；

· 哪些资料在缺失的情况下，可以通过何种方式去弥补和验证。

---

①TS，Termsheet的缩写，即投资条款清单，是指投资机构在初步尽调之后并有意深入尽调之前与目标企业签署的针对本次融资的重大事项（如投资估值、投资金额等）进行约定的协议，通常仅为确认双方意向之用，一般不具备法律效力。

（一）明确资料与尽调目标之间的关系

很多投资机构都有自己的尽调资料清单（以下简称"尽调清单"），大部分情况下，投资机构在签署保密协议后会给企业一份很详细的尽调清单，企业就可以开始准备资料。实践中笔者发现，如果一次性发给企业完整的资料清单，大部分企业不会真正严格按照资料清单来准备，准备的资料内容或缺或错，资料准备效率不高。

建议按照尽调进度发给企业资料清单。比如，在初步资料对接阶段，可以要求企业提供部分关键内容，在确认有意向推进之后再要求补充资料。

严格意义上讲，这是一个工作方法的问题。你要明确知道每一步需要了解和验证的内容是什么，然后有针对性地要求企业提供资料，而不是胡子眉毛一把抓，在刚刚接触企业的时候就要求对方提供一份完整的资料。

毕竟，企业经办人在资料清单的准备方面也是有时间成本的。建议要与企业经办人沟通清楚资料清单的内容，确定对方充分理解你的意图。

（二）了解资料的产生过程

首先，在通常情况下，企业有财务系统，比如用友、金蝶等，虽然这类财务软件功能已经相对标准化，但由于企业购买的软件模块可能不全，所以并非所有的统计功能都能实现。

所以，在尽调时，我们需要跟企业的财务人员沟通财务系统的具体情况。

其次，企业也有业务系统，业务系统的功能包括客户管理系统、产品管理系统、订单管理系统等，不同企业的业务系统名称有所差异，而且很多信息技术类企业的业务系统是自己开发的。诸如产品信息、合同订单信息一般通过业务系统来统计。有些信息可以直接从系统导出，有些信息需要企业做二次整理加工。理论上讲，经手的人员越多，资料出问题的可能性就越大，理想的方式是我们能够直接根据企业业务系统中导出的数据进行分析。

所以，这就要求我们对企业的业务系统有大致的了解，知道不同系统模块的大致功能，以及所能调出的资料内容。

（三）辨别资料的问题

投资人需要核查资料的正常格式及应该包含的内容，以及所能交叉验证的信息和无法涵盖的情况。比如，不需要在资料清单中列示科目余额表和存货明细，因为科目余额表中包含了存货明细的内容。但是也有这种情况，企业提供只有一级科目的科目余额表，根本看不出明细，这个时候如果不知道科目余额表应该是什么样子的，那就要被企业忽悠了。

有些非标准化的资料，尤其是一些业务和财务数据的交叉资料，需要跟企业人员确认系统是否能够提供。如果无法直接获取相关资料，需要思考可以采取何种方式替代。

（四）尽调资料清单

尽调清单是投资机构与目标企业沟通对接的重要文件之一，如表 6-2 所示。从使用频次上讲，尽调清单是使用非常频繁的文件，并且涉及企业的多个部门。因此，尽调清单直接影响了尽调开展的顺畅程度及最终的尽调质量。尽调清单不仅是一个结果，还记录了尽调的过程。

表 6-2　尽调资料清单

序号	所需内容	提出日期	收到日期	需求提出人	企业负责人	备注
1	根据行业划分的现有主要销售人员名单	1月5日	—	小郭	小周	销售总监小周称已给小张，小张未提供
2	现在及未来规划的销售布局和主要销售人员匹配关系。阐述外销、内销、大客户和战略部门的职能	1月5日	1月7日	小黄	小李	—

在进场之前，尽调团队会向目标企业提供一份偏模板性质的尽调清单，有经验的企业相关负责人在浏览之后会跟尽调团队就尽调清单的内容一一确认后安排准备。

在正式现场尽调开始后，随着尽调资料的逐步收集，尽调团队会要求增加新的资料或者就已提供的资料提出修改要求，这些新增的要求会添加到尽调清单中，一般会每天更新后发给企业。最终形成的尽调结果中，会详细记录提供的资料情况和未提供的资料情况以及原因，便于双方确认。

笔者从项目经历出发，结合同业的优秀实践经验，列出了较为合适的尽调清单的形式和拟定技巧。

①尽调清单的名称要包含时间，方便查看。

②尽调清单尽量做成 Excel 格式，方便编辑。

③建议每天更新尽调清单，这意味着每天要查看收到哪些资料，并把缺失或者需要增加或修改的资料更新到清单上。

实践中，企业经常会把大量资料一次性发出，如果投资人自己做尽调，那往往团队人数不会太多，但既需要整理当天的访谈纪要，还需要准备第二天访谈问题提纲，加上整理资料并更新清单，这个工作量相对是比较大的。因此，要合理安排好团队成员之间的分工。

（五）企业常用资料

对于投资尽调而言，企业通常需要提供的尽调资料包括销售合同台账、科目余额表、序时账、员工花名册、员工工资表等。

1. 销售合同台账

销售合同台账直接关联收入，需要花费时间重点核查，整个尽调 50% 的时间应该花在核查合同与收入部分。但是在实务中会发现，不同企业提供的销售合同台账不一样。有的销售合同台账通过财务系统中的合同模块来统计，有的通过业务系统统计，所以不同企业的销售合同台账的格式和包含的内容会有较大差异。因此，投资机构需要将企业提供的销售合同台账进行二次整理和加工。

我们要做的是按照统一格式将审阅期间的销售合同台账汇总在一张表上并保证表头信息一致、数据口径一致；销售合同台账分析应该至少包含表6-3所示的信息，比如客户名称、产品类型、项目名称、合同金额、签订日期、开票金额、开票日期等。

表6-3 销售合同台账

金额单位：元

序号	合同年	客户名称	产品类型	项目名称	合同金额	签订日期	开票金额	开票日期
1	2×17	北京××公司	A产品	甲乙丙项目	165 000	2×17-03-31	182 320	2×17-06-14
2	2×17	上海××公司	B产品	乙丙丁项目	64 000	2×17-05-23	67 840	2×17-06-29
3	2×17	广州××公司	B产品	丙丁戊项目	463 920	2×17-05-31	491 755	2×17-08-24
4	2×18	深圳××公司	A产品	丁戊己项目	20 080	2×17-06-09	21 284	2×17-07-04
5	2×18	成都××公司	A产品	戊己庚项目	83 277	2×17-06-11	88 273	2×17-06-29

2.科目余额表

科目余额表亦称"总账余额汇总表"，如表6-4所示。它是按照总账科目余额编制的，反映了财务报表各个项目的余额，包括上期余额、本期发生额、期末余额。

从投资尽调角度出发，要求投资人能看懂科目余额表，并能从中发掘出有价值的信息。因此，我们需要搞清科目余额表的编制逻辑。

标准的科目余额表包含以下几项内容。

（1）科目编码

对每一个会计科目而言，编码是固定的，比如1001为库存现金、1002

为银行存款、1122 为应收账款等，公司可以根据具体情况编制二级及以下的编码。比如表 6-4 中在"应收账款"科目下为每个客户编制了二级目录，如"112201"科目编码为甲乙丙公司。

表 6-4 科目余额表 1

单位：元

科目编码	科目名称	上期余额		本期发生额		期末余额	
		借方	贷方	借方	贷方	借方	贷方
1001	库存现金	35 058		80 163	115 221		
1002	银行存款	87 848		30 282 534	24 177 899	6 192 483	
1122	应收账款	22 000		11 752 381	8 698 096	3 076 285	
112201	甲乙丙公司	22 000		1 075 000	1 075 000	22 000	
112202	丙丁戊公司			1 000 000	900 000	100 000	
……							

实务中，编码的书写格式各有不同，如科目编码"112201"与"1122.01"的（见表 6-5）含义并无差异。

表 6-5 科目余额表 2

科目编码	科目名称
1002	银行存款
1002.01	中国银行（2675）
1002.02	渤海银行（0119）
1002.03	招商银行（0401）
1002.04	中国民生银行（1756）
1012	其他货币资金
1012.01	保证金
1012.01.01	中国银行（2675）

（2）科目名称

一级科目的名称相对固定，但二级及以下的科目名称就相对随意，因此要结合科目编码和科目名称共同判断科目的内容，如表 6-6、表 6-7 所示。

表6-6　科目余额表3

科目编码	科目名称
1122	应收账款
112210	广州×××药业连锁有限公司
112243	杭州××××管理有限公司
1123	预付账款
112301	待摊费用
11230101	房租

表6-7　科目余额表4

科目编码	科目名称	核算维度名称
1122	应收账款	
112201	CUST0006	广东×××有限公司
112202	CUST0007	广东×××有限公司
112203	CUST0008	重庆×××有限公司

（3）上期余额

上期余额是指上期报表项目的数字。

（4）本期发生额

本期发生额需要明确是年度还是月度。有时企业提供的科目余额表，既有本期发生额也有本年累计发生额，如表6-8所示。

表6-8　科目余额表5

单位：元

科目编码	科目名称	上期余额		本期发生额		本年累计发生额		期末余额	
		借方	贷方	借方	贷方	借方	贷方	借方	贷方
1002	银行存款	10 049 356		201 943 220	192 252 439	201 943 220	192 252 439	19 740 137	
1002.01	中国银行	1 226 714		141 242 364	141 756 991	141 242 364	141 756 991	712 087	

（5）期末余额

期末余额、上期余额与本期发生额存在钩稽关系。比如，以库存现金科目为例，期末余额（借方）＝上期余额（借方）＋本期发生额（借方）－本期发生额（贷方）。

关于科目余额表，投资人还需清楚以下几点内容。

（1）科目余额表范围

科目余额表完整覆盖了资产负债表和利润表的项目，列示顺序一般是从"库存现金"开始，一直到"所得税费用"。

（2）科目余额表怎么用

科目余额表主要用来查看各个科目的明细情况，比如应收账款明细、存货明细、成本明细、费用明细等。

（3）科目余额表的常见问题

科目余额表基本都是由财务系统自动生成的，属于相对标准的尽调资料，不需要经办人二次加工，提供难度低。实践中，经常遇到的问题主要是企业提供的科目余额表没有到最末一级，比如应收账款原本应该有下一级科目，但被企业略掉了，如表 6-9 所示。出现这类情况的原因一般是投资人没有说明清楚，也有部分企业是出于保密原因不愿提供。这时投资人应该向企业说明原因并坚持资料的标准，不能降低标准。

表 6-9　科目余额表 6

单位：元

科目编码	科目名称	上期余额
1122	应收账款	10 000
112210	甲乙丙公司	8 000
112243	丙丁戊公司	2 000
1123	预付账款	3 500

3. 序时账

序时账也叫日记账，是按照经济业务发生的时间先后顺序逐日逐笔登记的账簿。同科目余额表一样，序时账也是尽职调查经常需要使用的资料。序时账如表 6-10、表 6-11 所示。

表 6-10　序时账 1

单位：元

日期	凭证字号	摘要	科目编码	科目全名	借方金额	贷方金额
2×20-1-21	1	支付厦门××有限公司广告款项	1002	银行存款		4 418.06
		支付厦门××有限公司广告款项	220201	应付账款——推广成本	4 418.06	

表 6-11　序时账 2

单位：元

日期	凭证字号	摘要	科目	借方金额	贷方金额
2×19-7-31	记-1	代开发票 1 张	112212 应收账款——江苏××医疗科技有限公司	2 000.00	
		代开发票 1 张	500101 主营业务收入——开票收入		1 941.75
		代开发票 1 张	22210103 应交税费——应交增值税——已交税金		58.25

与科目余额表不同，序时账不是按照报表项目编制的，而是按照记账时间来编制的。比如表 6-10 中的会计分录的含义是：2×20 年 1 月 21 日，目标公司向厦门×× 有限公司支付了一笔广告费 4 418.06 元，该笔分录借记"应付账款——推广成本"科目 4 418.06 元（将原本挂账的金额销掉），贷记"银行存款"科目 4 418.06 元（从银行账户中实际划走了 4 418.06 元）。

序时账一般包含的关键内容如下：

·日期：业务发生日期，一般可以精确到日；

·摘要：显示该笔分录的具体内容；

·科目：显示该笔分录涉及的具体科目；

·借贷金额：显示该笔分录的具体金额和借贷方向。

序时账是按照时间顺序来编制的，一般以年为单位，从 1 月 1 日至 12 月 31 日。

序时账相对科目余额表内容更为详尽，包含的信息量更大。我们可以利用序时账来查看更多明细项目，做季度甚至月度的分析；此外，序时账还可以用来统计企业的现金流明细情况。

4. 员工花名册

员工花名册是指用人单位制作的用于记录本单位劳动者基本情况及劳动关系运行情况的书面材料，主要涵盖两部分内容：员工个人信息和岗位信息。

员工花名册是分析员工情况的重要原始资料。在尽调时，一般要求企业提供至少以年为单位的相关资料。员工花名册如表 6–12 所示。

表 6–12　× × 公司 2 × 19 年 12 月 31 日员工花名册

姓名	性别	出生日期	入职日期	部门	职务	最高学历	最高学位	毕业院校	专业	劳动合同性质
丹阳	男	1985–2–24	2 × 19–12–23	管理中心	招聘主管	本科	学士	× × 学院	行政管理	全职
长春	男	1982–5–26	2 × 19–11–20	管理中心	助理	本科	学士	武汉 × × 学院	酒店管理	全职
长真	男	1979–9–27	2 × 19–11–11	管理中心	财务副总监	本科	学士	华南 × × 大学	会计学	全职
玉阳	男	1984–7–27	2 × 19–11–11	政企事业部	项目经理	本科	学士	× × 大学	计算机	全职

5. 员工工资表

员工工资表一般按照月度提供，可以细化至个人、部门等维度。员工工资表如表 6–13 所示。

表6-13　员工工资表

单位：元

| 序号 | 姓名 | 应发工资 基本工资 | 应扣工资小计 | 月工资小计 | 本月扣除项合计 | | | | | | | | 累计应纳税所得额 | 累计应扣缴税额 | 累计已缴税额 | 本月应扣缴额 | 本月实发工资 |
					公积金	养老	医疗	失业	社保小计	社保公积金小计	专项附加	合计					
1	张三	21 560.00	—	21 560.00	600.00	289.04	110.20	7.23	406.47	1 006.47	2 000.00	3 006.47	13 553.53	406.61	—	406.61	20 146.92
2	李四	28 000.00	—	28 000.00	600.00	289.04	110.20	—	399.24	999.24	4 500.00	5 499.24	17 500.76	525.02	—	525.02	26 475.74
3	王五	29 000.00	—	29 000.00	600.00	289.04	110.20	—	399.24	999.24	1 500.00	2 499.24	21 500.76	645.02	—	645.02	27 355.74

第七章 现场尽调流程

下面讲解尽调的现场工作流程。

一、初步尽调

在审阅完企业提供的各项资料之后，如果决定继续推进，就会进入初步尽调环节。初步尽调环节一般需要在企业现场实施。

（一）尽调工作实施

现场尽调的主要工作包括：管理层访谈、查看企业生产办公环境、观看产品演示、查看企业内部管理用业务与财务系统、合同原件审阅等。

（二）尽调访谈

1. 访谈内涵

尽调访谈是一个发散、聚合的过程。聊天和访谈的区别在于：聊天是散点式结构，缺乏明确目标，话题之间跳跃性大，缺乏明确的逻辑从属关系；访谈是一个纺锤形结构，沿着特定的方向先发散再聚集在最终的目标上，以最终验证特定问题，如图 7-1 所示。

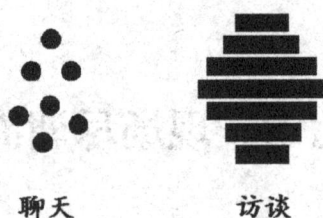

聊天　　　　　访谈

图 7-1　聊天和访谈思维示意

2. 访谈形式

尽调访谈原则上应该是一对一或者一对多的，这里的"一"指的是受访者。受访者应单独接受尽调人员的访谈，在这种情况下受访者最放松，能够提供最真实的内容。如果有企业其他人员在场，受访者有可能会担心说错话或者透露了不该透露的内容，而有所保留，或者不敢回答。

3. 对于访谈进程的把控

通常情况下，在访谈之前会根据访谈目标整理出访谈提纲和问题清单，这样可以帮助投资人把握访谈进程，以防止受访者搞不清问题的逻辑关系，同时也可以避免遗漏重要的问题。

在访谈中，投资人应该通过引导尽可能让受访者透露更多的信息，并从中筛选有用的信息，因此，原则上不应轻易打断受访者。但是如果受访者输出的信息价值太低，则应该尝试以直接提问为主，按照特定问题框架让受访者提供相应信息。

某些时候，我们会碰到不愿说话的受访者，他们大都以一两句话回答问题，不愿意就问题展开讨论。通常出现这种情况不外乎两个原因：一是受访者不愿意配合（可能因为各种原因，比如担心说错；对访谈不重视；对访谈人不满意）；二是受访者本身语言习惯。

遇到这种情况，一般可用对方熟悉的话题以开放式的提问方式争取让其打开话匣子，比如，让受访者阐述创立企业的原因、背景、经历，评价行业中的主要企业，发表对行业未来的发展方向的观点等。

如果在尝试无效的情况下，那就可以直接根据提纲问问题，然后结束访谈。有些投资人想要延长访谈时间，其实这没有必要，毕竟我们无法决定受访者的状态，即使是专业的投资人也会遇到对方不配合的情况，这与投资人本身的业务水平和访谈技巧无关。

但是在此之后，我们应该对这种情况进行复盘，是否是我们自身的问题导致受访者不配合，比如准备不充分、对行业不了解、提的问题过于基础导致受访者对我们的专业度产生怀疑，或者问题设计不佳，导致提的问题的逻辑不够清晰，又或者态度过于强势，让受访者反感等。

（三）如何整理尽调结果

在初步尽调之后，我们一般会形成 3 份文件，便于管理初步尽调的结果、总结项目情况并进行内部汇报，以决定是否进一步推进。文件以简洁为主，建议以云文档形式存储，方便内部共享。

1. 访谈记录表

访谈记录表用来记录访谈情况，包括内部、外部访谈。建议将所有的访谈记录整理在一篇文档中，方便前后查阅。

2. 项目信息与数据表

项目信息与数据表用来记录项目的数据，比如财务数据、各类分析表、内部盈利预测等。

一篇尽调报告需要有底稿的数据支撑。工作底稿的数据收集和整理是非常重要的一项工作，有经验的人员会把重要的底稿文件和分析文件汇集在一份 Excel 文件中，方便核对和复盘。通常来说，汇总表中的文件可以分成两类：数据底稿和分析表。数据底稿是企业提供的原始数据表，如销售合同台账；分析表是投资机构在原始数据表基础上进行的二次加工的统计表，如销售合同收入回款表。二次加工的数据表尽量采用链接引用原始数据表的内容。尽调过程中会出现各种数据调整的情况，因此尽量保证只录入一次原始数据，其他地方的数据填写均通过引用方式，以方便修改。

3.尽调报告底稿

尽调报告底稿用来整理研究内容，作为正式投资建议书的支撑性文件。

二、第三方尽调

在签署 TS 之后，如果项目规模相对较大，一般会聘请第三方中介机构进行财务和法律的尽职调查。

（一）前期对接

1.初步沟通

中介机构一般以时间计费，所以大部分机构都会把人员时间排满。很多时候，不是投资机构聘请，中介机构就来，还要看中介机构的档期。所以在跟企业确认第三方中介机构尽调的事项后，应该第一时间跟中介机构确认尽调进场时间，避免临时找不到中介机构。

另外，在跟中介机构介绍项目情况时，对于财务尽调机构要告知项目地点、审计时间范围、合并报表主体数量、企业主营业务等；对于法律尽调机构要告知项目地点、设立时间、主体数量、历史融资轮次等。这些都跟工作量和报价有关，对方会据此给出对应的尽调报价。

2.建立工作沟通机制

在确认好相关中介机构之后，应该建立工作沟通渠道，比如利用微信群、钉钉群等，将相关项目负责人和具体经办人拉进群。之后都通过该群进行信息通报、资料共享、沟通交流等活动。

3.中介机构会议

在建立工作沟通机制之后，尽快安排第一次会议，出席人包括投资机构和参与本次尽调的相关中介机构。由投资机构项目负责人主持，向相关中介机构介绍项目情况并传达尽调要求，具体内容有以下三项。

第一，中介机构介绍初步尽调所了解到的情况，主要包括：企业的主体情况、股权结构、历史沿革、业务情况、行业情况等。

第二，投资机构阐述对本次尽调的关注点。

第三，投资机构说明尽调时间安排，如进场时间、报告出具时间、报告形式等。

（二）现场安排

这里以某项目为例，简单列示实际工作情况。

1.第一天

10：00—10：30 全体会议，创始人介绍企业情况。

10：30—12：30 会计师跟财务负责人沟通，确定尽调范围、所需资料和工作日程；律师跟法务负责人沟通尽调范围，确定所需资料和日程。

13：30—15：00 财务负责人介绍业务情况（会计师、律师）。

15：00—16：30 销售负责人访谈（会计师、律师）。

16：30—18：00 IT 系统架构演示（会计师、律师）。

21：00—21：30 会计师向投资机构团队汇报当天尽调情况。

2.第二天

09：30—11：30 产品与供应链负责人访谈。

13：30—14：30 产品管理系统演示。

14：30—16：00 采购预测系统演示。

16：00—17：00 现场负责人与会计师、律师内部沟通报告框架。

17：00—17：30 电话会议，会计师向投资机构团队汇报尽调重点和报告框架。

3. 第三天

9：30—11：30 会计师与财务负责人针对财务与业务系统相关问题进行确认。律师与法务负责人沟通企业业务资质、资产、债务、诉讼仲裁等情况。

13：30—15：00 人力资源总监访谈。

15：30—18：00 系统补充演示与问题解答。

4. 第四天到五天

对销售、采购流程进行系统抽样，结合其他部门数据、单证进行真实性分析，与企业人员针对资料问题及口径进行沟通、核实，并就发现的问题不时约访相关负责人员。

（三）注意事项

1. 事先对接资料，做好充分准备

第三方中介机构一般进场后的工作节奏很快，没有充分的时间慢慢熟悉业务和环境。所以，中介机构在进场前要做好准备，如：让投资机构尽早发送尽调资料，让中介机构在进场前尽可能熟悉企业情况，做到心中有数；做基本的行研，了解企业的业务和行业情况。这样才能有针对性地提出问题并且确定尽调的重点方向和计划。

2. 务必事先跟各方协调确认尽调计划

专业的中介机构会跟投资机构、企业协调好尽调范围和工作日程。这关系到企业需要准备哪些资料、配合做哪些工作，同时也涉及投资的尽调目标是否能够实现，还关系到会计师对人员的安排和工作分配。

财务尽调机构与投资机构要尽早确认尽调报告的最终框架内容。因为每家中介机构的报告格式不一样，其所包含的内容也各有不同。双方应提前确认，以避免双方最终差异过大。

3. 及时沟通非常重要

中介机构应在每天的工作结束后，在群中共享当天的资料并简短列明发现的情况。这样才能让投资机构相关负责人及时提出反馈意见，修正尽调计划，避免尽调偏离方向。中介机构不要闷头工作，等到现场工作已经临近尾声才发现问题，就来不及补救了。

4. 扮演好各自的角色

投资机构、财务尽调机构和法律尽调机构在尽调中扮演的角色是不一样的。

投资机构在财务尽调之前一般已经做过一轮尽调，对企业情况比较了解，所以在第三方尽调中应该把提问的机会留给中介机构，让他们充分地发现问题。

财务尽调是中介机构尽调的核心，其可以串联财务、业务和法务的各项工作。因此，财务尽调机构要提前充分了解行业和业务，对访谈哪些部门、问哪些问题，要心中有数。

法律尽调的任务是发现企业的风险与问题，一般现场核查时间较短，所以主要从文件查阅入手，多看多问；至于业务内容，应该了解但不需要像会计师那样深入了解。

FA 的定位应该是协调和对接（比如协调安排好访谈人员、日程、资料对接）。不建议 FA 在尽调中过多发表意见，尤其是在企业人员接受访谈时，FA 不能发表观点甚至代替其回答问题。

首先，FA 本身不是业内人士，在大部分情况下，其是转述创始人的观点，并加入带推荐性质的表述，这无法帮助中介机构更好地理解企业的业务，甚至容易误导中介机构。其次，中介机构在访谈时提的问题是有设计的，很多时候并非只想知道答案。比如采用针对不同人员提相同问题的方法，以验证说法的真实性或者测试不同职位对同一问题的理解差异性；这本身也是对企业人员的一种尽调，是尽调内容的一部分。

在有条件的情况下，投资机构应至少派一名熟悉项目情况的资深人员在现场工作，其主要工作是：协调各方，了解进度；及时与总部沟通汇报。

第一，防止企业在尽调时人为设限，限制中介机构的尽调范围，阻碍其查阅资料。比如，笔者曾经在某项目中遇到这样一种情况：财务尽调机构在进场后与企业初次沟通时遇到了问题，企业要求尽调范围为最近 1 年，而投资机构要求是最近 3 年。会计师立即与投资机构现场负责人核实，并且三方开会沟通，如此很快解决了问题。

第二，避免中介机构的推进进度不达预期。比如，在项目中，法律尽调机构的尽调开展进度相对较慢，主要原因在于人员尽调经验不足，在尽调方向和时间安排上缺乏计划性。因此，投资机构现场人员需要及时跟进，提出要求，以避免最终工作结果不达预期。

三、外部访谈

外部访谈是相对客观中立的，因此是验证产品技术和行业情况的一种重要手段。在项目尽调阶段，投资机构一般选择三家以上的外部人员访谈，由投资人自行寻找或者委托专业机构搜寻相关专家。访谈对象可以是产业链上下游厂商人员、竞争对手人员，也可以是该领域的专业人士，比如投资机构人员、中介机构人员等，要求访谈人员对行业的理解和认知相对深刻。

笔者相信，很多投资人在尽调时都遇到过下列类似的情况。在做客户访谈时，客户对企业和产品的评价很好。但是，当做外部访谈时却收到了完全相反的评价，甚至认为该产品价值很低。

投资人该如何利用这两种截然不同的评价进行分析与判断呢？进一步思考，企业外部访谈的意义是什么？它能为投资机构在判断项目方面带来哪些价值呢？

有的投资人在交流项目时喜欢这么说：我问过 ××，他们认为这个企业不行，理由是市场空间太小、产品技术门槛不高、同类产品竞争激烈、对大客户依赖严重……看起来说得没错，这些理由确实是投资机构否决项目的主要原因。

但是思考一下，做出这些判断的依据是什么呢？是否有人给出了判断的理由？做出判断的人是否足够专业？对于这些判断，我们是否做过分析与验证呢？

如果没有，这些只能作为信息，而不能作为下结论的唯一依据。这就像是尽调没有工作底稿一样，结论缺乏基本的支撑，很难让人信服。

所以，对于外部访谈的价值，笔者认为有以下三点。

第一，是什么不重要，重要的是为什么。外部访谈的目的不是听结论，而是听论证过程。

第二，从业务中来，回业务中去。外部访谈的观点必须与业务数据、财务数据相互验证。

第三，有广度，才能有深度。外部访谈更重要的是拓展思路，多维度获取信息，避免存在盲区。唯有如此，方能知道哪个方向需要重点研究和论证。

四、尽调中常见问题的处理

（一）经办人不配合

生活和工作中，我们难免会遇到不愿意配合的人，尽调中也是如此。投资尽调中可能会遇到这样的情况：在要资料的时候，经办人提出这些资料不在尽调范围之内；资料在销售/人力/技术……经办人说自己没有；资料明明没提供，经办人说已经提供过了……

可行的处理方式有以下几种。

1. 非原则性问题——多沟通，多解释，多包容

在这种情况下，建议不管是财务尽调机构还是投资机构，都要尽量主动与企业沟通，理解甚至包容经办人的不配合和不专业。被拒绝后，先了解原因，再沟通解释；如果确实不行，那就记录下来，开会时统一提出，由双方领导确认口径。

需要注意的是，在向上反映情况前，应尽量跟对方打声招呼。在多方合作中，忌讳不跟对方经办人沟通，在沟通群（包含双方领导）中指责对方，这往往会招致对方人员的不满。

2. 原则性问题——先请示，再强硬

如果对方出现明显越界的行为，比如有明显的证据证明对方在刻意隐瞒或者故意不配合工作，就直接与创始人进行沟通。但是在这之前要获得自身上级的同意，确保沟通的内容符合要求。

在大部分情况下，与企业的创始人沟通，是快捷、有效地解决问题的方式，但是要慎重使用这种方式。不要遇到一点小事就找创始人，这会影响企业对你个人甚至是机构的评价。

在这种来回沟通的过程中，投资人会加深对团队的了解。投资人不仅是给钱，在某种意义上还成为了团队的一分子，因此要了解创始团队的处事风格，并评判他们的为人和能力。

当然，在这个过程中，企业也会通过投资人的应对和处理方式来判断其是不是值得合作的伙伴，甚至考虑是否接受投资。从这个意义上讲，在尽调阶段出现的问题和事件越多，越能加强彼此的了解和认知。如果能妥善处理，反而是个加深彼此了解的好机会。

（二）尽调不可以完全依赖第三方中介机构

投资机构经常会聘请中介机构实施尽调。因此，投资人要学会如何与中介机构进行合作。

笔者认为，在任何情况下，投资机构都应该是尽调工作的策划者和执行者，全程把控尽调的方向和进展。而中介机构的作用在于为投资机构提供针对特定问题的具体核查方法和手段（比如调整具体的审计数字等）和人力资源，以节省投资机构的人工和时间成本。理想的情况是，中介机构所做的任何工作，投资机构都清楚地知道如何做并且有能力去做。

因此，尽调完全依赖第三方中介机构的做法是错误的。就像投资人不能完全指望中介机构告知目标企业去年核心业务增长乏力，且主要增长都来自非核心业务；或者让中介机构帮投资人评估创始人的股权比例是否会影响未来融资。

【案例7-1】笔者曾经作为旁听者，参加一个项目的财务尽调沟通会，在会上，几位跟投方的负责人要么在问一些从重要性上讲可以忽略的问题。比如，模拟调整中的社保补缴、坏账计提的影响数到底是30万元还是35万元；要么就是在跟会计师探讨某个会计调整的方法。终于有位跟投方的投资人提了一个有价值的问题："关于报告期内不同业务的毛利率变动的原因是什么？"结果，领投方的负责人回答："这是业务层面的问题，不在财务尽调讨论的范畴。"

就像前文提到的，业务、财务、行业是不可分割的一体，将财务与业务拆分开来由不同的人负责，就会导致每个人都只看到一个面，无法从整体对项目形成全面的认知，从而导致团队成员之间很难在同一个方面进行有价值的讨论，更不用谈对项目形成真正深刻的认知了。

五、完美尽调

完美的尽调应该是什么样子的？

在笔者看来，所谓的完美尽调，应该是所有重大事项都获得了充分的证据，企业内部数据和外部数据能够相互验证，环环相扣。

但显然，受限于时间和成本条件下的尽调工作是不可能达到完美的。

尽职调查的详尽程度既受到目标企业自身因素的影响，比如发展阶段、体量、商业模式、所处行业、供求关系等，也受到投资机构本身因素的影响，比如拟投资金额、是否领投、自身风控策略等。在很多情形下，往往客观条件并不支持投资机构对目标企业开展详细尽调。

从投资角度出发，我们既要懂得如何完善尽调手段，以趋近完美尽调的目标，同时也要学会如何利用有限的信息进行决策。很多时候并不需要搞清楚（很有可能也无法搞清楚）事实到底是什么样的。比如一家企业的财务处理极其不规范，如果想要按照正常方式尽调，需要重新做账，而这几乎是不可能也是没有必要的。合理的方式是按照一定的方法确定规范性所影响的范围，评估保守情况下的财务表现是否能够被接受即可。

第八章　决策流程概述

一、评估项目

在完成上述尽调流程并整理了相关资料之后，如何判断是否要推进项目，关注的推进点是什么，这是很多投资人非常困惑的问题。做了很多分析，并没有发现大的问题，是否就意味着可以投资了呢？

在第一章中我们讨论过投资决策的逻辑，在此不赘述项目的评估方法，本章中我们要讨论的重点是如何识人。

二、识人

（一）识人的目的

识人是为了取得项目成功以获得投资回报。对人的评价最终都要落脚在是否会影响项目成功上。

人的以下因素会影响项目成功：

· 创始人的战略能力会影响企业的产品和商业模式；

· 创始人的管理能力会影响企业的内部资源的配置；

· 创始人的营销能力会影响企业的市场推广；

· 创始人的个人背景（工作、学历）会影响其战略、管理、营销等一系列能力；

·创始人的专注投入程度会影响项目的成功概率；

·创始人的年龄、健康状况、家庭背景会影响其专注投入程度；

············

我们把上面所有的影响因素归纳成两类：

·第一，影响成长性的因素；

·第二，影响持续经营的因素。

需要说明的是，关于人的评价涉及的领域比较广泛，并且没有固定的尽调项目和专门的方法，更多是通过在业务、财务、行业、法律尽调过程中发现的问题和事实来进行侧面验证。

（二）识人的误区

网络上有关投资识人的文章中，大多只是罗列词语，比如格局、野心、情怀之类，然后告诉你：投资最重要的是投人，看人的标准是有 N 点，如有格局、有野心、有情怀……，其既不告诉你这些标准跟投资决策有什么关系，也不告诉你怎么通过客观事实来验证，甚至连这些标准本身的含义都无法说清楚。这里把几类所谓识人的谬误做法总结如下。

1. 过分关注缺乏客观标准的事项

比如，是否喜欢吹牛、有没有野心、有没有情怀等。

这类事项本身定义模糊，缺乏客观衡量的标准，并且作为论据而言，无法证明或者支撑论点。如果以这类事项作为评价创始人优劣的标准，甚至进而作为投资决策依据，那么决策就过于主观了。

从尽调意义上讲，如果吹牛是指重大事情上的虚构或者误导，那就是诚信问题，可以按照诚信度尽调的标准和方法实施；如果是无关投资的个人讲话风格，那就不是投资尽调的范畴，因而没有评价的必要。

2. 把防骗作为尽调目的

之前有位朋友给笔者推荐了一本由国外作者撰写的投资尽职调查的书

籍，他信誓旦旦地说，想学会识人就看这本书。

笔者买来看后，大失所望。这本书只是介绍了资本市场有很多骗子，这些骗子会用哪些骗术，但却没有告诉读者，如果不是骗子该怎么投资。

对于投资人来说，每天见到的企业中的人，绝大部分是不够完美的，而不是骗子。这种防骗理论虽然谈不上谬误，但对投资来说参考作用不大。大部分投资人真正想要了解的是如何识人，而不是如何防骗。

3. 超越商业边界

当我们评价别人的时候，应从自身的专业出发。比如，可以评价创始人的市场营销能力偏弱，因为他在市场资源方面的积累较少；或者说创始人的战略能力不强，因为他对未来市场格局的演变认知不够清晰；再或者说创始人的管理能力存在短板，理由是员工离职率过高或者股权激励设置不合理等。

但那些超越商业边界的事项，建议慎重评价。原因有两点：第一，投资人并没有专业能力对商业之外的事情做评价；第二，这类评价对于投资决策而言没有实际意义。

有些人喜欢以文学、历史、心理方面的理论来分析企业家。这种方法可能有用，但不能作为专业技能用于尽调。

有些投资人喜欢从非自然科学角度去做投资决策的辅助工作，比如看相算卦等。但是，如果投资的核心逻辑是依靠这些没有科学依据的证据做决策，那是不妥的。

做商业决策靠的是逻辑。

投资存在艺术性的部分，但那是建立在扎实的科学分析基础上的。

野心、格局、情怀这类问题的分析，或许在高度抽象的决策过程中有意义，但这同样是基于商业逻辑让，在高度凝练后而形成的类似直觉一样的认知。

真正的投资人也许不需要按部就班地从 1 数到 10，直觉可以帮助他直接看到 10。专业投资人如同武林高手一般，用落叶飞花皆可伤人，但初学者该学的是踏踏实实扎马步，勤勤恳恳练武功，而不是直接拿片叶子、摘朵花就上战场。

三、对人的评价方法

经常有人说，投资最重要的是看人。关于看人的标准，投资人经常喜欢用下面这些词：情怀、野心、初心、专注、诚信、勤奋、敏锐、执行力、学习能力、表达能力……

无数学者也对成功企业家的特质做过研究和总结，每个投资人心中可能都有一位理想企业家的形象。但是，即使有如此多的研究成果，当投资人拿着这些所谓的标准去分析创始人时，可能依然感觉茫然：该如何用这些标准来判断创始人是否符合投资要求呢？

这里可能存在一个误会：这些标准其实应该是企业家自身遵从的准则或者努力的方向，而不是投资人用于判断企业家是否优秀的标准。这有点像道德，只能拿来自律，而不能用于衡量甚至要求别人。

从实践经验出发，笔者认为投资尽调识人的标准应该满足两个条件：

第一，能通过具体事件体现或者验证，而不是仅听创始人的主观表达；

第二，对于客观事实反映出的问题应该具有相对客观的评价标准，而不会因为个体主观感受不同而形成多种不同的观点认知。

比如，我们可以根据"一个人多次无理由违约"的事实得出其"诚信度缺失"的结论，但是很难根据"一个人在很多人反对的情况下坚持做某事"的事实得出其"高瞻远瞩，坚定不移"的结论，因为项目一旦失败，这种坚持很有可能就变成了"刚愎自用，一意孤行"。就像某知名消费项目的创始人在成功之前被投资人评价："学历平平，没正经上过班，说起话来表情平静，没有感染力。"结果企业上市后，投资人的评价就变成了："性格沉稳，喜怒不形于色，拥有消费品创业者的优良品格。"

综上，笔者将有关人的评价标准分成两类：

第一，硬性标准，指外在显性的因素，比如性别、年龄、学历、职业、家庭背景等；

第二，软性标准，指内在隐性的因素，其无法量化分析，只能通过具体事件体现，比如成功欲望、战略能力、管理能力、营销能力、个人品德等。

下面以星级来表示不同因素的重要性，5星代表重要性级别最高。

（一）硬性标准

1. 工作背景

重要性：5星，需要重点关注和详细了解。

在所有硬性标准中，创始人的工作背景（包含其创业经历）是非常重要的因素。一个人是否优秀往往能够通过其工作背景体现出来。工作背景一般可以从以下方面分析。

第一，工作经历与创业项目的关联性。创始人通过工作所积累的行业认知对其创业是非常重要的，尤其在高科技行业中，没有相关行业的从业背景几乎无法在行业内立足。很多成功的创始人往往兼具信息技术和相关行业的双重背景。要警惕完全没有行业背景的跨界创业团队，毕竟隔行如隔山，在没有对行业形成充分深刻认知之前，盲目创新往往很难成功。

第二，工作经历与经营管理方式。创始人的过往工作经历往往会影响他的工作方式和思维方式，销售出身和技术出身的创始人在经营管理风格上往往差异巨大。比如，销售出身的创始人大多勇于开拓，不拘小节；技术出身的创始人大多严谨稳重，注重细节；而具有复合背景的创始人更能兼顾市场与产品技术。

第三，工作经历的真实性。尽调中需要关注创始人在过往工作经历中所担任的最高职务、管理的人员数量以及具体负责项目等情况。这些情况可以通过提问的方式来侧面核实，比如提问负责项目的内容、当时遇到的问题、采取解决的方案等。有些人的简历上虽然显示曾在知名企业任职，但是实际工作时间并不长，担任职务也不高，难以接触核心业务。

第四，是否有创业经历。需要关注创始人是否有创业经历，尤其是失败的创业经历，因为以往的失败创业经历很能体现出创始人的某些特点，比如商业思路、执行力、管理能力等。一次成功的创业经历可以为创始人提供良好的背书。

2. 学历背景

重要性： 4 星，必要不充分，要结合行业综合分析。

学历背景对于创始人来说是一个非常重要的因素。在信息技术领域的项目中，笔者见过的有投资价值的项目中，创始人均拥有 985 或 211 大学的第一学历和硕士以上的最高学历，拥有海外知名高校留学背景，曾担任知名企业高管等不在少数，也不乏国际顶级专家。

在 To B 硬科技领域，学历几乎是创业成功的必要条件。它不同于 To C，可以依靠模式、流量来快速做大。To B 项目属于厚积薄发的类型，前期需要漫长而艰辛的探索与积累。如果把 To C 项目比喻成太极拳，那 To B 项目就像是举重，没有取巧的空间，技术与产品不行，企业就很难生存。

而判断技术与产品的优劣，从创始人的背景能窥见一斑。如今越来越多的高科技行业涉及多学科的融合，员工学历背景要求普遍较高，并且很多领域的人才在国内较为缺乏，如果创始人没有出众的学术背景，既很难担起领导团队开发产品的重任，也很难吸引优秀的人才加盟。这也是很多传统企业创始人主导转型高科技行业的项目往往失败的原因，这涉及企业文化和团队管理的问题，并不是只靠资金就能解决的。具有优异学术背景的创始人往往能从自身的圈子吸引到足够多的优秀人才，也更能获得客户的肯定。

当然，学历并不是创业成功的充分条件，我们在判断项目时绝对不能唯学历论，还是要根据企业具体情况来判断。

3. 家庭背景

重要性：3 星，特定情况下会构成实质性影响。

由于涉及个人隐私，在尽调中一般不会问也不会强制要求创始人披露家庭情况，尽管笔者认为这是个非常重要的因素。比如，父母的背景与资源对孩子创业的助力作用不言而喻，家庭资产状况会影响创始人的创业动机和心态，夫妻双方的婚姻状况会影响股权稳定性等。

下面举例说明。

【案例 8-1】笔者曾经遇到一个针对电力领域的创业项目，其是国内细分领域中排名第一的企业，吸引了不少投资机构的投资。该企业在国内拿下了多个省的电力信息化建设项目，但我们在尽调时发现其虽然业务规模较大，但是实际质量不高，基本以转卖第三方产品为主。我们很奇怪为什么该企业获得诸多项目而不自己生产相关产品，后来得知该企业创始人的父亲在电力系统内担任要职。这里反映出一个问题：家庭背景对于投资来说是把双刃剑，创始人可能会因此得到助力而成功，也可能会因此形成虚假繁荣而掩盖其问题。

【案例 8-2】关于夫妻创业。这里的夫妻创业是指夫妻双方都担任公司管理层要职，而不是仅持股或者担任闲职。至今遇到的夫妻创业的项目大概有十几个，个人看到的情况是能成功的，但往往是夫妻一方退出了。原因也比较简单。一个好公司往往是依靠团队而不是完全依靠一个人，越大的公司越是如此。这个人往往并不一定是公司最早的创立者。而夫妻创业，往往很难打造出一个氛围良好的合伙人团队，因为夫妻关系给这种平等竞争的合伙人团队氛围造成了天然的不对等，使得其他合伙人很难认为夫妻一方在做判断时能够真正站在公司的角度而不夹杂私人情感。因此以夫妻为核心的创业公司很难真正吸引到优秀人才的加盟。经常看到的情况是，夫妻创业的核心团队就是夫妻二人，最多再加一两个技术或者销售高管。夫妻创业虽然保证了自己的控股地位，但也很难吸引到优秀人才加盟。

4. 年龄

重要性：3星，特定情况下会构成实质性影响。

什么年纪适合创业是一个值得讨论的话题。笔者在项目中既遇到过很多不到 30 岁的青年才俊，也看到不少 60 岁以上的创业人。年龄本身不会成为一个直接的限制因素，我们还是要结合具体情况来分析。

对于年轻创业团队，投资人应该重点关注团队对行业的理解和认知是否足够深刻，以及在行业内积累的资源是否能够支撑其创业项目。

对于年纪大的创始人，投资人则可能要额外考虑其身体状况、预期的退休时间、创业的动力等。这会让投资人做投资决策时考虑更多的因素。

所以，实践中大部分项目的创始人年龄在 30~50 岁。这确实是一个创业的黄金年龄。

5. 性别

重要性：2星，不会构成实质性影响。

对于女性创始人，投资人一般不会另眼看待。

（二）软性标准

有成功潜质的创始人需要具备哪些内在的品质和能力？这点并无定论。不同背景、不同性格的创始人都有成功的可能和原因。在笔者看来，拥有下列品质和能力的创始人成功的概率相对较高。

1. 成功欲望

一千个观众的心中有一千个哈姆雷特，成功创始人的形象在每个人心中是不同的。但无论创始人的背景和性格如何，有一点是相同的，那就是都对商业上的成功有着强烈的渴望，会竭尽所能达成目标。强烈的成功欲望是让他们保持前进动力和拥有强大毅力的源泉。对于创始人来说，创业是一项破釜沉舟的勇敢者游戏，需要打起十二分精神，使出浑身解数来取得成功。这也是为什么兼职创业的项目很难获得融资。

在尽调时，投资人需要对那些兼职创业、代持股权、创始人权责不清的团队进行核实，如果没有充分的理由，这类情况都有可能是创始人留给自己的后路。而往往有后路的创始人很难聚焦在项目本身，更不会在项目遇到困难时继续坚持做下去。

2. 战略能力

战略能力，笔者将其理解为一种在关键节点上做选择的能力。比如企业的产品研发方向是选择 A 还是 B，企业的商业模式是选择定制开发还是标准化生产，企业的拓展策略是向全国铺开还是聚焦区域，企业的销售模式是直销还是代理，核心团队成员是选择同学、同事还是亲属……

创始人的能力会影响上述事项的选择，而选择会影响企业的命运。投资人在尽调时要注意了解企业过去在重大事项上做出的选择，这些选择是如何做出的，对于企业的发展带来了哪些影响；尤其是在遇到困境时是谁找到方向的，又是如何破局的……这类事例可以非常好地验证创始人的战略能力和主要成员在团队中的地位和重要性。

【案例 8-3】某企业的创始人最初是 A、B、C 三人，C 的年纪最小，曾是 A 的下属。我们在尽调访谈中了解到，原本三人中 C 的股权比例最低，C 是逐步通过授让 A、B 的股权而成为控股股东的。原因也很简单，虽然 A、B 相对资深，但是 C 在很多关键事项上的判断是正确的，并且一路带领企业成长起来，因此在三人之中逐渐脱颖而出。C 控股地位的获得很好地证明了其战略能力。

3. 管理能力

管理能力具体包括以下三个方面：

· 各司其职，指能够根据管理团队成员背景与能力将其分配到适合的岗位；

· 分工合作，指打造良好工作氛围，让成员之间能够形成良性合作；

· 招贤纳士，指不断吸引优秀人才加盟企业，壮大优化企业的管理团队。

在尽调时，可以从下列方面来验证创始人的管理能力：

· 管理团队素质；

· 管理团队职责分工合理性；

· 管理团队对企业整体目标、发展情况的认知与认可程度；

· 管理团队的绩效考核指标（合理性、历史完成度、奖惩机制等）；

· 管理团队及员工整体的精神面貌。

管理团队素质可以从团队成员的学历和工作背景等方面判断，前文已述，不赘述。

管理团队职责分工可以从团队成员的岗位与职责设置的合理度来分析，比如职责划分是否清晰，是否存在岗位冲突、多头管理等情况；部门负责人的能力和背景是否与其职位匹配（比如是否存在无研发实操经验的人员担任研发负责人的情况）。

可以从管理团队访谈中了解管理团队对企业整体目标和发展情况的认知度。好的管理团队既要各司其职，也要齐心协力，因此核心成员需要对企业整体情况有充分的了解和认知。在访谈中，如果发现管理团队成员对企业整体状况或者其他部门业务存在不愿评价或者不甚了解的情况，需要考虑企业创始人是否不愿意与团队成员共享信息，以及团队氛围是否紧张、成员之间是否存在矛盾。如果成员对企业的目标和方向不认可甚至做出负面评价，就需要考虑业务是否存在问题，比如销售负责人抱怨业绩指标设的高，研发负责人认为研发方向总是在变等。当然，这些问题也可能是个体原因所造成的，比如，担心在投资人面前讲错话、因个人能力不足而抱怨团队等，因此不能单凭访谈内容轻易下结论，还要结合其他尽调事项综合判断。

管理团队的绩效考核指标可以体现企业的业务核心指标以及指标向下传导的机制；企业内部业绩考核指标可以侧面印证管理层给出的盈利预测的真实性；从过往绩效指标的完成度可以验证企业在绩效指标制定方面的谨慎

性；而奖惩的力度可以用于判断团队对于绩效完成的重视程度。

不建议将管理团队及员工整体的精神面貌作为必备的核查事项，因为在一般情况下无法做出客观的判断。这类事项没有明确的验证标准，判断时主观性较大，因此参考价值较低。正常企业的员工精神面貌并无特别大的区别。只有在某些非正常情况下，员工的精神面貌才能反映出一些问题，比如员工普遍迟到、早退、上班普遍无所事事等。但是这种情况在现实中很少发生，因为一旦发生说明企业的管理问题已经很严重了。此外，不同行业的企业，不同岗位、不同习惯的员工的作息时间有差异，这很正常。因此，并不能通过一两天简单观察员工加班与否、员工是否忙碌等情况得出企业的管理水平好坏的结论。

【案例8-4】笔者曾遇到一家外企，该外企经管理层收购转为内资，客户也由外企变为了国企。这种转变是深刻的，但是企业的管理氛围却没有变化。团队在客户拓展和内部流程写作方面依然存在过于谨慎和流程化的问题，导致在尽调过程中出现了看似无关紧要却因为流程化问题而人为造成的障碍。尽管企业管理很规范，但却是以牺牲效率为代价的。在它所属的特定行业中，在激烈的市场竞争环境下，其被高效的民营团队越甩越远。

4. 营销能力

营销能力对于市场拓展非常重要。尤其在创业早期，很多创始人都兼任销售负责人，因此产品是否能够打开市场，很大程度取决于创始人的营销能力。此外，营销能力也会影响企业对于外部资源的获取，比如政府补贴、银行授信、机构投资、荣誉奖项等。

营销能力一般体现在以下方面：建立关系的能力；主动沟通的意识；说服力等。

营销能力的验证方式有很多，可以通过相关人员的表达来感性地认知其性格、背景、逻辑思维能力、沟通主动性等。外向的、健谈的、思维敏捷的创始人往往具备较强的营销能力；也可以结合企业的业务发展情况、客户构成情况等来判断。

在很多时候，营销不仅是一种能力，更是一种意识。创始人个人的营销能力不足可以依靠团队其他成员的营销能力来弥补，相对而言，创始人对于营销的重视程度不够的问题更为严重。尤其是某些技术类背景的创始人可能会存在重研发、轻营销的问题。对于营销布局考虑较少、投入不够、思路不清等问题都会影响企业未来的业务增长。上述问题可以从创始人的行事方式来验证，比如，大多数中早期项目的创始人是需要亲自跑市场的，如果创始人完全依赖于其他人来拓展市场，那么其营销能力或者态度就值得怀疑。

5.个人品德

此处所谓的品德是指企业创始人应该具备诚信意识、契约精神以及对法律的敬畏之心。品德反映了创始人处理问题和运营企业的底线思维，会影响企业的持续经营能力。

品德可以通过下列事项验证：企业创始人与其他股东或者第三方是否存在过纠纷、是否有债务逾期、是否有员工劳动纠纷、财务是否刻意粉饰以误导投资人，企业是否有过重大的行政处罚、企业是否有过违规经营行为等。

【案例8-5】笔者曾经遇到过一家在业务方面发展良好的企业，其产品获得业内一致高度评价。但是其在财务数据方面存在一定水分，同时创始人对未来预期很高，盈利预测很乐观，这个本来是较为常见的现象，没有给投资人的判断造成大的负面影响。但在尽调时，发现企业曾经多次出现委托中介租房后不支付中介费并最终被法院判处强制执行的情况，同时创始人曾有因黑客行为而入狱的记录。于是，结合创始人的前述问题，投资人对创始人的品德问题表现出了较大的担忧，并最终影响了投资的决策。创始人早年间的错误及其后来的不支付中介费行为，反映了创始人短视重利、诚信度较低的问题。而这种问题会给投资带来较高的风险，因为创始人的行为很难预测和管控，其给出的承诺也很难让人相信。

第四部分

尽调报告篇

本部分主要以范例的形式为读者展示尽调报告的具体形式和内容，并提供相应的撰写技巧与建议。本书选取了非常重要且常用的两种尽调报告类型：投资建议书和财务尽调报告。

第九章　投资建议书

　　不论尽调以何种方式实施，尽调结果最终还是要体现在具体的报告中。一份结构清晰、重点突出、逻辑严谨的报告是尽调结果的体现。投资建议书是投资机构用于内部上会决策的核心报告文件，综合覆盖行业、业务、法律、财务、投资方案等各项内容，一般由投资机构人员自行撰写。投资建议书本身也是一种推介文件，用来向投委会介绍投资人所推荐的投资项目。专业的论证过程、清晰的表达逻辑、简洁的展现形式，都能够帮助投资人更好地说服投委会。反之，本身质量优良的项目也可能因为糟糕的投资建议书而过会失败。投资人应该对投资建议书的撰写方法予以高度重视。

　　由于不同行业、不同阶段的投资项目的分析方法和关注重点不同，并且不同机构的格式标准与偏好亦有区别，这会对投资建议书最终的呈现形式造成差异化的影响。本章内容仅作为参考，实践中可能需要根据具体项目的情况进行调整。需要说明的是，本章所引用的投资建议书中所有内容均经过模糊化处理，读者仅需参考写作方法和格式即可。

一、投资建议书概述

（一）实践中存在的问题

　　根据对不同机构的投资建议书的分析，笔者总结出撰写投资建议书存在的一些共性问题。比如，结构混乱：有些投资建议书将"业务与技术"与"公司与团队"合并在一起作为公司情况进行介绍，业务尽调内容与法律尽调内容随意穿插，让人很难理解其思路。比如，关键内容缺失：有些投资建议书缺乏盈利预测、投资收益测算、市场规模、投资结论等内容。比如，相同标题下的内容完全不同：有些投资建议书在"竞争格局"章节中撰写的是产业链情况，有些在"财务分析"章节中只是简单罗列三张报表，不做任何分析。比如详略失当：不同投资建议书在业务部分、财务部分、行业部分、法律部分等核心章节的篇幅配置方面差异巨大，有些会花费 1/4 的篇幅来描述公司的历史沿革。

实践中，不同机构、不同从业者的报告有所差异可以理解，但是如果每个项目、每份报告，甚至每个章节的撰写规范都迥然不同，这就不太合理了。明明有更适合的内容、更妥当的表达方式、更合理的阐述角度，但是投资人限于个人的认知深度，往往在每次撰写时都是根据个人经验从零开始搭建结构。**而这个问题的根源在于大部分投资机构都缺乏标准化的撰写规范。**投资人在撰写时能够参考的内容基本只有目录框架和过往项目的投资建议书，而后者的内容质量往往也因人而异，其中存在谬误的亦不在少数。此外，投资建议书本身属于投资机构内部的保密文件，因为会涉及具体项目的保密信息和机构承担的保密义务，一般不会分享给外部人员，甚至在内部的分享方面也会有所限制。因此，不同投资机构之间很难进行交流和学习。当然，无论什么原因，我们看到的非标准化的最大问题就在于增加了阅读者的理解成本，增加了撰写者的写作成本，更增加了投资机构内部的沟通协作成本。

首先，投资建议书是一种应用文体，其目的是向阅读者展示投资项目情况。因此，其保持相近的框架与结构，才能最大限度降低阅读者的理解难度。如果同一个投资机构的每份投资建议书的格式都不同（实践中存在不少这种情况），那么阅读者要花费大量的时间梳理投资建议书的结构，这无疑增加了理解的成本。其次，保持投资建议书结构统一，能够降低撰写者的写作成本和投资机构内部的沟通协作成本。如果每个人在撰写投资建议书时都要自行创作一个框架，那耗费的时间和精力有多大可想而知。最后，每个人的认知能力、思考方式与偏好不同，投资建议书的创作质量参差不齐。因此，机构内部使用同一套成熟的撰写规范，是一件对于内部和外部而言都能降本提效的事情。

（二）投资建议书的撰写规范

根据对不同机构投资建议书的分析，笔者总结了投资建议书的撰写规范，投资人可以在此基础上进行调整并归纳出适合自己的撰写规范。

1. 目录结构

投资建议书一般包括以下章节：

- ·项目概要；
- ·行业与竞争；
- ·业务与技术；
- ·公司与团队；
- ·财务分析；
- ·投资方案与收益预测；
- ·投资风险；
- ·结论。

2. 展示形式

VC 阶段的投资建议书尽量以 PPT 形式展示。有些投资建议书的形式以 Word 形式为主，适合阅读，而不适合演示。考虑到投资建议书的主要用途是向内外部相关人士演示讲解，建议采用 PPT 形式，这也是目前大部分投资机构所选择的方式。

3. 篇幅配置

通常情况下，VC 阶段投资建议书的篇幅在 100 页左右。篇幅过短会导致必备内容缺失，无法将项目阐述清楚；而篇幅过长则可能添加了多余的内容，由此会导致结构失衡、详略失当，增加内部审核和上会表决的沟通成本。根据不同机构的投资建议书的篇幅数据，笔者建议参考以下各部分篇幅比例：

- · "项目概要"的篇幅占投资建议书全篇的 5% 左右；
- · "行业与竞争"的篇幅在 20% 到 25%；
- · "业务与技术"的篇幅在 25% 到 30%；
- · "公司与团队"的篇幅在 15% 到 20%；
- · "财务分析"的篇幅在 15% 到 20%；
- · "投资方案和收益预测"的篇幅在 5% 左右；
- ·其他部分的篇幅建议在 5% 左右。

二、项目概要

在大部分的投资建议书中，"项目概要"一般包括下列内容：

- ·公司简况；
- ·业务概述；
- ·投资方案概述；
- ·主要财务数据；
- ·交易概述；
- ·投资亮点。

下面将对重点内容予以讲解。

（一）公司简况

"公司简况"可以使用表格或者一段简短文字表述呈现，内容以工商登记信息为主。该部分作为公司基本情况（即法律尽调部分）的概要，应尽量简短，建议只列示公司名称、成立时间、注册地（办公地）、注册资本和法定代表人等即可，诸如股权结构、员工人数、管理团队等内容不在此处列示，否则有重复之嫌。公司基本信息范例如表 9-1 所示。

表 9-1　公司基本信息

项目	基本信息
公司名称	ABC 科技有限公司
注册资本	3 000 万元
法定代表人	张三
成立时间	2011 年 2 月 1 日
公司注册地	北京市昌平区 ×× 路 ×× 号 1 号楼 205 室
公司办公地	北京市海淀区 ×× 路 ×× 号 4 层
经营范围	技术开发、技术咨询、技术转让、技术服务；计算机系统服务；经济贸易咨询；销售计算机、软件及辅助设备、电子产品、机械设备、日用品、文化用品

（二）业务概述

"业务概述"的作用只是帮助阅读者初步了解公司的主营业务和产品，因此建议以一句话或者一段简短内容来概括即可。比如："目标公司为工业客户提供用于测绘与地理信息、巡检、安防监控与应急领域的工业无人机软硬件系统"。

实践中，这部分内容常见的问题是直接照搬目标公司的商业计划书，内容啰唆且空洞。比如："ABC 科技有限公司是服务于产业互联网领域的工业软件产品开发商及服务商，深耕 ×× 行业二十余载，聚焦智能工厂解决方案、工业互联网生态和智慧市政建设，致力于帮助客户实现从自动化到信息化、智能化的转型。目标公司近年来不断拓展产品线和所覆盖的行业，一方面积极融入以融合创新为主流的工业互联网和智能制造生态圈，另一方面以提高核心竞争力为原则打造自有产业生态系统。产品和服务立足于工业 2.0 与工业 3.0，并向工业 4.0 拓展。"这类表达方式在投资建议书中经常出现，其主要问题有两点。第一，无法给阅读者提供有价值的信息。案例中的表述既没有明确说明产品形态或功能等重要信息，也没有提及主要客户的类型或者行业。第二，语言风格有明显的广告宣传痕迹，不够中立客观，且"聚焦智能工厂解决方案、工业互联网生态和智慧市政建设""积极融入以融合创新为主流的工业互联网和智能制造生态圈"等表述的含义不明确。

（三）主要财务数据

"主要财务数据"一般展示最近 2~3 年和未来 1~2 年的目标公司合并报表范围的财务报表口径的主营业务收入、归属母公司股东的净利润、总资产和净资产四个指标。主要财务数据范例如表 9-2 所示。

表 9-2　主要财务数据

单位：万元

项目	2×19A	2×20A	2×21E	2×22E	2×23E
营业收入	12 786	26 986	36 820	101 800	13 550
净利润	1 744	2 608	4 112	11 064	15 460
总资产	29 322	49 956	134 473	—	—
净资产	7 293	28 628	51 938	—	—

（四）交易概述

"交易概述"部分的描述应尽量简明扼要，因为有专门章节对其进行描述。建议仅列示投资金额、投后估值、退出时间、退出方式和预计投资收益率等内容。比如：

- 投资方式：增资；
- 投资金额：基金出资 2 000 万元，股权比例 10%；
- 投资价格：投后估值 2 亿元；
- 预计退出时间：2×24 年；
- 预计退出方式：IPO；

· IRR：32.54%~45.35%。

（五）投资亮点

1. 投资亮点的层级

有些投资建议书将投资亮点（也称为投资逻辑）单独作为一个章节，与项目概要、公司与团队、业务与技术、行业与竞争等并列，甚至以投资亮点直接替代项目概要。对此，笔者提出以下观点。首先，将投资亮点作为单独部分列示的做法并不合理。因为投资亮点内容较为简单，而项目概要、公司与团队、业务与技术、行业与竞争等应有专门讲解尽调内容的章节。其次，以投资亮点代替项目概要的做法也不可取，因为二者内容和作用并不相同。项目概要是将投资建议书的核心内容抽取出来，目的是方便阅读者快速了解项目整体情况，其内容不一定都是投资亮点；投资亮点是对投资的核心逻辑的概括，也无法完全涵盖项目概要的内容。因此，建议将投资亮点作为项目概要的一个子部分进行列示。

2. 投资亮点的撰写规范

投资亮点是对各个部分的总结，因此既需简明扼要又要考虑周全，它应该包含业务、行业、团队、财务、投资方案等各个方面的亮点，并且对应的内容在投资建议书的不同章节中有更详细且具体的解释，以前后呼应。建议以小标题或者"小标题＋阐释内容"的方式来概括，按照"行业—业务与产品—竞争优势与行业地位—团队与管理—财务—基金偏好"等思路来阐述。比如："工业软件是工业互联网的基石，在国产化替代的趋势下，具有长期发展潜力（行业）；在工业软件制造中，生产控制是智能制造的关键，××软件是生产控制的核心，目标公司处于管控一体化枢纽环节（业务与产品）；目标公司是××行业龙头，其产品具有稀缺性，××产品线形成坚固"护城河"（竞争优势与行业地位）；目标公司自我进化能力强，组织架构、产品线、商业模式的转型已经取得突破（团队与管理）；目标公司财务状况良好，收入持续增长，盈利水平较高，账面现金充足，不存在偿债压力（财务）；目标公司的业务方向与本基金的产业背景高度契合，符合本基金投资方向（基金偏好）。"

三、行业与竞争

行业与竞争，也称为行业与市场、行业分析、行业情况等。不同的名称所指代的内容是相同的，在这里我们统一称为行业与竞争。该部分的撰写较为灵活，可以根据不同情况来调整行文结构。比如，对于新兴且小众的业务需要增加对市场需求真实性的验证，技术驱动型的企业对于技术原理和技术演变过程等内容应该重点描述，专利依赖性较强的企业应该加强对专利情况（尤其海外专利）的分析（比如可以增加 FTO[①] 调查等内容）。同时，可以相应缩减有些内容，比如：对于研发尚未完成的医药类项目，可以相对简化财务分析内容；对于处于天使阶段尚未推出产品的项目，可以简化业务与技术内容。

（一）实践中存在的问题

在对不同机构的投资建议书进行对比分析时，笔者看到几乎每份投资建议书的行业与竞争的内容与结构都不一致，资料堆砌、结构混乱、逻辑矛盾、内容空洞、关键内容缺失等是很多投资建议书所存在的共性问题。以下列投资建议书中行业与市场的描述为例。

【案例 9-1】（1）医药创新土壤已形成：2×15—2×18 年，我国医药创新顶层设计已趋完善（行业政策）。

主旨：医保控费将成为常态，仿制药空间将被压缩，政策对创新药给予

①FTO，Freedom to Operate 的缩写，直译为"自由实施调查"，是指对企业实施的技术是否侵犯他人的专利权进行尽职调查和发表法律意见，并做出是否侵犯他人专利权的结论。

支持和倾斜。

（2）创新药支付端改革：支付端向需求更大的创新药领域倾斜（行业政策）。

主旨：对第 1 点进行进一步解释，医保支付存在压力，因此仿制药利润空间会被压缩，为创新药提供发展空间。

（3）创新药资本市场制度改革：资金退出渠道大放绿灯（行业政策）。

主旨：科创板、港股等证券市场对于创新药企业在上市条件上均给予支持，医药上市企业受投资人追捧，估值处于高点位置。

（4）我国创新药市场后发优势一：研发服务产业链高度发达（产业链）。

主旨：国内中小型创新药企业受益于研发服务产业链的高度发达，具有显著的研发、生产成本优势。

（5）我国创新药市场后发优势二：药品销售服务分工体系成熟（产业链）。

主旨：我国已有成熟的医药销售服务产业链，初创型药企可与销售服务企业合作，而无须自建销售团队。

（6）我国创新药核心应用领域：抗肿瘤和自身免疫性疾病用药需求最大（市场结构）。

主旨：主要列举了三组数据。第一，中国肿瘤新发病例在全球居前；第二，癌症是居民死亡第一大病因；第三，全球各疾病药物按销售额计算，抗肿瘤和免疫性药物金额最大。

（7）肿瘤与免疫性疾病的治疗手段演化：临床治疗及技术向小分子靶向药和抗体药治疗发展（行业发展趋势）。

主旨：肿瘤治疗由化疗药物向抗体药方向发展；免疫性疾病由替代治疗及抗感染治疗向小分子靶向药、抗体药方向发展。

（8）我国创新药市场的主要构成：小分子靶向药和抗体药各有优势（概念解释）。

主旨：列举了小分子靶向药和抗体药的具体优势。

（9）我国创新药市场发展趋势：抗体药未来增长潜力巨大（市场规模及增速）。

主旨：分别列举了小分子靶向药、肿瘤抗体药、免疫性疾病抗体治疗的市场规模和增速。

（10）抗体药核心技术瓶颈：成熟的转基因××平台稀缺，是制约行业发展公认瓶颈（行业界定）。

主旨：说明了转基因××平台的重要性和抗体药制备流程。

（11）转基因××平台：拥有巨大市场价值，专业技术壁垒高，多为跨国企业垄断（主要竞争对手）。

主旨：列举了三家国外企业被收购的估值以及基于各自平台研发药物的销售额。

（12）转基因××平台：目标企业的平台得到业内高度认可和全球广泛使用（主要竞争对手）。

主旨：列举了市场上同类企业的情况。

该案例中的目标企业主营业务为药企提供创新药物研发平台服务。该投资建议书用了12页PPT对行业情况进行描述。其主要问题在于：首先，从每页标题所组成的内容来看，该建议书的内容是散乱的，缺乏逻辑主线；其次，目标企业的核心业务是××研发平台服务，但对于该内容的描述只有短短3页，将大量篇幅花在了创新药行业（实际是其下游客户）的分析方面，详略布局失当；再次，由于篇幅设置不当，很多必备内容缺乏，没有描述转基因××平台行业的发展历程、行业发展趋势、产业链结构、竞争格局等关键内容；最后，描述过于空洞，大部分内容是摘抄第三方的行研报告内容，有明显的拼凑痕迹。

造成上述问题的根源其实是前文所述的缺乏灵活性。在基本的撰写规范缺失的情况下，投资建议书未体现出其作为应用文体承载的特定作用和目的，而这也导致很难评价投资建议书中行业与竞争章节质量的优劣。为了应对上述问题，笔者建议先从基本的撰写规范入手，在确定基本内容框架的基础上，再讨论哪些结构或者内容可以优化。只有先按照固定模式不断练习，才会熟能生巧；反之，如果每次撰写思路都不一致，就很难形成有效积累。

（二）目录结构

结合不同投资建议书的撰写情况，行业与竞争部分的目录应该包含以下内容：

- 行业界定；
- 行业逻辑；
- 行业发展历程；
- 行业现状；
- 行业发展趋势；
- 产业链分析；
- 竞争格局；
- 主要市场参与者。

当然，在写作中，具体的顺序可能有所不同，各自的篇幅设置也有所差异。

（三）行业界定

在行业与竞争部分中，有些内容属于故事的正文，有些内容则像是故事的旁白，虽然并不是故事的核心内容，但如果不说明就无法理解故事本身。"行业界定"就属于后者。这部分内容不需要很长，其作用是将所要描述的基本概念界定清楚，避免产生歧义。无论是对阅读者还是对行业专家而言，一份优质的投资建议书应该是易于理解的。

在通常情况下，如果公司的产品功能与下游客户明确，比如冰箱属于家电行业，那么其行业界定就相对简单。但是对于很多新兴行业而言，尤其是涉及多个细分领域和多种技术的行业，在行业界定时就会遇到困难。比如，公司为客户提供大数据和人工智能信息化平台，既包含软件产品又包含硬件产品，既有自有产品又有外购产品，那该如何界定公司所属行业呢？它应该属于计算机行业，还是软件行业、硬件行业、大数据，或者人工智能行业呢？

1. 主要问题

在实际撰写中，常见的问题如下。

第一，照搬招股说明书的表述。有些投资建议书会直接模仿招股说明书中的表述。在招股说明书中，关于行业界定的表述一般为："公司的主营业务为 ×× 电子产品的研发、生产和销售，并为客户提供 ×× 电子解决方案，主要应用于智能移动终端、智能交通、文娱传媒、智能家居、运动时尚和办公教育等行业。根据中国证监会《上市公司行业分类指引》（2012 年修订），公司所处行业属于'C39 计算机、通信和其他电子设备制造业'。"

招股说明书的行业界定主要是用于确定同行业对比指标、参考同行业市盈率等，同时也作为公司上市后纳入相关行业指数的依据。它相对宽泛，只从宏观方面对公司做了分类，没有充分考虑细分领域的差异。但是从投资角度出发，行业界定需要更细致准确，其意义有二。首先，确定所面向的市场。明确哪些是真正的目标市场，而不是泛泛地讨论那些广阔却无法触达的市场。其次，确定竞争关系。明确哪些是真正的竞争对手，而不是把那些业务实质毫不相关的公司放在一起比较。

第二，照搬商业计划书中的内容。有些投资建议书会直接摘抄公司商业计划书的行业界定。比如："公司的主营业务为提供智能化信息系统综合服务的研发、生产和销售。根据公司目前的业务情况以及未来的发展定位，公司所处行业主要为智能化信息系统集成服务行业。""智能化信息系统集成服务行业"缺乏明确含义，无法据此对其行业进行有效的分析，因此这并非正确的行业界定。

实践中，由于行业界定错误造成行业分析偏离方向的不在少数，而出现这类问题的原因往往在于尽调人员对目标公司的业务理解不到位。前文分析过，核心业务影响公司所属的行业。行业界定应该结合客户与产品进行分析。通常情况下，为相同类型、领域或者行业的客户提供相同或可替代产品服务的公司应该界定为同一行业。比如，为工厂生产设备提供预测性检测与维护服务的公司，不论利用的是电子技术还是声波技术，都应该归属于检测行业。行业界定不应该单纯根据所使用技术进行分析。比如，同样是采用人工智能技术提供服务的公司，一家是提供自研的底层算法产品服务，一家是基于开源技术为客户提供行业应用开发服务；这两个公司所处的行业是不同的，不应该简单地将二者都归入人工智能行业进行比较分析。

2. 撰写规范

撰写规范需注意以下两点内容：第一，行业的基本定义与概念；第二，行业坐标系。行业坐标系是指目标公司所处细分行业在整个大行业中的位置。图 9-1 中的目标公司所处的行业坐标系为"医疗机器人—手术机器人—腹腔镜机器人"。

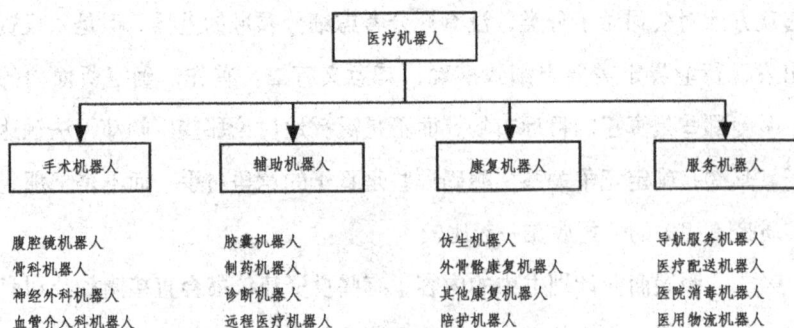

图 9-1　行业坐标系

（四）行业逻辑

"行业逻辑"是对"行业与竞争"的核心内容（而非所有内容）的总

结。尽管并非所有投资建议书都包含这一章节，但是笔者认为，增加该章节可以帮助阅读者更快抓住重点，同时也有利于撰写者更好地梳理思路。

通常情况下，行业逻辑可以按照"问题—措施—机遇"或者"历史—现状—未来"等三段式结构来阐述。比如，某投资建议书中关于行业逻辑的阐述如下："工业软件领域的国产化替代趋势是目标公司未来发展的核心动力。我国工业过去'重硬件、轻软件'，工业软件市场规模在全球占比远低于工业总产值在全球比例，工业软件自主可控性较低，核心领域被外资垄断，国产替代率仅为×%。近年来，受国家人口与产业结构变化、国外技术封锁、国家对工业软件的鼓励与扶持、国内的底层技术发展持续赋能的影响，国产工业软件发展迅速，近5年复合增长率在×%，远高于全球平均增速×%。'重硬件、轻软件'的局面得以持续改善，工业软件行业迎来发展机遇。工业软件具有长期发展潜力，作为工业软件的一种，目标公司的核心产品××软件未来会快速发展。"

（五）行业发展历程

"行业发展历程"这部分的撰写难度低，因为可以从多个角度来阐述，第三方报告资料也往往很丰富，可以利用的资源很多。但要写好这部分却很难，因为要从投资尽调的角度去认知行业发展历程，而不是泛泛了解历史。比如，某项目主营业务是基于人工智能技术的语义机器人平台提供技术服务，其在投资建议书中对行业发展历程的描述如下："1956年著名的达特茅斯会议正式确立了人工智能研究领域。达特茅斯会议由John McCarthy等人于1955年8月31日发起，旨在召集志同道合的人共同讨论人工智能。会议持续了一个月，讨论了包括如何为计算机编程使其能够使用语言、神经网络、计算规模理论，以及自我改造等问题，这次会议催生了后来人们共知的人工智能革命。人工智能的发展也并非一帆风顺，在1956年提出人工智能的核心问题之后，科学家一直在努力实现人工智能的梦想。人工智能在1957年和

1986 年出现了两个发展的高峰，但是由于算法、计算机计算能力以及数据积累的不足，人工智能在 1957 年、1970 年和 1990 年分别陷入了三次低谷。每次低谷都是由于当时的算法和科技水平无法满足人工智能的需求，也都是依靠算法的进化和计算能力的提升而实现突破的。目前由于互联网，特别是移动互联网时代带来的数据积累，以及计算机能力的突破，人工智能再一次爆发⋯⋯"

这个案例的描述明显弄错了行业发展历程的描述对象。目标公司的核心业务是语义机器人平台，人工智能只是其所利用的技术手段。即使撰写者认为人工智能技术很重要，需要对其进行描述，但是并不能以此替代语义机器人行业的发展历程。显然撰写者搞错了行业定位，花费了大量篇幅阐述人工智能的历史，而没有提及目标行业的发展历程。这类错误在投资建议书中并不少见。

正确的描述方式可以参考【案例 9-2】。该案例的行业发展历程部分的内容，从厂家、临床医生和监管部门等 3 个不同角度阐述了超声刀行业的发展历程，分析角度贴近实务，对投资尽调和决策能够产生直接的指导作用，具有较好的借鉴意义。

【案例 9-2】

1. 探索期

（1）厂家：摸索市场。

1997 年，A 公司超声刀上市。2004 年，B 公司超声刀上市。这一阶段的主要厂家有 A 公司、B 公司和 C 公司。超声刀还不是外企的销售重点，A 公司和 B 公司都没有独立的超声刀部门，A 公司由吻合器团队销售超声刀，B 公司由腔镜团队销售超声刀。C 公司的推广力度一直很小，销量很低。三家公司的刀头设计各不相同。B 公司和 C 公司都采用了可以重复使用的刀头设计，A 公司早期采用了可拆卸重复使用的刀头，后来改成了单次使用的刀头设计。

（2）临床医生：初步接受。

一些经常出国的医生率先认识到了超声刀的价值，如××医院××科主任张××、××医院××科主任张××等开始学习使用超声刀，并积极推广。

（3）监管部门：确立收费标准。

全国基本确立了单台手术×××元的收费标准。

2.A公司垄断期

（1）厂家：A公司垄断。

2011年，A公司成立超声刀部门，推广设计耗材型超声刀产品，临床效果显著优于可拆卸的设备型刀头。而B公司直到2016年仍在销售设备型超声刀，C公司一直销售设备型超声刀。A公司超声刀2011年销售额超过×亿元，销售额和完成手术量均超过B公司，占据市场主导地位。2011—2020年，A公司市场份额迅速扩大，历年平均市场份额超85%。2012—2020年，各国产、进口产品先后推出，截至2020年年底，共有××家公司的产品上市。2017年4月，B公司成立独立的超声刀部门，并连续推出耗材型超声刀，重返超声刀市场。A公司刀头出厂价一直保持在×××元左右，终端价×××元。

（2）临床医生：认可产品，重复使用。

一线城市三甲医院的专家全面接受超声刀，但因为收费标准远低于价格，所以不得不重复使用。

（3）监管部门：维持收费标准。

2018年前全国依旧维持单台手术×××元的收费标准，2019年开始降价，2020年多个省份收费约×××元。

3.监管变革期

（1）临床医生：认可国产，开始一次性使用。

D公司、E公司、F公司先后亮相医疗会议，D公司和E公司敢于和A公司同台竞技，一线专家开始认可国产。××省、××省开始严格要求一次性使用超声刀，××等省市部分地区开始一次性使用超声刀。

（2）厂家：集体降价。

2017年，A公司推出出厂价为×××元的刀头；2018年，B公司推出出厂价为×××元的刀头。期间国产刀头出厂价普遍从×××元下降到×××元左右。国产刀头市场份额2016年为×%，2017年为×%，2018年为×%。

（3）监管部门：多省提高临床收费、限价使用、限价招标。

2017年下半年，××市限制部分医院使用单价昂贵的外企超声刀，××省严禁重复使用超声刀。2018年开始，××省严禁重复使用超声刀，同时对超声刀除外收费。2018年上半年，××省限价超标。2018年下半年××、××等省市也先后对超声刀除外收费。

4. 历程总结和终局预测

超声刀历程总结和终局预测如表9-3所示。

表9-3　超声刀历程总结和终局预测

	2018年以前	2018—2020年	未来
监管部门	·全国单台手术收费×××元左右	·近十省开始除外收费 ·部分省份严格要求一次性使用	·1~2年内更多省市实施耗材除外收费和带量采购 ·2~3年内开始全国范围集采 ·更多省市严格要求一次性使用
厂家	·全国平均出厂价×××元 ·A公司垄断	·国产产品开始走出功能期和稳定期 ·所有厂家开始降价，2018年全国平均出厂价×××元，往后逐年下降 ·国产产品市占率稍有提升，首次超过×%	·厂家集体降价，A公司产品出厂价约××元，国产产品出厂价低至××元 ·国产产品打破A公司垄断，占据×%以上市场份额

续表

	2018 年以前	2018—2020 年	未来
临床医生	·肿瘤手术渗透率较高 ·重复消毒使用××次	·肿瘤手术已经广泛应用 ·部分省市部分手术开始一次性使用	·非肿瘤手术渗透率提高 ·一次性使用是主流

（六）行业现状

1. 市场规模及增速

如果说行业与竞争大部分内容都是定性分析，那么行业现状就是为数不多需要定量分析的内容，尤其是"市场规模与增速"。它对企业的财务预测会产生直接影响，进而会影响投资方案。在实践中，大部分投资建议书的数据都是直接引用第三方行研报告，并且数据来源往往单一，缺乏验证，可信程度存疑。有些投资建议书会采用不同来源的数据进行交叉核对，少数优质的投资建议书会阐述自身的测算逻辑，这会让数据更有说服力和参考价值。

从内容方面来看，该部分可以撰写的内容包括：

·全球市场规模和国内市场规模；

·宏观市场规模和细分市场规模，比如，手术机器人与腔镜手术机器人、工业软件与工业控制软件等；

·需求端市场规模和供给端市场规模，需求端和供给端的测算口径不同，其统计的市场规模也会有差异；

·不同数据来源的市场规模的数据对比，需要尽量多收集不同来源的数据进行对比，以尽可能保证数据的客观性；

·自行测算和第三方报告的市场规模的数据对比，对第三方报告中的数据需要进行验证，尤其是在不同来源的数据差异较大的情况下，需要搭建模型进行测算分析。

A 产品市场规模测算如表 9-4 所示。

表 9-4 A产品市场规模测算

序号	项目	单位	2×18年度	2×19年度	2×20年度	2×21年度	2×22年度	2×23年度	2×24年度	2×25年度
a	肿瘤出院人数	万人	500	570	638	702	758	804	844	886
b	增速	%	—	14%	12%	10%	8%	6%	5%	5%
$c=a \times d$	肿瘤手术例数	万例	375	428	479	527	569	603	633	665
d	肿瘤手术比例	%	75%	75%	75%	75%	75%	75%	75%	75%
$e=c \times f$	适用A产品的肿瘤手术例数	万例	300	342	383	421	455	482	506	532
f	适用A产品的肿瘤手术比例	%	80%	80%	80%	80%	80%	80%	80%	80%
$g=e \times h$	A产品完成的肿瘤手术例数	万例	159	188	226	265	305	342	380	425
h	A产品肿瘤手术渗透率	%	53%	55%	59%	63%	67%	71%	75%	80%
i	适用A产品的非肿瘤手术例数	万例	200	228	255	281	303	322	338	355
j	增速	%	—	14%	12%	10%	8%	6%	5%	5%
$k=i \times l$	A产品完成的非肿瘤手术例数	万例	9	11	18	25	36	48	68	89
l	A产品非肿瘤手术渗透率	%	5%	5%	7%	9%	12%	15%	20%	25%
$m=g+k$	A产品完成的所有手术例数	万例	168	200	244	291	341	391	447	514
n	A产品销量	万把	49	67	98	132	190	279	373	467
$o=m/n$	产品重复使用次数	次	3.4	3.0	2.5	2.2	1.8	1.4	1.2	1.1
p	全国平均出厂单价	元	3 500	3 200	3 000	2 800	2 500	2200	2 050	1 800
q	A产品出厂市场规模	亿元	17.29	21.28	29.26	37.00	47.40	61.40	76.43	84.12

核心假设来源如下：

- "肿瘤出院人数"来自《××统计年鉴（2×19）》；
- "增速"来自《××统计年鉴（2×19）》，2×11—2×18年复合年增长率为14%，假设随着肿瘤诊疗渗透率逐渐饱和，2×25年降低至5%；
- "肿瘤手术比例"来自××肿瘤医院和××肿瘤医院的访谈数据；
- "适用A产品的肿瘤手术比例"来自《×××（2×15）》；
- "A产品肿瘤手术渗透率"来自××肿瘤医院和××肿瘤医院的访谈数据；
- "A产品非肿瘤手术渗透率"来自《×××》；
- "A产品销量"来自××协会公布数据；
- "全国平均出厂单价"来自××协会公布数据。

2. 市场描述

关于"市场描述"的角度有很多，举例如下。

产品渗透率及背景原因。比如："受配置许可证政策和高昂价格影响，国内机器人手术覆盖率较低。××机器人采购需要获得大型设备配置许可证，价格高昂（进口价为×××万美元/台），对医院审批和预算压力大。截至2×20年上半年，我国××机器人的装机量约××台，相比于医院数量，覆盖率远远不足。类比大型影像设备，国产机器人上市以后，预计产品价格会降低，配置许可证政策会放开。"

产品销售数量及背景原因。比如："路由器市场广阔，近年来国内每年路由器销量和产量均在×亿台。预计2×21年全球Wi-Fi6终端设备出货量爆发，预计2×23年出货量超过×亿台。根据网络升级的先终端、后侧端的顺序，预计2×22年是Wi-Fi6路由器爆发的元年。目前Wi-Fi6路由器未放量的主要原因是其芯片以及模组价格较高（Wi-Fi5路由器价格为×美元左右，Wi-Fi6路由器价格为×美元左右）。由于市场上路由器质量参差不齐，劣质路由器的上网问题成为运营商网络保修主因，×%的网络报修源于路由器问题。"

行业政策情况。比如："医保目录调整及医保谈判常态化，仿制药等利润空间被压缩，落后产能淘汰，为创新药的市场化提供更广阔的空间。具体如下：第一，医保目录调整常态化。《基本医疗保险用药管理暂行办法（征求意见稿）》出台，医保目录调整频率从最初的 × 年一次到 2×19 年的 × 年更新一次，提升至 × 年一调。第二，创新药获得更优条件。纳入医保目录同时制定支付标准，独家品种通过谈判定价，仅有符合医改大方向的临床级紧缺药品、创新药才可在医保支付中获得较优条件。第三，地方医保目录自主遴选的权利被上收。给予 × 年过渡期，期满后仅纳入国家医保目录品种可获得医保支付。第四，淘汰落后产能。2×19 年医保目录谈判，调出 × 个品种，纳入 × 个创新药品种。"

需求驱动力分析。可以从以下角度切入：产品因素（例如，某类创新药能够对某种疾病产生更好的治疗效果）；价格因素（例如，降价所带来的需求增长。以超声刀为例，因为超声刀之前在国内价格昂贵，一般只应用在肿瘤手术中，随着刀头降价，可以用在一些中小手术中，使得需求量大增）；市场因素（例如，由于境外技术封锁和出口限制，国产化产品的需求增加）；商业模式因素（例如，将原本多次使用的超声刀变更为单次使用的耗材型超声刀，使得超声刀的需求量大幅增加）；政策因素（例如，出于防疫安全等考虑，监管部门要求公共场所出入口配备体温检测仪）。

（七）行业发展趋势

"行业发展趋势"的描述角度如下。

市场结构变化。比如："在药物审批中，目前小分子靶向药占每年审批上市新药比例最大，是主流类别，但生物制品（抗体药）呈现逐年增加的趋势，是未来新药研发及市场增长的主力军。"

技术变化。比如："可以预见到未来低速率、高时延市场占据物联网连接的 60%。同时这部分市场目前大多处于空白状态，市场空间大，应用场景丰富，是 LPWAN^① 的主要市场……目前的 R14 标准，上下行速率已经达到 100kbit/s^② 以上，提升了移动性。面向未来的 R15/R16 标准，能够支持的移动性更高、时延更为优化，使得 NB-IoT^③ 行业全面替换现在的 2G 物联网成为趋势。"

产品变化。比如："据 ×× 统计，目前国内硬件视频会议市场空间接近 × 亿美元，增速已下滑至 ×% 左右，竞争格局固化。当前国内以云视频会议为代表的软件会议市场规模仅 × 亿美元，但增速可观，未来 5 年复合增长率为 ×%，远超硬件视频会议。×× 报告还预计 2×23 年国内软件会议市场规模达到 × 亿美元，是当前的 × 倍。按此趋势，2×25 年国内软件会议市场规模将超过硬件视频会议。"

（八）产业链分析

"产业链分析"的主要目的在于搞清目标公司在产业链中的地位，当然，产业链分析并非适用于所有项目。比如，某些信息技术公司的成本以人工为主，对外采购的内容主要是计算机、服务器等办公用品，其产业链上游并无分析价值。

产业链分析的描述角度如下。

产业链上游的核心产品与采购逻辑。比如："主芯片和 Wi-Fi 芯片是重要的两颗芯片，其中主芯片最先被选定，Wi-Fi 芯片第二被选定，而且绝大部分情况下 Wi-Fi 芯片和主芯片是同一家公司，除非主芯片公司在某阶段无特定适配的 Wi-Fi 芯片。其中主芯片和 Wi-Fi 芯片价格均占整机价格 ×% 左右，是其中最贵的部分，同时毛利率在 ×% 左右，利润可观。由于制造难度极大，主芯片和 Wi-Fi 芯片厂商只有 × 家，体现了极高的门槛。"

①LPWAN，Low-Power Wide-Area Network 的缩写，即低功率广域网络。
②bit/s，即比特 / 秒，指网络传输速度。
③NB-IoT，Narrow Band Internet of Things 的缩写，即窄带物联网。

产业链下游的主要销售对象和渠道。比如："路由器产业链下游为运营商和零售市场，中游路由器厂商较多，竞争激烈。运营商集采比例提高，预计未来1~2年市面上的路由器将有×%被运营商集采。"

产业链配套情况。比如："经过跨国药企、仿制药企业的多年培育，我国已有成熟的销售服务产业链，如对产品销售渠道的建设、对临床医生的培训和宣传等，可以基于渠道方已有基础快速构建销售服务体系。初创型创新药企业可选择与销售服务企业合作，而无须自建销售团队。"

（九）竞争格局

"竞争格局"部分主要围绕全球市场或者国内市场的整体情况进行描述。这部分的常见问题是把竞争格局与主要竞争对手情况混同，或者说以后者代替前者。需要明确的是，竞争格局不是描述市场参与者的个体情况，而是以鸟瞰的角度描述整个市场。具体可以从以下角度进行分析。第一，现有竞争格局是垄断、寡头还是充分竞争。如果是充分竞争，目前的竞争格局是处于红海搏杀阶段、跑马圈地阶段还是自由发展阶段。第二，行业的竞争者数量有多少，大致的规模情况如何，这些因素与整体的市场规模和竞争激烈程度是否相匹配，如果否，不匹配的原因是什么。第三，目前的竞争格局是处于稳定状态还是亟待变革，如果是后者，那么变革的主要原因或者动力是什么。

参考下列投资建议书中的表述："竞争格局：国内目前约有××家燃气表生产企业，约××%具有智能燃气表生产能力。前十名合计市场占有率不足×%。行业处于快速发展期，市场竞争较为充分。依据研发能力、产品制造工艺水平可将燃气表生产企业分为三个梯队。第一梯队：代表企业有××智能、××电子、××智能、××科技、××电子等上市企业。其特点是研发能力强、产品制造工艺水平高、具有品牌影响力、属于行业的领军企业、产品覆盖范围广。第二梯队：……受燃气企业、运营商等传统业务增速下滑，急需探寻增值业务，以及原材料成本下降等因素影响，智能燃气表市场正迎来快速增长。"

（十）主要市场参与者

"主要市场参与者"，也被称为"主要竞争对手""可比公司分析"等。笔者之所以认为主要市场参与者更恰当，是因为有些描述对象可能与目标公司并不构成竞争，比如国外同类公司等。但由于产品技术或者商业模式类似，因此具有讨论分析的价值。

这部分一般通过列表展示，通常会选择几家重要的对标公司进行单独分析阐述。不同投资建议书一般会选择以下1~2个方面进行阐述：主要参与者的业务情况，如市场份额、核心产品、业务范围、经营策略、客户评价、面向行业等；主体情况，如成立时间、团队背景、发展历程、融资情况、员工情况等；供应链情况，如产能情况、采购情况、出货情况等；产品性能、技术情况，如性能指标、产品开发阶段、技术研发阶段、技术架构等；财务数据情况，如营业收入、毛利率、净利润、资产规模等；主要参与者的获得资质证书情况，如医药资质、核心专利等。主要市场参与者示例如表9-5所示。

表9-5 主要市场参与者

公司名称	核心业务	主要技术	主要场景	商业模式	垂直行业	主要行业
A公司	3D模型库、3D协同编辑	WebGL	协同设计	To C订阅	否	制造业
B公司	3D网站	WebGL	协同设计+销售展示	To C订阅+To B解决方案	否	服装、鞋帽、珠宝、汽车、家居
C公司	在线销售展示工具	WebGL	销售展示	To B订阅+To B解决方案	否	厨房卫浴、制造业、箱包、珠宝、医疗、服饰、鞋履、家具

公司名称	核心业务	主要技术	主要场景	商业模式	垂直行业	主要行业
D公司	移动端轻量化浏览、3D应用解决方案	OpenGL	协同设计	To B 解决方案 + APP 付费	否	珠宝定制、电商、数字化医疗、汽车营销展示
E公司	定制家具行业3D设计软件	WebGL	销售展示	To B 解决方案	是	定制家具（衣柜、厨柜、瓷砖）
F公司	3D应用解决方案	WebGL	展示制造业或园区管理相关IoT数据	To B 解决方案	否	园区、制造业

四、业务与技术

业务与技术，也称为产品与业务、产品与技术、公司业务等，在这里统一称为业务与技术。在有些投资建议书中，也会将这部分与"行业与竞争"直接合并为一章来撰写。同"行业与竞争"一样，这部分内容的灵活性也很大，在撰写中也存在与前者类似的问题，解决方法也相同，在此不赘述。

业务与技术一般包含如下内容：

· 产品情况；

· 技术情况；

· 商业模式；

· 核心竞争力。

（一）产品情况

1. 产品体系

大部分公司的产品类型不止一种。不同类型产品的区别体现了客户的不同需求，也决定了企业采用不同的销售策略等。建议在描述具体产品与技术之前，先总体阐述公司的产品体系。比如："公司目前拥有××芯片产品涵盖×大家族、×个系列、×款型号、×余种封装，覆盖低密度××芯片产品、中密度××产品，高密度××以上产品目前正在研发"；再比如，"目标公司经过十余年的发展与积累，已经成长为一家集产品研发、设计、生产、销售、服务于一体的具有自主品牌的智能自动化包装设备及包装解决方案提供商，专注于智能包装整线生产系统的研发、制造与集成，产品系列包括：数粒智能包装生产线、灯检智能包装生产线、软包智能生产线，以及其他整线配套单机设备。公司产品广泛应用于医药、食品、日用化工品等行业。"

2.产品定义

产品定义回答"是什么"的问题。在阐述完产品体系之后，我们需要定义与解释目标公司的核心产品，解释的详细程度可以根据产品的复杂程度和理解的难易程度来确定。"产品定义"部分往往是容易被忽视的部分，有些投资建议书不对产品的定义和基本概念进行解释，这不利于阅读者理解。比如，"公司主要业务为FPGA芯片研发和销售。FPGA是一种在PAL、GAL、CPLD等传统逻辑电路和门阵列的基础上发展起来的一种半定制电路，主要应用于ASIC领域，既解决了半定制电路的不足，又克服了原有可编程器件门电路数有限的缺点，是全球领先的先进工艺。"这段表述中，英文简称和专有名词很多，比如PAL、GAL、CPLD、ASIC、半定制电路、门阵列等，对于非专业人士而言，理解存在难度。对于撰写者而言，除非能确定所有受众都对这些名词概念非常熟悉，否则有必要进行基本的解释。不过，如果所有投委会的委员都对这个项目非常了解，也就不需要汇报了。显然，这在现实中是概率极小的事情。

3.产品功能、结构、工作原理

"产品功能、结构、工作原理"部分主要回答产品有什么用、怎么构成、如何工作等问题。在实操中，这部分内容较多。比如有些投资建议书会花大量篇幅来描述产品的技术先进性，却没有说明产品的功能是什么；再比如有的投资建议书会花大量篇幅阐述产品的一堆功能，却没有说明最主要的功能。

关于产品结构，有些投资建议书只是一笔带过，比如"自动数粒包装线由理瓶机、数粒机、塞入机、旋盖机等设备及相应的整线网络控制系统组成，可提供在线监控及数据采集、固体碎片检测及实时剔除、生产标识赋码及追溯等功能。整线所有设备按照国际标准制造。"首先，这段表述没有把自动数粒包装线的核心功能表达清楚，即"能够自动完成对药品等物体的清点数粒并塞入相应的包装盒/片中完成封装"。其次，内容过于简单。一般阅读者缺乏对理瓶机、数粒机、塞入机、旋盖机的形象理解，文中也没有必要的解释，建议以视频、图片等形式进行演示。

下列表述较为清晰，可以作为借鉴。"产品功能：超声刀可以完成外科手术中的切割、凝闭、分离、抓持等各种操作，是一种全能的外科手术器械。产品结构：超声刀由主机、换能器、变幅杆、刀头等核心部件构成。工作原理：主机产生电能，换能器中的压电陶瓷产生高频振动，通过变幅杆放大压电陶瓷的振动，并传导至刀头前端。刀头前端的高频振动可以破坏组织中的氢键，从而使组织变性重组，切割和凝闭同步完成。利用该器械能切割与止血。超声刀产品结构如图9-2所示。"

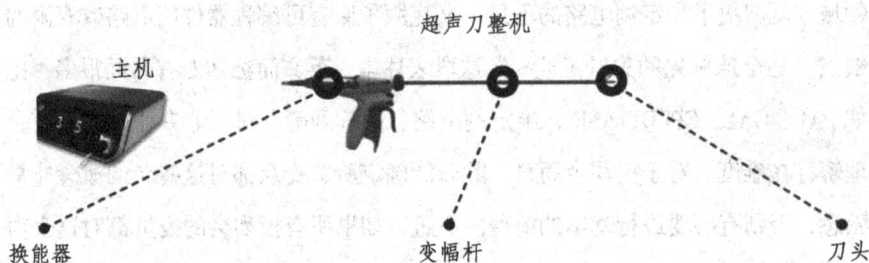

图 9-2 超声刀产品结构

4. 应用案例

在很多情况下，产品描述都是相对抽象的，而帮助阅读者以较快速度理解公司业务的一种方式就是应用案例展示。应用案例能够较好地说明在真实业务场景中目标公司的产品是如何发挥作用的。应用案例更适合一些定制化类型的商业模式。比如，提供行业解决方案或者系统定制开发等，参考表述如下："应用案例之一，××大学校园服务治理解决方案：基于应用集中化、服务卡片化、管理平台化的服务理念，以服务用户为中心，打造融合信息、应用、服务的一站式校园综合服务平台。具体使用场景：从学校层面，各级领导可根据权限通过可视化手段实时了解学校各项数据指标情况，进行数据挖掘和决策分析；从业务部门层面，提供页面/主题/卡片/应用管理、配置设置、可视化访问统计和日志审计，为管理员提供完善高效的系统管理；从师生层面，围绕用户的信息需求、办事需求通过服务门户，整合校内各分立的业务系统，实现系统碎片化、服务卡片化，为教师、职工、学生提供校内全方位集中式应用服务。"

（二）技术情况

对于技术情况的描述往往呈现两种极端。有些投资建议书仅一带而过，甚至忽略不提技术情况；而有些则连篇累牍地对诸多技术细节进行详细描述。合理的做法是从便利阅读者的角度出发，仅就基本原理和一些关键事项进行阐述即可，不需要长篇大论。对于懂技术的阅读者而言，过多解释显然并无必要；而对于毫无背景知识的阅读者而言，大段技术专业描述显然也不会是他们感兴趣的内容。

技术情况的阐述角度如下。

第一，技术原理。比如："Massive MIMO（大规模天线技术）基于多用户波束成形以及空分复用（让同一个频段在不同的空间内得到重复利用，可简单理解为各个波之间错位）的原理。波段小，天线少，则可以塞入更多天线；由于波段小，衍射能力弱，穿透能力差，更多是通过反射和散射方式传播，基站端拥有多根天线，可以自动调节各个天线发射信号的相位（角度），需要更精准定位终端。"

第二，技术核心指标。比如："××技术的核心评价标准如下。第一，刀头功能：夹持、分离、切割、凝闭组织。核心技术是材料、工艺。刀头工作端与变幅杆相连，与变幅杆的材料相同，但是为了方便在腔镜下观察，头端有一定弧度，所以对强度的要求比变幅杆更高。刀头白色组织垫片端会在手术中不断磨损，磨损越多手术效果越差，磨损殆尽则刀头无法使用，耐磨性是其核心指标。第二，变幅杆功能：放大压电陶瓷的振动，并将振动传导到刀头前端。核心技术是材料、工艺。材料决定了产品的耐用程度，反映到临床上，最低标准是能否在不断刀头的前提下顺利完成一台手术，更高标准是能够重复使用于几台手术。工艺决定了变幅杆的传导效率，反映到临床上，也就是刀头的切割和凝血效果是否过关。"

第三，研发及专利情况。比如："作为研发导向型公司，目标公司每年研发投入占营收比例超过10%，经过多年发展，拥有较多的国内国际专利、参与多项国际标准的制定，在技术上有相当的技术积累，包括：根据国家知识产权局网站查询，目标公司及其子公司已获得中国发明专利××项，实用新型专利××项，另有发明申请××项；根据美国专利商标局信息，目标公司及其子公司已获得美国发明专利××项，另有专利申请××项；根据××网站信息，目标公司员工担任了该标准组织××等四个委员会和分会的主席。"

（三）商业模式

很多投资建议书会遗漏"商业模式"部分。诚然，有些是因为目标公司的商业模式（比如传统制造业）较为简单，没有专门说明的必要。但从理解业务的角度出发，商业模式是非常重要的一环，有必要进行阐述，即使它可能很简单。"商业模式"的撰写核心是将业务、资金与交易的对应关系阐述清楚。具体可以参见第三章"五、商业模式"部分。

（四）核心竞争力

"公司的核心竞争力（竞争优势）是什么？"这可能是投资人在访谈时最喜欢提的问题。现实中，创始人回答的角度各异。笔者在分析不同机构的投资建议书时发现，对该事项的描述，投资人的角度也各不相同。举例如下。

投资建议书 A："公司的核心竞争优势包括世界级 ×× 发现平台、国际领先的新药开发平台、经验丰富的临床团队。"

投资建议书 B："公司经过 16 年的发展，在人工智能领域中核心的自然语义理解以及人机交互领域积累的大量核心技术和行业专业语义库及专业知识，核心产品和技术不断迭代完善，成为目标公司的核心竞争优势。"

投资建议书 C："公司核心竞争力有三点。第一，全球化布局，共享客户渠道及产品线，抵御单一市场下滑；第二，丰富案例叠加国内政策及市场机遇；第三，整车厂天然准入门槛，积累了大量优质客户。"

投资建议书 D："公司核心竞争优势有四点。第一，'双甲'资质。公司拥有双甲资质（×× 系统设计专项甲级和 ×× 工程专业承包一级），是该行业为数不多的双甲资质公司。公司既能承接前期设计业务，又能承接后期的施工业务，具备提供整体综合的全生命周期服务，具备较强的竞争优势。第二，出色的行业口碑。公司多年以来致力于行业客户需求的解决方案研究，目前，特别是在烟草、能源等行业客户中取得了很好的口碑，市场影响力也较大。第三，一站式的全面解决方案。基于公司多年的行业经验积累、引进技术专家团队的技术提升，更有利于公司满足行业客户的实际需求，提供一站式的全面解决方案。第四，全产业链的服务。公司有能力提供综合解决方案的全产业链服务，从项目的立项到方案的设计、施工、运维，到后续的系统改造、升级等，这是国内少数公司坚持的做法，但却是公司一直坚持的'匠心智造，铸就行业一流品牌'的行动体现。"

综上，核心竞争力是从业务角度出发对公司的核心能力或者资源进行概

括。根据不同公司的情况,一般可以从下列角度进行描述:

- 行业地位(如行业排名、业务规模等);
- 独特产品/服务能力(如产品线丰富、全链条服务等);
- 技术能力(如行业领先的技术能力等);
- 战略布局(如前瞻性的商业模式布局、独特的打法等);
- 行业门槛(如准入资质、供应商名录等);
- 行业积累(如行业口碑、知名案例等);
- 特殊资源(如数据积累、股东背景等)。

五、公司与团队

公司与团队,也称为公司基本情况,描述内容主要包括公司主体、股权、组织结构、子公司、核心团队、员工等,基本是法律尽调所涵盖的内容。大部分投资建议书对于这部分的描述框架是一致的。对于早期项目,可以做相应省略,某些投资建议书会以项目概要来替代,而诸如组织架构、子公司、员工等情况会省略不写。

(一)公司基本信息

除了基本工商信息之外,"公司基本信息"部分还包含以下内容。

第一,股权结构情况。股权结构通常以图片形式展示,其图片内容如图9-3所示,其表格内容如表9-6所示。可以选择描述各股东的实缴出资比例、股东身份性质、最终受益股权比例等内容。在某些情况下,由于公司存在股权代持、VIE架构等,需要对股权结构进行调整还原。在描述时会将调整前后的股权结构进行对比分析。此外,也有投资建议书会针对不同轮次的融资情况进行统计,包括每轮的融资金额、估值、投资人等。

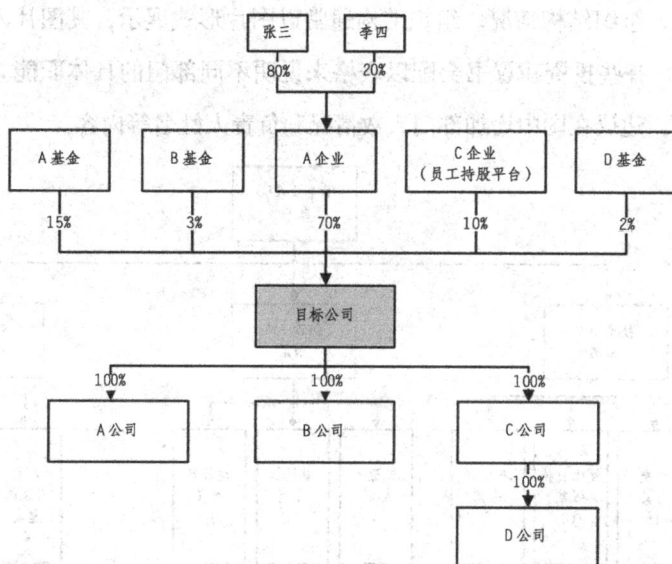

图 9-3　股权结构

表 9-6　股权结构

序号	股东	持股比例	最终受益股权	认缴出资额（万元）	实缴出资比例	性质
1	××	49.4%	56.8%	1 122	100%	创始人
2	A 中心（有限合伙）	22.2%	22.2%	505	100%	员工持股平台
3	××	6.6%	6.6%	151	100%	联合创始人
4	B 投资合伙企业	5.9%	5.9%	133	100%	前轮投资机构
5	C 股权投资基金	4.4%	4.4%	100	100%	前轮投资机构
6	××	4.2%	4.2%	96	100%	核心高管
7	××	3.4%	3.4%	78	100%	核心高管
8	××	2.1%	2.1%	48	100%	核心高管
9	D 股权投资基金	1.5%	1.5%	33	100%	前轮投资机构
10	E 创新科技有限公司	0.3%	0.3%	7	100%	前轮投资机构
合计	—	100%	—	2 273	100%	—

第二，组织结构情况。组织结构通常以图片形式展示，其图片内容如图9-4所示，有些投资建议书会配以表格来说明不同部门的具体职能。除通常内容之外，建议在图中增加部门人数情况和负责人姓名等内容。

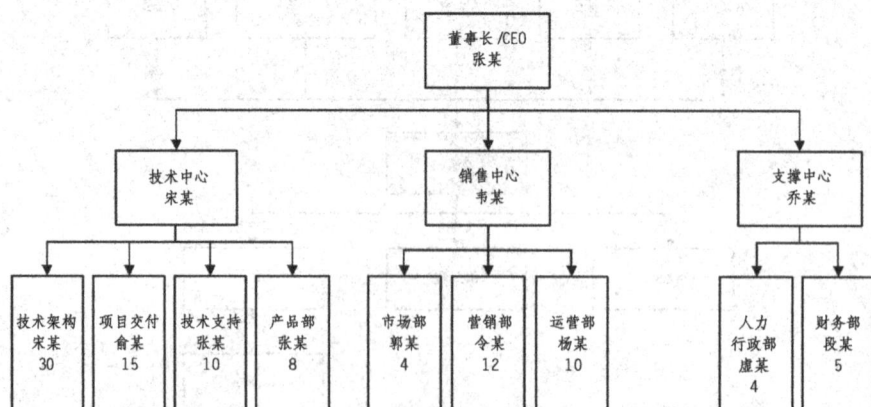

图 9-4　组织结构

第三，历次融资情况，如表9-7所示。

表 9-7　历次融资情况

金额单位：万元

	投前估值	融资金额	投后估值	张三	李四	王五	赵六	孙七
设立	—	200	200	90.00%	5.00%	5.00%	—	—
天使第一轮	2 940	60	3 000	88.20%	4.90%	4.90%	1.00%	1.00%
天使第二轮	4 900	100	5 000	86.44%	4.80%	4.80%	1.98%	1.98%
天使第三轮	9 860	140	10 000	85.24%	4.73%	4.73%	3.35%	1.95%

（二）历史沿革情况

关于"历史沿革情况"部分，建议以1~2页PPT展示即可。论述内容主要包括两个部分。第一，主体情况。比如，公司设立、股权结构变动、对外融资、重要子公司设立等情况。第二，业务发展历程。比如，重要机构设立、重大专利获授权、重要业务合作、重要产品推向市场等。历史沿革示意如图 9-5 所示。

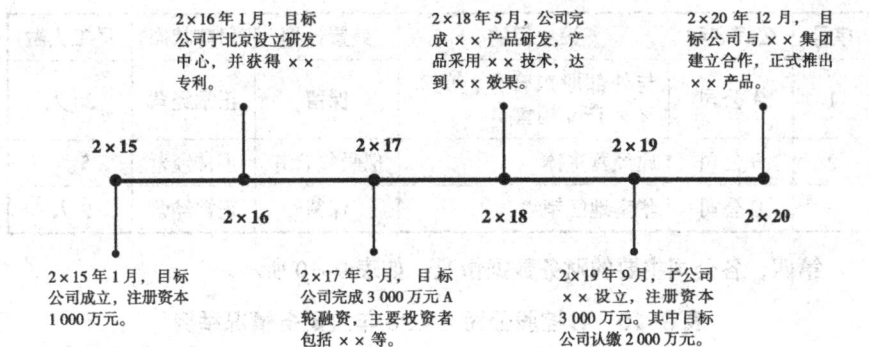

图 9-5 ××公司历史沿革

（三）参控股公司情况

参控股公司情况，也称为下属公司情况、对外投资公司情况等。有些投资建议书省略该部分，有些只是列表展示参控股公司的成立时间和经营范围。实际上，参控股公司作为重要的经营主体，尤其是业务具备一定规模的参控股公司，是尽调的重点内容之一，通过参控股公司的设立背景、运营状况、合营方情况等，可以了解到公司管理层的战略规划和经营风格特点等重要信息。这部分内容的阐述角度具体如下。

第一，参控股公司整体情况。比如："截至本报告出具之日，目标公司有 × 家控股子公司和 × 家参股公司。其中，子公司 C 下属 1 家分公司——××分公司，子公司 D 参股 1 家公司——××公司。

第二，各公司认缴和实缴出资情况，如表 9-8 所示。

表 9-8 参控股公司出资情况举例

公司名称	认缴金额（万元）	认缴比例	实缴金额（万元）
A 公司	1 000	86%	1 000

第三，各公司现状、设立目的和处置计划等，如表 9-9 所示。

表 9-9 参控股公司存续情况

序号	公司名称	设立目的	处置计划	目前状态	员工人数
1	A 公司	与外部股东合作，负责 ×× 产品销售	保留	正常经营	20 人
2	B 公司	原经营主体	拟吸收合并	正常经营	5 人
3	C 公司	华南地区销售	保留	正常经营	3 人

第四，各公司主要的财务数据情况，如表 9-10 所示。

表 9-10 参控股公司 2×20 年度财务情况举例

单位：万元

序号	公司名称	营业收入	净利润	总资产	净资产
1	A 公司	2 000	200	3 000	1 000
2	B 公司	0	−20	130	110

（四）核心团队情况

1. 描述范围

对于核心团队的描述范围，不同投资建议书会有差异。比如，有些只描述创始人，有些包括高级管理人员，有些还会覆盖中层骨干甚至核心技术人员等。具体列示的人员数量从 1 人到 10 人不等，甚至更多。核心团队人员的情况在尽调时可以尽可能广泛覆盖，比如细化至中层骨干等，但是在投资建议书中的表述则应该精简，不宜宽泛。建议描述对象以实际承担管理职责的公司高管人员为主，中早期项目以 3~5 名为宜。此外，根据具体情况可以加入虽然不是高管但是对于公司发展起到至关重要作用的特殊人员，比如，掌握核心技术的研发人员等。

2. 描述内容

关于"核心团队情况"部分的描述，共性的内容是列示简历。比如："张三，男，1970 年出生，中国国籍，无境外永久居留权，本科学历，毕业于计算机科学与技术专业，高级项目管理师。1997 年 7 月至 2001 年 2 月，担任北京 A 科技有限公司技术部技术员；2001 年 6 月至 2003 年 8 月，担任广东 B 科技发展有限公司技术工程师；2003 年 9 月至 2009 年 2 月，担任广东 C 有限公司项目经理；2009 年 3 月至今就职于公司，现任公司董事、总经理。"

大部分投资建议书的核心团队情况章节内容都只有列示的简历。除此之外，少数投资建议书会描述其他内容，但内容差异较大。建议的阐述角度如下。

对创始人的评价。比如："首先，关于创业。张三本来是选择找个靠谱的老板，帮助其创业成功，但是在经历了 A 公司、B 公司和 C 公司之后，他重新调整了自己的认知，基于当前的创业环境、竞争格局、市场需求和自身能力，他选择自己操盘，是职业经理人理性的选择，内心深处有渴望成功的原动力，但不突出。其次，关于创业方向。张三过往的经验和专长在于从研发设计到规模量产的转化能力，所以他思考创业的第一选择是做 ×× 领域。由于被要求到 B 公司帮忙，接触了 ××。通过一年的实践，他判断这是一个很不错的创业项目。做出有品质的 ×× 产品是张三的专长，较大概率能成中，但商业化成功还需要团队来实现，有风险；若做成，那么做第二个、第三个产品，发展成平台型公司则是可期待的。再次，关于个人突破。张三的性格偏稳重、内敛及柔和，期待他打造'狼性'文化，难度比较大，这可以由团队来弥补。他对引进团队持开放心态，关键的突破是从偏重研发生产的高管到统筹全局的一把手的转变。当前对研发团队的组建和管理在他的能力范畴之内，后续研发、生产供应链、市场销售、管理中后台团队的搭建或统筹会是挑战。综合来看，在市场机会突出的前提下，早期投资能做出高品质产品的人和团队是较好选择，后续通过团队的搭建和完善来实现商业化的成功也可期待。投资后，需要在相关人才引进和融入上给予关注和帮助。"

团队特点评价。比如："团队创业决心。×× 单位是国内 ×× 领域的龙头单位，任务饱满，待遇优厚。公司创始人张三在××单位从事重点科研项目工作，担任××组组长并负责协调系统工作，是单位重点培养的骨干人员，其在认清体制内效率低下，同时产品无法在单位环境下实现大规模商业推广后，希望抓住发展商机，毅然放弃稳定优越的工作待遇，辞职创业，并在前期举债运营公司，表现出了开阔的眼界和创业的决心。团队CTO李四在组内负责技术工作，属于该方向不可或缺的优质力量，其愿意放弃稳定的工作和优厚的待遇，接受更高的工作强度并自愿降低薪资待遇，表现出了坚定的创业意志。"

团队共事经历。比如："公司核心成员张三和李四在原单位为一个组的同事，其中张三为软件组的负责人，李四为组内技术人员，两人分别为负责管理和技术的同事，紧密合作多年，彼此十分熟悉，经历了深度磨合。在辞职创业之前两人有过充分的沟通和规划，并且均按照之前的承诺一前一后进入公司，彼此充分信任。王五与李四为大学同学，且两人为同宿舍舍友，共同学习生活多年，彼此之间十分熟悉，且经过长时间磨合。在团队任务分工方面，张三负责公司管理和对外工作，李四负责技术总体工作，王五负责市场和交付工作，三人各司其职，且工作任务与个人性格特质、能力、经历十分匹配。综上，团队分工明确、定位清晰，团队结构稳定、可靠，融合度很高。"

从上面的表述可以看出存在以下问题。

第一，描述的内容多是来自创始人，缺乏验证。比如，在上述关于对创始人的评价表述中，可以推测出几乎所有的内容来自创始人张三。这种单一来源的信息仅可以作为尽调素材，而不能直接基于此下结论。

古语说得好："听其言，观其行。"这是再简单不过的一个常识，但显然，很多投资建议书的撰写者没有理解这个道理。

第二，描述的结论虚浮，缺乏逻辑。比如，"两人分别为负责管理和技术的同事，紧密合作多年，彼此十分熟悉，经历了深度磨合""彼此充分信任"等。做过同事就可以证明"经历了深度磨合"与"充分信任"？就能够证明"三人各司其职，且工作任务与个人性格特质、能力、经历十分匹配"？这类出于撰写者的主观臆断与猜想，缺乏合理可信的逻辑推理过程。如果能够具体阐述两人共事的起止时间、各自承担的工作职责、合作过的项目、共同取得的成绩等内容，那么在论证效果方面会强很多。

第三，描述的语言夸张，缺乏说明文体应有的客观平实。比如"表现出了开阔的眼界和创业的决心""表现出了坚定的创业意志"之类的表述，如果换为说明文体的表述风格，文章的专业度会更强。

当然，关于人的评价方面，实践中难以完全避免主观性，这正如尽调本身不可能完全保持客观中立一样。但是，作为专业人士，所做出的表述与评价都应当体现出投资人的专业性与职业素养。具体可以参见第八章"三、对人的评价方法"部分。

（五）员工情况

投资建议书对员工情况的描述通常会参考招股说明书，比如，对员工的专业结构、学历结构、年龄结构等进行描述，也有不少投资建议书对这部分内容忽略不提。整体来看，实践中员工情况的分析角度较为单一，缺乏好的分析思路，分析深度不足，无法挖掘出对于投资有价值的信息。员工是公司重要的资产之一，高素质、稳定性强的员工是公司业务快速发展的保证。因此，对员工的尽调可以从员工素质和稳定性等两个方面入手，可以选择薪酬情况和离职情况作为分析指标。需要注意的是，不仅要核查特定时点情况，还要了解期间变动情况。阐述角度如下。

第一，薪酬变动情况，如表 9-11 所示。

表 9-11　×公司 2×18—2×20 年度员工薪资

金额单位：元

部门	2×18年度			2×19年度			2×20年度1—3月		
	工资总额	人数（人）	月平均工资	工资总额	人数（人）	月平均工资	工资总额	人数（人）	月平均工资
职能部门	6 951 011	26	22 279	5 935 204	23	21 504	1 238 163	24	17 197
产品部门	11 958 953	48	20 762	11 563 646	46	20 949	2 535 675	50	16 905
销售部门	20 042 670	124	13 470	20 627 810	118	14 568	4 317 674	115	12 515
供应链部门	4 429 567	35	10 547	3 582 215	37	8 068	895 602	32	9 329
合计	43 382 201	233	15 516	41 708 875	224	15 517	8 987 114	221	13 555

人均工资及人员波动分析：审阅期间，目标公司员工人数有逐期递减的趋势，平均工资比较不平稳，2×20年1—3月平均工资下降是由于工资总额中不含非销售人员的奖金；各部门月均薪资波动详见以下分析。

职能部门：该部门 2×19 年人数及平均工资和 2×18 年相比均小幅减少，原因为 2×19 年离职员工工资较高，2×20 年平均工资大幅下降是由于 2×20 年工资总额中不包含奖金。产品部门：该部门 2×19 年人数减少但平均工资小幅上涨是由于工资调薪，2×20 年平均工资减少是由于工资总额中不包含年终奖。销售部门：该部门 2×19 年人数减少但平均工资上涨明显是由于调薪，2×20 年工资总额包含一季度奖金，该季度受春节假期和疫情影响，员工提成较低，拉低了平均工资水平。供应链部门：该部门 2×19 年人数上涨但平均工资减少是由于新入职员工为基础岗位，工资低于平均水平，2×20 年平均工资上涨是由于新入职员工为管理岗位，工资较高。

第二，薪酬构成情况，如表 9-12 所示。

表 9-12　目标公司各年度薪酬构成

金额单位：元

年度	薪酬构成	金额	财务认账 – 经营费用项目	财务记账金额	差异
2×19 年度	13 薪	30 817 007	工资	26 783 559	1 160 708
			13 薪	2 059 494	
			加班费	813 246	
	奖金	12 565 194	销售奖金	6 776 442	1 530 413
			留任奖金	888 949	
			其他奖金	1 823 926	
			普通非销售员工奖金	1 545 464	
	社保公积金	11 149 358	社保公积金	10 564 832	584 526
	离职补偿金	未提供	离职补偿金	658 586	–658 586
	劳务派遣费	未提供	劳务派遣费	629 974	–629 974
	福利费	未提供	福利费	1 538 509	–1 538 509
2×19 年度小计	–	54 531 559		54 082 981	448 578
2×20 年度	–	–	–	–	–

第三，员工变动情况的举例，如表 9-13 所示。

表 9-13　年度人员变动情况统计举例

单位：人

年度	期初人数	入职人数	工作未满 3 个月离职人数	正常离职人数	期末人数	综合离职率
2×19	15	27	7	2	33	21%
2×20	33	23	5	19	32	43%

第四，离职员工情况，如表 9-14 所示。

表 9-14　2×20 年度离职人数统计

在职时长（月）	人数（人）	占比
0~12	19	61%
12~24	7	23%
24~36	3	10%
36~48	2	6%
合计	31	100%

第五，员工专业、学历、年龄结构。比如："截至 2×20 年 12 月 31 日，公司共有员工 428 人（包含子公司），举例如表 9-15 所示。"

表 9-15　2×20 年度员工结构情况举例

岗位构成	人数（人）	占比
财务人员	13	3.04%
市场销售人员	46	10.75%
管理及其他人员	57	13.32%
研发人员	72	16.82%
技术及工程人员	240	56.07%
合计	428	100.00%
学历构成	人数（人）	占比
硕士及以上	21	4.91%
本科	185	43.22%
大专	178	41.59%
大专以下	44	10.28%
合计	428	100.00%
年龄构成	人数（人）	占比
50 岁以上	9	2.10%
41~50 岁	48	11.21%
31~40 岁	158	36.92%
30 岁以下	213	49.77%
合计	428	100.00%

六、财务分析

具体参见第十章"财务尽调报告"部分。

七、投资方案与收益预测

（一）投资方案

投资方案主要包括下列内容。

第一，交易方案。比如："投资金额：本轮投资不超过 2 000 万元，投后股权比例为 10%。投资估值：投前估值 × 亿元。估值依据：以 2×19 年公司对赌净利润 × 亿元计算，本轮投前估值为 × 倍市盈率。投资金额：拟投资不超过 × 万元。本轮计划融资总额为 × 亿元，已确定 × 万元。意向投资者包括 ×× 资本、×× 基金等。投资方式：增资方式。投资主体：×× 基金。预计退出时间：2×22 年。预计退出方式：IPO。目标公司拟以 2×19 年 6 月 30 日为基准日申报科创板 IPO。"

第二，投资核心条款（也称核心保障条款）。比如："估值调整：若承诺业绩未达预期，A1 轮投资方、A2 轮投资方和 A+ 轮投资方可以选择按照本协议的约定行使回购权外，如果 A1 轮投资方、A2 轮投资方和 A+ 轮投资方选择不行使回购权，也可以选择按以下条款进行估值调整：公司 A1 轮投资估值调整为投前 × 万元，A2 轮投资估值调整为投前 × 万元，A+ 轮投资估值调整为 × 万元，创始股东以无偿赠予或法律法规允许的最低价格转让方式，对 A1 轮投资方、A2 轮投资方和 A+ 轮投资方进行补偿。股权补偿的计算方法为：股权补偿比例 =[各投资方实际支付的投资款 /（调整后的投前估值 + 各投资方实际支付的投资款）]– 各投资方调整前的实际持股比例。"

通常情况下，除了对赌协议和回购协议等核心权利条款会直接列示投资条款全文之外，其他权利条款基本一笔带过。比如："其他条款：1 名董事

213

会席位、优先认缴权、优先购买权、共同出售权、优先清算权、反稀释保护权、领售权、反向收购权等。"

第三，估值分析。有些投资建议书中会对本次投资估值的"合理性"进行分析，主要采用以下方法。

方法一：可比上市公司市值对比（二级估值法）。这是大部分投资建议书中所选择的估值分析方法。可比上市公司情况如表 9-16 所示。

表 9-16　可比上市公司情况

公司简称	总市值（亿元）	单位	收入（亿元）	净利润（亿元）	P/E	P/S
A 上市公司	1 683.35	CNY	128.32	18.51	90.94	13.12
B 上市公司	1 484.28	CNY	39.81	10.12	146.67	37.28
C 上市公司	437.41	CNY	24.56	5.53	79.10	17.81
D 上市公司	134.23	CNY	15.57	1.82	73.75	8.62
E 上市公司	168.12	CNY	20.12	2.35	71.54	8.36
平均	—	—	—	—	101.94	17.11
F 上市公司	316.81	USD	59.21	6.41	49.42	5.35
G 上市公司	86.42	USD	25.14	1.37	63.08	3.44
平均	—	—	—	—	51.83	4.78

国内 5 家同行业上市公司平均 P/E 为 101.94 倍，平均 P/S 为 17.11 倍；国外上市公司估值低于国内，两家国外上市公司平均 P/E 为 51.83 倍，平均 P/S 为 4.78 倍。

方法二：可比公司被上市公司并购的估值对比（并购估值法）。可比公司并购交易情况如表 9-17 所示。

表 9-17　可比公司并购交易情况

序号	目标公司	交易日期	动态市盈率	当年利润（万元）	并购估值（亿元）	公司业务简介
1	A公司	×××	69.9	3 220	22.05	国内智慧政务及智慧企业领域的信息化综合服务提供商
2	B公司	×××	43.9	15 137	66.45	给交通、医疗、建筑等行业用户提供智能化技术应用服务的高新企业
3	C公司	×××	37.3	5 986	22.31	为机械制造商提供优质的自动化系统解决方案
4	D公司	×××	30.6	12 100	36.98	为制造业、流通业及小微企业提供数字化、智能化解决方案
5	E公司	×××	78.5	12 051	94.65	公共安全产品与服务供应商

　　参照近 3 年内可比公司收并购案例，平均市盈率倍数为 ×× 倍，最小市盈率倍数为 ×× 倍，最大市盈率倍数为 ×× 倍。扣除流动性溢价后（乘以系数 0.6），可比交易案例平均市盈率倍数为 ×× 倍，最小市盈率倍数为 ×× 倍，最大市盈率倍数为 ×× 倍。本次交易投前估值为 × 亿元，2×21 年预计净利润 × 万元，与收并购案例的估值水平相比，目标公司的动态市盈率倍数为 × 倍，处于合理范围之内。

　　此外，还有投资建议书按照未来现金流折现、目标公司最近一轮融资估值、同行业未上市公司最近融资估值等方式来佐证本轮投资估值合理性。

（二）投资收益预测

针对"投资收益预测"部分，投资建议书中的描述基本一致，区别在于完整程度不同。具体内容如下。

1. 测算假设

对投资收益预测所基于的假设条件给予解释说明。比如："目标公司拟以 2×19 年 6 月 30 日为基准日申报科创板 IPO，假设交易所审核周期为半年左右，锁定期为 36 个月，于 2×22 年下半年实现退出，退出周期为 4 年。退出时市盈率与国内同行业上市公司平均市盈率 35 倍对比，目前 A 股市场整体处于低位；假设至上市退出时公司股份再次被稀释 25%。"

2. 收益指标

IRR 是衡量投资收益率的核心指标，是几乎所有投资建议书都会计算的指标。某些投资建议书会根据不同退出方式来计算对应的 IRR。

比如，上市退出：若以 2×20 年、2×21 年和 2×22 年为申报期，2×20 年开始严格规范运作，2×23 年初申报创业板，2×24 年初实现 IPO 上市发行。若上市退出，IRR 为 59.30%~82.00%。投资收益预测如表 9-18 所示。

表 9-18　投资收益预测（IPO 退出）

预测内容	30 倍市盈率			40 倍市盈率			50 倍市盈率		
投资金额（亿元）	0.7			0.7			0.7		
投资平均估值（亿元）	3.68			3.68			3.68		
投资所占比例	19.02%			19.02%			19.02%		
上市发行稀释 25% 后占股	14.27%			14.27%			14.27%		
2×23 年净利润（亿元）	1.2	1.3	1.4	1.2	1.3	1.4	1.2	1.3	1.4
2×23 年公司市值（亿元）	36	39	42	48	52	56	60	65	70

续表

预测内容	30 倍市盈率			40 倍市盈率			50 倍市盈率		
所占份额总市值（亿元）	5.14	5.56	5.99	6.85	7.42	7.99	8.56	9.27	9.99
持有周期（年）	5	5	5	5	5	5	5	5	5
总投资回报（倍）	10.27	11.13	11.98	13.69	14.84	15.98	17.12	18.54	19.97
投资净回报（倍）	9.27	10.13	10.98	12.69	13.84	14.98	16.12	17.54	18.97
内部回报率（IRR）	59%	62%	64%	69%	72%	74%	77%	79%	82%
年均回报率（单利）	185%	203%	220%	254%	277%	300%	322%	351%	379%

并购退出：如创业板 IPO 不可行，则 2×22 年启动上市公司并购，预计以 2×22 年 1 亿元 ~1.1 亿元净利润的 15~20 倍市盈率的估值实现退出。此时投资周期为 3 年，IRR 为 78.69%~103.03%。投资收益预测如表 9-19 所示。

表 9-19 投资收益预测（并购退出）

预测内容	30 倍市盈率			40 倍市盈率		
投资金额（亿元）	0.7			0.7		
投资平均估值（亿元）	3.68			3.68		
投资所占比例	19.02%			19.02%		
2×22 年净利润（亿元）	1	1.05	1.1	1	1.05	1.1
2×22 年公司市值（亿元）	15	15.75	16.5	20	21	22
所占份额总市值（亿元）	2.85	3	3.14	3.8	3.99	4.18
持有周期（年）	3	3	3	3	3	3
总投资回报（倍）	5.71	5.99	6.28	7.61	7.99	8.37
投资净回报（倍）	4.71	4.99	5.28	6.61	6.99	7.37
内部回报率（IRR）	78.69%	81.62%	84.46%	96.68%	99.90%	103.03%
年均回报率（单利）	156.87%	166.38%	175.89%	220.27%	232.95%	245.63%

其他方式退出：当目标公司估值在 10 亿元以上时，可以股权转让方式退出 50% 股份，将本金和部分收益锁定，其余盈利部分择机退出。

除 IRR 指标之外，部分投资建议书也会列示 MOIC[①]（内部回报倍数）等指标。

八、投资风险

投资风险，也称为风险揭示、风险评估与对策等。大部分投资建议书对投资风险的描述都很简单，一般有三到五项风险提示，有时会配以应对措施或对策。该部分所涉及内容随意性较大，往往任意选择行业、业务、法律或者财务中的内容进行风险提示。举例如下。

投资建议书 A："第一，核心成员竞业禁止风险。应对措施：项目公司管理层表示，仅少数员工签署竞业禁止协议（一般为 3 个月）且入职时点已超过竞业禁止规定期限，同时新员工入职第一天需与目标集团就不使用原就职公司材料及文件等知识产权签署协议。第二，部分授权 IP 受国外出口管制风险。应对措施：管理层承诺会谨慎评估出口风险，如果因知识产权问题导致公司利益受损的，由控股股东承担赔偿责任。"

投资建议书 B："第一，×× 系统客户核心业务的开放程度较低的风险。公司当前产品的应用场景主要有 ×× 系统。在 ×× 系统中，目前核心交易系统被国外厂商占据，留给国内厂商的主要是一些非核心交易系统模块，并且在使用时主要集中在 ×× 和 ×× 等中小型客户，未来如果 ×× 或者 ×× 等客户的使用程度较低，则会对公司未来的成长空间形成不利影响。第二，公司核心技术等知识产权存在瑕疵以及核心技术人员流失风险。公司所处的行业为技术密集型行业，技术来源的自主性和可靠性是公司生

---

①MOIC，Multiple on Invested Capital 的缩写，即内部回报倍数。

存发展的生命线。公司现在所使用的核心技术来源于美国硅谷的技术团队，如果存在技术来源上的瑕疵或者核心关键技术人员流失，将会对公司造成重大影响。第三，政策推行力度风险。由于××软件行业之前一直被××、××等国外巨头垄断，如果完全凭借国产厂商自身的力量通过市场化方式去实现国产替代，难度巨大，因而需要外部力量的强力支持才能顺利实现国产化替代。如果政策推动不及预期，会给目标公司造成两方面的影响：首先，市场订单签约速度放缓；其次，给其他竞争对手赶上来的机会。"

投资建议书 C："第一，研发风险。研发是一项技术性强、资金需求大、时间周期长、人力资源投入大的系统性工程，程序多、周期长、淘汰率高，每一环节均需经过反复实验论证。××药物研发是基于生命科学基础研究的成果转化过程，任何环节出现问题都将对前期技术研究和开发投入的回收造成不利影响，在一定程度上降低公司的利润。第二，竞争风险。当前××市场需求较大的为××等，使用该××作为载体开发新药的品种相对较多，大多处于临床前研究阶段，而且即将进入逐年放量的阶段。目标公司所处行业存在一定的竞争，国内已经初步形成华北、华中、华东和华南几个区域的竞争格局，未来市场会存在一定竞争性。第三，经营风险。公司当前无完整的营销管理架构，且无专职的市场开发/商务拓展人员，公司项目管理部目前承担着业务拓展的职责。随着公司经营规模的不断扩大、业务区域的不断扩展，以及业务种类的不断丰富，公司经营管理将面临更高的要求，若处理不当，将可能影响本公司的经营效率和发展潜力，从而削弱公司已有的市场竞争力。第四，资金不足风险。本轮公司目标融资 ××亿元，其中B轮已经完成 ×亿元融资，我方拟投资 ×亿元。此外对于公司新药战略规划，每个品种约需 ×万元投资，存在一定的不确定性。此外，公司已经启动下轮融资，多家头部投资机构正在接触中。"

正如在本书前文中所讨论的那样，投资风险可以分成两大类：成长性风险和持续经营风险。在风险分析过程中，建议的做法是依据风险事项清单采用排除法对投资可能存在的风险进行逐一核验，并根据项目特殊情况进行调整增加。具体参见本书第一章"六、风险的逻辑"部分。

九、结论

从实际意义来说，投资建议书本身就是一种投资建议的正向表达，所以很多投资建议书不会单独撰写结论。但是出于行文结构的完整性，建议保留这部分内容。

在实践中，这部分的描写方式有以下几种。

投资建议书 A："目标公司是国内领先的 ×× 提供商，拥有多项自主知识产权，在 ×× 的研发设计方面有着领先的优势。投资目标公司与 ×× 市发展新一代信息技术产业的战略定位吻合，欧美发达国家对我国先进集成电路高端技术、产品封锁力度加大，大力发展国产芯片事业势在必行，国产芯片行业目前正处于发展黄金窗口期。本项目投资风险可控，预期收益率可观，建议 ×× 基金增资不超过 × 亿元，投前估值不超过 ×× 亿元。"

投资建议书 B："投资建议：第一，通过决策，投资 ×× 万元人民币等值美元；第二，预留 ×× 万投资人民币等值美元以备后轮追加投资。"

投资建议书 C："目标公司是国内为数不多的 ×× 平台和 ×× 疫苗制备公司，标的稀缺，技术壁垒高，估值合理，成长潜力很大，建议投资。"

第十章 财务尽调报告

本章讲解的财务尽调报告是指详细财务尽调报告，一般是投资机构聘请第三方机构所撰写的。因此，本章是站在第三方机构的角度提供财务尽调报告的撰写建议。一般情况下，针对规模较小的早期项目，投资机构可以自行做财务尽调，可以在详尽财务尽调报告基础之上简化内容。

要强调的是，根据行业的不同，财务尽调的方法可能会有很大差异，To B领域和To C领域的关注点和尽调方法会有很大不同。不同阶段的项目也同样如此，收入不到1 000万元的早期项目和收入过2亿元的成长期项目在尽调侧重点上会有很大的不同。每个项目尽调都应该根据项目的具体情况来设计。

在本部分内容中，笔者会尽量把所有财务尽调所涉及的内容都进行介绍，方便大家查阅参考。但这并非指所有类型项目都需要完整实施本章所述的步骤，特此说明。

一、财务尽调报告框架

财务尽调报告的框架如表10-1所示。

表10-1 财务尽调报告框架

序号	内容
一	工作范围和程序
二	重要风险提示
三	公司概况和交易概览

序号	内容
四	重要交易事项
（一）	盈利质量分析
（二）	营运资金分析
（三）	人力资源分析
五	财务报表分析
（一）	利润表分析
（二）	资产负债表分析
（三）	现金流量表分析
六	管理层盈利预测分析

二、工作范围和程序

（一）内容与格式

1.尽调范围

（1）主体范围

主体范围说明本次尽调的主体对象，比如，除融资主体之外，是否包括下属公司及关联主体。

（2）期间范围

期间范围说明本次尽调的审阅期间，比如，对最近 2 年及 1 期的财务情况进行尽调。

（3）事项范围

事项范围说明本次尽调的调查范围，比如，是否对税务事项、商业事项进行尽调。

（4）资料开放度

资料开放度说明本次尽调可以调查的资料程度，比如，科目余额表、序时账、银行对账单等资料是否提供，能否提供到最末级，业务系统数据是否开放等。

该事项可能会涉及某些保密事项需要管理层斟酌，也会直接影响公司和尽调团队工作量。因此，尽调机构一般会在现场工作启动之前与公司确认尽调范围。

2. 尽调工作程序

尽调工作程序说明本次尽调履行了哪些工作程序：

· 内部访谈，主要为了管理团队人员，需列明访谈人员姓名和职务；

· 外部访谈，包括客户、供应商、历史审计机构、行业专家等，需列明具体公司名称和对接人员姓名、职务；

· 现场资料查阅；

· 项目实地参观。

（二）撰写建议

"工作范围和程序"部分内容属于背景描述性内容，主要用来供投资机构了解尽调过程，并不属于尽调报告的正式内容，也不是必须具备的内容。实践中，不同机构对该部分是否撰写以及如何撰写，观点也不尽相同。本书建议，上述事项即使不写入报告正文，也应该在尽调工作启动前由各方机构进行明确。

三、重要风险提示

（一）内容与格式

主要风险事项提示模板如表 10-2 所示。

表 10-2　主要风险事项提示模板

事项	主要发现及影响	建议
目标公司对经销商存在依赖性	······	······

（二）撰写建议

"重要风险提示"部分内容是对尽调报告所发现问题的总结，因此，能反映尽调机构的业务水平和认真程度。首先，专业的机构能针对不同公司的具体情况发现实质性问题，而非普适问题；其次，专业的机构能够针对发现的问题进行业务上的追问并做进一步的核实，而非浅尝辄止，这点显示出认真程度的差异。

下面列举一些财务尽调中的问题，这里的级别主要是根据问题与财务尽调目的的契合度来划分的，级别越高，越能满足投资机构尽调的目的。具体可以分成下列五类。

·**王者**：与业务结合并揭示原因。

·**黄金**：与业务结合。比如，营运资金周转低、收入确认缺乏证据、财务数据调整。

·**白银**：不影响业务判断的风险问题。比如，关联方资金拆借、担保、资产共用等。

·**青铜**：普适性、规范性问题。比如，未足额缴纳社保公积金、注册资本未实缴、股权激励未做账等。这类问题在早期项目中基本普遍存在，且不影响财务对业务的真实反映。

·**黑铁**：不需要尽调即可发现的问题。比如，流动资金紧张、期间费用增加、毛利率降低等。这类问题相当于只看了报表。

举例如下。

1. 王者问题

表 10-3 所示的主要风险事项提示能从投资者的角度出发分析问题，并

从业务角度查找原因，而且能考虑到结合盈利预测给出未来的资金缺口，这是非常专业的操作。实践中，对于制造企业来说，存货周转情况是核心的业务问题之一，在这里对其做重点的关注与分析，也能体现出尽调机构对业务的理解。真正专业的财务尽调机构应该具备相关行业的业务知识，或者有从业务角度分析问题的意识。

表 10-3　主要风险事项提示（王者问题）

事项	主要发现及影响	建议
存货周转天数较高，随着预期业绩高速增长，存货将进一步加大对资金的占用	2×17—2×18 年存货余额分别为 6 500 万元、6 200 万元、7 229 万元，呈逐年上升趋势。主要系经销商 / 客户在下达订单后，需要立即发货，但是由于目前目标公司的销售预测与实际存在一定偏差，为了能够及时响应客户需求，则多储备 1~2 个月的存货。 2×17—2×19 年存货周转天数分别为 195 天、190 天、187 天，长于我们所了解和评估的正常存货周转天数，即公司的运营能力有进一步提升的空间。 本次尽职调查中，我们了解到目标公司现阶段主要产品以代工为主，通常情况下经销商中标实施周期为 3 个月的政府采购项目，会即时向目标公司下达采购计划，由目标公告向代工厂下达生产指令。 管理层表示部分原材料采购周期约 2 个月，普遍的成品运输交付周期为 5 天，另外我们认为公司现阶段在售产品的生产工艺以组装为主，生产周期较短。综上我们认为公司合理的存货周转天数为 90 天至 120 天。 若按照目前公司存货周转水平，随着业绩规模提升，存货对营运资金的占用将不断提升，从而降低公司的整体运营效率，以管理层给出的未来 5 年的盈利预测和现阶段的存货周转水平计算，2×19 年至 2×23 年因存货需要补充营运资金逾 4 亿元	建议投资人关注目标公司对存货的运营管理情况，进一步核实存货周转天数较高的原因，并关注存货对目标公司未来融资需求的影响

2. 黄金问题

表 10-4 所列的主要风险事项提示是较重要的问题，它反映公司实际的交付情况。当然，这个可以结合回款情况分析。如果公司没有验收单的项目都是按照正常进度付款（对比同类合同），只是因为客户没有及时给验收报告（比如某些政府客户由于特殊情况没有办法按照项目进度分期出具验收报告），可以认为是正常的。但这里的比例占比过低，应作为重要事

项予以关注。

表 10-4　主要风险事项提示（黄金问题）

事项	主要发现及影响	建议
收入确认缺乏依据	公司采取终验法确认收入，以客户出具的验收单为收入确认依据。 截至审阅期末，通过验收单可以直接确认在 2×19 年的收入仅占当期收入的 10%	验收单是收入确认的重要原始单据，合同是保证收入真实的重要依据。由于目标公司正在加紧验收单和合同的催签，建议投资机构持续关注目标公司的验收单和合同的签订情况

3. 白银问题

表 10-5 所示的主要风险事项提示为白银问题。在实践中，股东或关联方与目标公司之间的资金拆借较为普遍，且大多为股东或关联方借钱给公司以支持公司经营，从投资角度来说，需关注上述借款行为的金额和性质。通常情况下，该情况并不会构成风险，也不会对投资判断构成实质性影响。

表 10-5　主要风险事项提示（白银问题）

事项	主要发现及影响	建议
资金拆借	公司期末存在未归还的外部借款 1 000 万元，主要系向自然人借款	根据《银行管理暂行条例》，禁止非金融机构经营金融业务，目标公司不得与其他公司个人相互借贷，上述行为属于违规行为

4. 青铜问题

表 10-6 所示的问题在大部分创业公司中都普遍存在，由于欠缴社保及公积金不影响收入，不会影响成长性测算，在 VC 阶段不会做过多要求，一般会在投资时要求公司逐步规范。此外，这类问题的核查难度不高，公司不会刻意隐瞒，基本通过简单访谈即可得知。

表 10-6　主要风险事项提示（青铜问题）

事项	主要发现及影响	建议
未严格按照员工工资水平缴纳社保及公积金	公司按照最低工资标准为员工缴纳社保及公积金，可能导致社保部门处罚	建议在投资协议中约定由控股股东对欠缴社保以及未来可能发生的行政处罚承担补偿责任

5. 黑铁问题

表 10-7 所示表述有两点问题。第一，流动资金紧张是在报表层面就能发现的问题，不需要通过尽调来核查，对于投资人来说这类提示并无价值。况且创业公司大部分都缺钱，这也是公司需要对外融资的原因，只要不是会立即威胁到公司经营安全性，资金紧张的问题不大，不影响投资评价。

第二，财务尽调的服务对象是投资机构，而不是目标公司，所以给出的建议应该针对投资机构做决策，而不是为公司做管理改进。

表 10-7　主要风险事项提示（黑铁问题）

事项	主要发现及影响	建议
流动资金紧张	从偿债能力分析来看，目标公司的流动比率、速动比率及现金比率都低于行业平均水平。从现金流分析来看，目标公司经营活动现金流持续为负，主要依靠股权和债务融资来维系整体现金流的稳定	建议目标公司加强资金管理，合理规划资金募集与支出，同时建议资本结构中配置一定比例长期借款，缩小短期借款比例，提高盈利质量，增强利息覆盖能力

四、公司概况和交易概览

（一）内容与格式

1. 公司概览

（1）交易背景

一般表述如下："我们了解到贵司（委托方）拟对目标公司进行股权投资，具体交易方式及交易对价如下。"

（2）目标公司概况

目标公司概况包括：目标公司成立时间，目前注册资本，法定代表人，注册地址，业务概述，主要客户，下属公司情况（列表说明名称、成立时间、注册资本、实缴资本、主要职能）等。

（3）股权结构

参考第九章"投资建议书"。

（4）组织架构

参考第九章"投资建议书"。

（5）历史沿革

参考第九章"投资建议书"。

（6）创始团队简历

列明团队成员的姓名、性别、出生年月、学历、毕业院校及专业、工作经历、加入目标公司时间及目前担任职务。

2. 业务概览

一般以一张图的形式来描述公司的业务情况，包括供应商、客户、主要产品、收入占比等，如图 10-1 所示，以方便阅读者大致了解公司的业务情况，为后面的财务分析做铺垫。

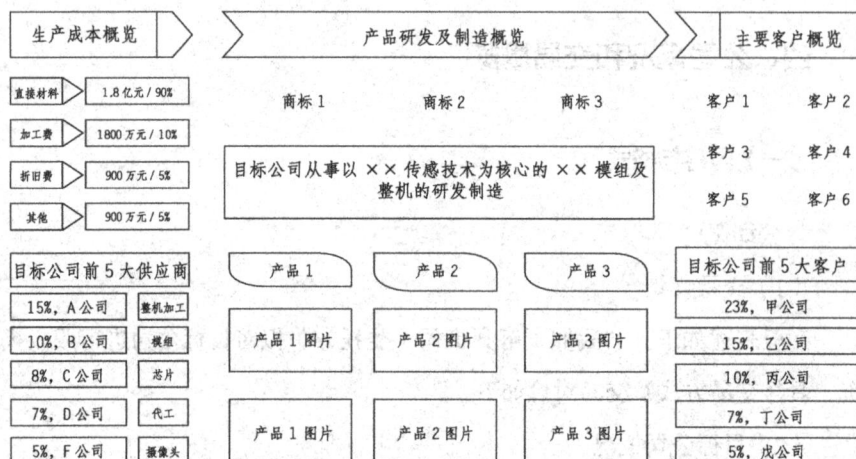

图 10-1　业务概览

（二）撰写建议

"公司概况和交易概况"部分内容相对标准化，不同尽调报告的差异不大，重点还是在于对业务的理解，可以参考本书"商业模式"中的相关内容。

五、重要交易事项

（一）盈利质量分析

1. 内容与格式

如表 10-8 所示，财务报表主要调整以下内容。

·**尽职调查调整（A 类）**：基于中国会计准则对报表进行尽职调查调整。

·**正常化调整（B 类）**：基于正常运营情况，剔除一次性和非经常性损益，模拟审阅期间的正常利润水平。

·**其他考虑事项（C 类）**：基于现阶段经营情况及未来发展需求，在费用中需进一步考虑的事项。

（1）尽职调查调整（A 类）

·**A1 坏账计提 &A2 所得税费用调整**：目标公司目前按账龄计提坏账准备，计提依据比例如下：1 年以内计提比例 5%，1~2 年计提比例 10%，2~3 年计提比例 30%，3~4 年计提比例 50%，4~5 年计提比例 80%，5 年以上计提比例 100%。

基于谨慎性，我们对 2×19 年 11 月 30 日的应收账款计提坏账准备金额 222 万元，同时调整所得税费用。

（2）正常化调整（B 类）

·**B1 营业外收支**：目标公司营业外收支主要为政府补贴和滞纳金，属于非经常性损益，我们将从其利润中扣除。

·B2 资产减值损失：目标公司资产减值损失主要是基于谨慎性对应收账款和商业应收票据计提的坏账准备，并非产生实质损失，我们将从其利润中加回。

·B3 投资收益：目标公司购买理财产品"×"系列人民币理财产品产生的收益，属于非经常性损益，我们将从其利润中扣除。

（3）其他考虑事项（C类）

·C1 补提社保、住房公积金：目标公司未按照实际应缴纳基数缴纳社保和公积金，我们根据提供的工资报表、花名册、社保基数和比例测算出应补提的金额。考虑到目标公司正处于IPO冲刺阶段，这部分金额我们将从其利润中扣除。

表 10-8　目标公司三年财务报表调整

金额单位：万元

项目	2×17年	2×18年	2×19年 1—11月
管理层合并后收入	56 721.00	92 406.00	1 252.00
管理层合并后净利润	（11 697.00）	19 751.00	（29 855.00）
尽职调查调整			
A1 坏账计提	—	—	（222.00）
A2 所得税费用调整	—	—	33.00
尽职调查调整后收入	56 721.00	92 406.00	1 252.00
尽职调查调整后净利润	（11 697.00）	19 751.00	（30 044.00）
尽职调查调整后净利率/%	（0.21）	0.21	（24.01）
正常化调整			
B1 营业外收支	（222.00）	0.00	（225.00）
B2 资产减值损失	3 618.00	1 679.00	222.00
B3 投资收益	—	—	（16.00）
正常化调整后净利润	（8 301.00）	21 430.00	（30 062.00）
正常化调整后净利率/%	（0.15）	0.23	（24.02）
其他考虑事项			
C1 补提社保、住房公积金	（5 735.00）	（5 626.00）	（1 541.00）
考虑其事项后净利润	（14 036.00）	15 804.00	（31 603.00）

2. 撰写建议

"盈利质量分析"部分内容是针对管理层出具的利润表的模拟调整事项。常见的调整事项主要分成三类：会计调整、正常化调整和其他调整。

（1）会计调整

①收入成本跨期调整。

目标公司按照发货确认收入而非按照签收或验收合格确认收入。根据目标公司多数合同规定，如采购方在收货当天未签署送货单且又未提出书面异议的，视为采购方收到货物且验收合格，因此客户在签收时点取得相关商品控制权。审计师对 2×18 年末已发货尚未签收的收入成本进行冲回，我们对上述跨期销售在 2×19 年进行补记。

②不满足合同收入确认条件的调整。

目标公司与客户甲的合同条款规定"买方未按照合同约定足额付款前，商品所有权归卖方"。审计师将 2×18 年对上述客户的未收款销售进行冲回，我们根据上述客户在 2×19 年的付款情况对已付款客商确认销售收入和成本，对未付款客户冲回销售收入和成本。

③净额法确认收入的影响。

目标公司在 2×19 年度和 2×20 年度按照全额法确认 A 服务的收入和成本，尽调过程中我们了解到：第一，由于 A 服务是为广告主提供境外大媒体平台开户和充值服务，整个过程中目标公司仅提供系统进行对接，不是服务提供的主要负责人，仅为代理人；第二，毛利为媒体平台对目标公司的返点扣除目标公司对客户的返利，目标公司按照在媒体平台上的业务跟客户进行结算，目标公司没有自主定价权。综上，我们将 A 服务业务 2×19 年度和 2×20 年度的收入成本调整为按照净额法结算。

④费用截止性问题。

根据管理层访谈，我们了解到目标公司存在已发生费用但业务部门未及时传递票据至财务部门的情况，由此产生低估费用和负债的情况。管理层表示上述情况影响金额较小且无法提供具体金额，我们无法匡算该事项的影响金额，仅在此提示费用及负债低估的风险。

⑤补提坏账。

截至 2×20 年 9 月 30 日，目标公司未对其应收账款及其他应收款计提坏账准备。我们根据目标公司现行的会计估计对其 2×20 年 9 月末坏账进行补提，调减当期净利润 130 万元。

⑥补提增值税。

2×20 年 1—6 月，目标公司将其所售硬件产品收入金额按 7：3 的比例分别划分至产品销售收入及技术服务收入，其中划分至技术服务收入中的硬件产品收入以 6% 的税率计提增值税。我们将该部分技术服务费收入重新调整至产品销售收入，并按照 13% 的税率对增值税进行重新计提，补提增值税 148 万元，税金及附加影响较小，未进一步测算。

（2）正常化调整

①剔除投资收益。

历史期间目标公司经过多轮融资，资金较为充沛，因此购买理财产品产生投资收益，我们将其进行正常化剔除。由于管理层预计未来仍将产生投资收益，因此我们亦列示未剔除投资收益的净利润仅供贵方参考。

②剔除股份支付费用。

本次财务尽调中，受保密限制，我们并未获得各期股权激励具体方案，但我们了解到目标公司所实施的各期股权激励均为授予即行权方式，A 会计师对 2×17 年至 2×19 年分别补提股份支付费用 4 500 万元、12 000 万元和 6 100 万元。我们认为赵某和贾某按每注册资本金 1 元的增资并不触发股份支付认定（公司获取这些服务或权利的目的在于激励职工更好地从事生产经营以达到业绩条件而不是转手获利等），因此 A 会计师的股份支付费用补提结果高于实际应确认的金额。就该事项我们未获得管理层及 A 会计师的进一步解释，但可按照 A 会计师补提结果进行正常化调整以供贵方合理评估公司正常经营状态下的盈利能力。

③少缴员工社保及住房公积金。

目标公司按照社平工资的 60% 或以社平工资为基数为员工计提缴纳社保及公积金，未按照社保部门规定以实际工资总额为基数缴纳五险一金，未来存在被政府主管部门追缴的风险。我们对尽调期间未足额计提的社保公积金进行了匡算，2×17 年、2×18 年和 2×19 年单位应承担少缴纳的五险一金金额分别为 500 万元、1 300 万元和 2 200 万元，个人应承担少缴纳的五险一金金额分别为 310 万元、700 万元和 1 100 万元。

④业务剥离。

目标公司于 2×17 年 1 月出资设立全资子公司 A 公司，主营 ×× 业务，主要客户为江西 B 公司。B 公司实际控制人持有的股权已于 2×19 年 2 月被 ×× 人民法院冻结，受偿债能力受限影响，目标公司已对应收 B 公司款项全额计提减值准备。目标公司不看好 A 公司业务因此于 2×19 年将该业务剥离，原团队收购了 A 公司全部股权后脱离集团独立运营。我们在此列示尽调期间 A 公司业务的毛利水平，并进行正常化调整。

⑤营业外收支净额。

该部分事项属于与日常经营无关的偶发性事项，故于正常化调整中对该类事项影响进行剔除，且审阅期内目标公司营业外收支金额较小，调整后对各期净利润无明显影响。

（3）其他调整

①暂估质保费用。

2×20 年 1—9 月，目标公司新增 A 大型项目，并按协议约定提供 3 年内免费质保服务。出于审慎性原则考量，按对 A 的当期出货量的 5% 暂估所需维保费用，暂估金额为 300 万元。管理层表示，过往期间项目提供 1 年维保服务，且各期维保费用支出较低，而 A 项目为目标公司首次提供 3 年维保服务的项目，对于未来维保费用支出预判可借鉴经验较少，故出于审慎性考虑，选取高于普遍行业水平的 5% 作为计提比率。该费用计提使 2×20 年 1—9 月净利润减少 300 万元。

②其他无法匡算的税务风险。

目标公司存在以下无法匡算的税务风险：关联交易存在潜在转移定价税务风险、目标公司会计收入与纳税申报口径收入存在差异的税务风险、目标公司未在合同书立时及时缴纳印花税的风险、目标公司部分出口业务不能收汇的潜在税务风险、目标公司存在不能享受软件企业增值税即征即退税收优惠的风险。

（二）营运资金分析

1. 内容与格式

表 10-9 为营运资金的分析。审阅期间，目标公司净营运资本大致呈下降趋势，2×16 年的净营运资本约 8 333 万元，2×17 年约 7 421 万元，2×18 年约 7 567 万元。净营运资本占收入比从 2×16 年度的 26% 下降至 2×18 年度的 16%。主要原因在于 2×18 年改善了存货管理，减少了备货数量，存货周转变快，所以净营运资本呈下降趋势。

表 10-9 营运资金分析

金额单位：万元

项目	注释	2×16 年度	2×17 年度	2×18 年度
应收账款——总额	$a*$	8 126.00	7 967.00	10 944.00
存货——原值	$b*$	5 164.00	4 200.00	3 456.00
应付账款——净额	$c*$	−4 957.00	−4 746.00	−6 834.00
净营运资本	$d=a+b+c$	8 333.00	7 421.00	7 566.00
主营业务收入	e	31 977.00	32 077.00	47 317.00
主营业务成本	$f=f_1+f_2$	−22 293.00	−22 895.00	−36 295.00
产品成本	f_1	−22 039.00	−22 858.00	−35 545.00
其他成本	f_2	−254.00	−37.00	−750.00
主营业务毛利率	$GM=(e+f)/e$	0.30	0.29	0.23
主要经济指标				
净营运资本占收入比	$g=d/e$	0.26	0.23	0.16

续表

人民币万元	注释	2016 年度	2017 年度	2018 年度
应收账款周转天数	$h=a/e\times$ 天数	93.00	91.00	79.00
存货周转天数	$i=-b/f_1\times$ 天数	86.00	67.00	33.00
应付账款周转天数	$j=c/f\times$ 天数	81.00	89.00	64.00
净营运资本周转天数	$k=h+i-j$	98.00	69.00	48.00

*注释：a、b、c 系上年（期）末至本年（期）末的月度平均余额。
①应收账款为计提坏账前的总额，并用于抵消预收账款。②存货为计提跌价准备前的原值。③
应付账款为抵消预付账款后的净额。

2. 撰写建议

营运资金分析方式相对标准化，重点是对其背后的业务原因进行挖掘，结合同行业情况进行对比分析。

（三）人力资源分析

1. 内容与格式

表 10-10 所示为各年度员工薪酬情况，其变动原因分析如下。

表 10-10　按部门核算各年度员工薪酬情况

部门	平均人数（人）			薪酬总额（千元）			平均月薪（元）			平均月薪变动比例	
	2×16年	2×17年	2×18年1-3月	2×16年	2×17年	2×18年1-3月	2×16年	2×17年	2×18年1-3月	2017年与2016年相比	2018年与2017年相比
设备事业部	47	34	29	4 992	3 704	911	8 851	9 078	10 471	2%	15%
服务事业部	76	31	18	4 731	2 332	259	5 188	6 269	4 796	20%	-23%
财务部	9	12	15	926	1 261	311	8 574	8 757	6 911	4%	-22%
工厂	24	20	18	1 337	1 001	244	4 642	4 171	4 519	-10%	9%
资本市场部	3	4	1	983	733	43	27 306	15 271	14 333	-34%	-14%
董事办	2	2	1	247	690	156	10 292	28 750	52 000	241%	35%
信息部	3	3	3	650	660	98	18 056	18 333	10 889	-7%	-42%
研发部	12	8	7	837	608	146	5 813	6 333	6 952	10%	7%

	平均人数（人）			薪酬总额（千元）			平均月薪（元）			平均月薪变动比例	
人力资源部	7	5	2	907	587	138	10 798	9 783	23 000	3%	111%
采购部	1	4	3	249	512	173	20 750	10 667	19 222	−40%	91%
其他	13	11	12	1 457	894	203	9 340	6 773	5 639	−32%	−14%
合计	197	134	109	17 317	12 982	2 682	—	—	—	—	—
平均值	—	—	—	—	—	—	7 325	8 073	8 202	—	—
变动比例	—	—	—	—	—	—	—	—	—	10%	1%

①平均人数。

在 2×16 年—2×18 年 1—3 月，平均人数从 197 人下降到 109 人，主要是因为目标公司剥离科室托管业务，不愿转岗的员工陆续离职，服务事业部平均人数从 76 人减少到 18 人。

②平均工资。

· **设备事业部**：负责设备销售业务。2×17 年平均人数有所下降。管理层称，目标公司原计划设立融资平台，为购买医疗设备的客户提供融资服务，因此招入大量人员；但目标公司后来取消了该发展计划，相关人员因此于 2×16 年末相继离职，人数随之下降。2×18 年 1—3 月设备事业部人员更替，多名工资水平较低的售后服务人员离职，新招聘两名高级别管理人员，导致平均月薪上涨 15%。

· **服务事业部**：负责科室托管板块和医院托管板块。2×17 年科室托管板块剥离，不愿转岗人员陆续离职，导致平均人数明显下降。此外为拓展医院托管板块，2×17 年起目标公司陆续招聘多名派驻到医院的人员，由于 2×18 年 1-3 月新招聘派驻到医院的人员级别较低，因此 2×18 年 1—3 月平均月薪有所下降。

· **财务部**：目标公司逐渐增加财务人员，以适应业务转变和发展。由于新招聘的人员级别相对较低，2×18 年 1—3 月年平均月薪下降 22%。

· **工厂**：由于 2×17 年和 2×18 年 1—3 月的产量较少，目标公司缩减了生产人员规模，平均人数有所下降。此外，2×18 年 1—3 月目标公司提升了工资薪酬，以适应当地物价水平，平均月薪上涨 9%。

·**资本市场部**：负责融资上市事务。2×18 年目标公司认为财务部即可负责融资上市事宜，解散了资本市场部，原有部门人员大多离职，相关数据为解散前发生的费用。

·**信息部**：2×17 年 9 月原部门负责人离职，当年 10 月目标公司新招聘一名级别较低的人员处理信息部日常事务，使得 2×18 年 1—3 月平均月薪下降。

·**研发部**：2×17 年目标公司认为已完成 A 产品的生产组装材料更替，缩减了研发团队规模，平均人数有所下降。对于留下的核心人员，目标公司提高了薪资水平，以保持竞争力。

2. 撰写建议

人力资源分析相对灵活，需要结合公司具体特点进行撰写。

六、财务报表分析

（一）利润表分析

1. 内容与格式

（1）收入分析

表 10-11 所示为按业务划分的收入构成。审阅期内，目标公司收入及毛利率均大幅提升，主要系目标公司为国内细分行业龙头企业，在经销商提供渠道的帮助下，成功进入政府及央企集团类客户市场。此外，由于目标公司目前同类产品竞争对手较少，具有一定的议价能力。

·**产品销售收入**：主要为各型号产品硬件终端收入。

·**技术服务收入**：主要为端口服务费及××服务，其中端口服务费随终端销售第一年免费使用，第二年起按年续费；××服务以客户购买数按年收费。

表 10-11　按业务划分收入构成

金额单位：万元

项目	2×17 年		2×18 年		2×19 年		2×20 年 1—9 月	
	金额	占比	金额	占比	金额	占比	金额	占比
产品销售收入	5 832	94.58%	14 509	88.82%	22 567	81.96%	22 305	80.90%
技术服务收入	334	5.42%	1 825	11.7%	4 967	18.04%	5 267	19.10%
合计	6 166	100.0%	16 334	100.0%	27 534	100.0%	27 572	100.0%

　　表 10-12 所示为按客户行业划分的收入构成。2×18 年起，目标公司明确依靠经销商渠道及自身销售推广，实行以政府、央企及国企为主要目标客户群体的营销策略，成功地率先进入部委级、省市级、厅局级及各类央企集团 ×× 业务领域，在多地区及行业进行业务复制。

表 10-12　按客户行业划分收入构成

金额单位：万元

客户行业	2×17 年		2×18 年		2×19 年		2×20 年 1—9 月	
	金额	占比	金额	占比	金额	占比	金额	占比
央企国企	2 324	19%	7 541	23%	16 021	29%	18 108	33%
其他政企	1 480	12%	6 238	19%	13 676	25%	15 144	27%
医疗行业	355	3%	706	2%	688	1%	1 392	3%
金融业	311	3%	432	1%	1 406	3%	936	2%
公立教育业	178	1%	166	1%	251	0%	637	1%
通用	3 843	31%	8 794	27%	11 513	21%	9 464	17%
其他	3 453	28%	6 233	19%	6 486	12%	6 253	11%
教培业	390	3%	2 561	8%	5 026	9%	3 211	6%
合计	12 334	100%	32 671	100%	55 067	100%	55 145	100%

　　表 10-13 所示为按产品线划分的收入构成。目标公司主要产品分为普通配置的 WO 系列及 NE 系列与高配置的 BE 系列。在 WO 系列产品及 BE 系列产品的销量及单价普遍大幅上涨的影响下，目标公司收入规模快速扩大；2×19 年起，随着目标公司加深与优质经销商的紧密合作，逐步打入政企类

大型终端客户市场，高配置的 BE 产品系列收入份额持续上涨，2×20 年 1—9 月，BE 系列产品实现收入超过 4 900 万元，占比约为 20%。

表 10-13　按产品线划分收入构成

金额单位：万元

产品线	2×17 年		2×18 年		2×19 年		2×20 年 1-9 月	
	金额	占比	金额	占比	金额	占比	金额	占比
产品销售收入	5 833	95%	14 508	89%	22 567	82%	22 304	81%
WO40	448	7%	3 528	22%	4 542	16%	4 728	17%
WO090	284	5%	2 150	13%	1 934	7%	2 940	11%
BE700	—	—	—	—	34	0%	903	3%
NE60	751	12%	3 124	19%	1 596	6%	1 274	5%
BE90	—	—	—	—	721	3%	1 093	4%
BE40	—	—	—	—	789	3%	1 045	4%
DS700	—	—	—	—	—	—	864	3%
WO60S	—	—	—	—	—	—	889	3%
BE70	—	—	1 362	8%	944	3%	872	3%
NE80	—	—	291	2%	468	2%	864	3%
BE2060	—	—	6	0%	916	3%	801	3%
WO20	194	3%	1 348	8%	1 818	7%	636	2%
WO72	—	—	632	4%	1 898	7%	14	0%
WO42	—	—	187	1%	2 602	9%	—	—
WO60	—	—	—	—	932	3%	—	—
智慧课堂	—	—	1 501	9%	792	3%	—	—
办公系统	3 420	56%	—	—	—	—	—	—
其他	736	12%	379	2%	2 581	9%	5 381	20%
技术服务收入	334	5%	1 825	11%	4 967	18%	5 267	19%
合计	6 167	100%	16 333	100%	27 534	100%	27 571	100%

（2）成本分析

营业成本主要构成为直接材料、直接人工和制造费用，如表 10-14 所示。其中直接材料占比较大，两年平均占比 86%；其次为直接人工，两年平均占比 8%；制造费用占比最低，两年平均占比为 5%。

表 10-14 按产品划分成本构成

金额单位：千元

产品线	2×18年							2×19年						
	直接材料	占比	直接人工	占比	制造费用	占比	合计	直接材料	占比	直接人工	占比	制造费用	占比	合计
特种计算平台	5 546	22%	1 367	46%	322	31%	7 235	19 220	66%	1 383	63%	954	40%	21 557
A 特种计算平台	5 050	20%	1 255	42%	306	29%	6 611	5 171	18%	140	6%	196	8%	5 507
B 特种计算平台	496	2%	112	4%	16	2%	624	135	0%	9	0%	1	0%	145
C 计算平台	—	—	—	—	—	—	—	13 914	47%	1 234	57%	757	32%	15 905
行业专用产品	7 987	32%	531	18%	372	36%	8 890	397	1%	186	9%	1 084	46%	1 667
车载终端	2 160	9%	332	11%	290	28%	2 782	397	1%	186	9%	1 084	46%	1 667
手持终端	3 194	13%	27	1%	46	4%	3 267							
箱式终端	2 633	11%	172	6%	36	3%	2 841							
其他	11 210	45%	1 092	37%	348	33%	12 650	9 705	33%	611	28%	329	14%	10 645
总计	24 743	100%	2 990	100%	1 042	100%	28 775	29 322	100%	2 180	100%	2 367	100%	33 869

· **直接材料**：主要系采购的外协板卡、芯片、存储器等原材料。

· **直接人工**：主要系生产部门可直接归集至产品的人工费用。

· **制造费用**：主要系折旧费、房屋租赁费、水电费、差旅费、办公费、设计费等。

（3）费用分析

①销售费用

销售费用明细如表 10-15 所示。

表 10-15 销售费用明细

金额单位：千元

销售费用	2×16 年		2×17 年		2×18 年 1—3 月	
	金额	占比	金额	占比	金额	占比
人工成本	10 710	43.86%	6 300	39.01%	1 482	37.11%
差旅费	3 434	14.06%	2 369	14.67%	486	2.17%
医院托管费用	895	3.67%	1 942	12.02%	—	—
科室托管费用	769	3.15%	1 083	6.71%	—	—
业务宣传费	1 291	5.29%	1 358	8.41%	765	19.16%
业务招待费	642	2.63%	666	4.12%	137	3.43%
专业服务费	377	1.54%	644	3.99%	107	2.68%

续表

销售费用	2×16年		2×17年		2×18年1—3月	
	金额	占比	金额	占比	金额	占比
租赁费	375	1.54%	474	2.93%	216	5.41%
会议费	1 736	7.11%	397	2.46%	357	8.14%
办公费	1 120	4.59%	301	1.86%	58	1.45%
耗材费	679	2.78%	—	—	—	—
其他	2 392	9.80%	617	3.82%	385	9.64%
合计	24 420	100%	16 151	100%	3 993	100%

·**人工成本**：医疗设备事业部和医疗服务事业部人员的工资。2×17年和2×18年1—3月人工成本均较2×16年有所下降，主要是因为剥离科室托管板块，不愿意转岗的人员离职，人数明显下降。

·**差旅费**：2×16年费用较高，原因如下：一是2×16年科室托管板块收入较2×15年增加，产生更多的业务；二是2×16年医院托管业务处于起步阶段，初期考察项目较多。2×18年1—3月，医院托管业务逐步步入正轨，差旅费有所下降。

·**医院托管费用**：目标公司为托管医院承担的前期装修工程款项。据管理层介绍，这些款项由目标公司承担，不再向托管医院收取。

·**科室托管费用**：目标公司给予科室医生的奖金，以及后期业务剥离相关的费用。

·**专业服务费**：医保办理费用、猎头费用和技术服务费等。

·**租赁费**：销售部门分摊的办公室租赁费用。

·**会议费**：2×16年金额较高，主要是因为当年目标公司处于战略转型阶段，考虑剥离科室托管业务及开拓医院托管业务，从而产生较多的会议费。

·**耗材费**：目标公司为运营维护科室托管板块设备的耗材费用。2×16年剥离科室托管板块后，不再产生该费用。

·**其他**：展会展厅装修费、劳保费、邮电通信费、残保金、员工培训费等。随着2×17年科室托管业务的剥离，费用有所下降。

②管理费用

管理费用明细如表 10—16 所示。

表 10—16 管理费用明细

金额单位：千元

管理费用	会计调整后			正常化调整			正常化调整后		
	2×16年	2×17年	2×18年1—3月	2×16年	2×17年	2×18年1—3月	2×16年	2×17年	2×18年1—3月
人工成本	6 358	7 002	1 241	–	–	–	6 358	7 002	1 241
租赁费	3 998	4 153	386	–	–	–	3 998	4 153	386
研发费	4 147	3 210	789	–	–	–	4 147	3 210	789
研发部门人工成本	837	608	146	–	–	–	837	608	146
其他研发费	3 310	2 602	643	–	–	–	3 310	2 602	643
员工报销款	1 152	2 490	346				1 152	2 490	346
专业服务费	6 450	6 437	438	（–4 489）	（–4 731）	（–226）	1 961	1 706	212
差旅费	1 049	1 421	339	–	–	–	1 049	1 421	339
托管医院费用	–	683	–	–	–	–	–	683	–
无形资产摊销	540	650	162	–	–	–	540	650	162
折旧费	3 209	460	117	（–2 820）	–	–	389	460	117
业务招待费	747	390	65	–	–	–	747	390	65
会议费	462	381	10	–	–	–	462	381	10
培训费	107	357	–	–	–	–	107	357	–
办公费	1 015	239	41	–	–	–	1 015	239	41
开办费	764	764	–	–764	–764	–	–	–	–
其他	2 751	2 188	399	–	–	–	2 751	2 188	399
合计	36 896	34 035	5 122	（–8073）	（–5495）	（–226）	28 823	28 540	4 896

· **人工成本**：主要为财务部、资本市场部、董事办、信息部等管理职能部门的工资、社保及公积金等。2×18 年 1—3 月人工成本下降，主要是因为员工人数减少。

· **租赁费**：主要为管理部门承担的办公楼租赁费。2×16 年和 2×17 年目标公司同时租赁 ×× 大厦和 ×× 大厦作为办公场所，故租赁费较高。2×17 年底，×× 大厦租约到期，故 2×18 年 1—3 月租赁费较以前年度有所下降。

·**研发费**：主要包括研发部门人员人工成本、研发过程领用的物料消耗和研究使用的固定资产折旧费用。据管理层介绍，2×15年和2×16年为研究A产品的生产组装材料，当年发生较多的研发开支。

·**员工报销款**：目标公司员工预支款但尚未取得发票报销的部分。我们将其费用化，但是管理层无法提供关于该报销款具体明细。

·**专业服务费**：融资上市相关的咨询费、官方网站维护费、产品设计费、律师费、验资费、审计费和猎头费等。我们在正常化调整中将与融资上市相关的咨询费予以调整。

·**托管医院费用**：目标公司为××医院支付的甲骨文财务软件费用。据管理层介绍，这些款项由目标公司承担，不再向托管医院收取。

·**折旧费**：目标公司管理用固定资产的折旧费用。2×16年折旧费金额较高，主要为设备销售板块使用的用于测试的样品机的折旧费。2×16年由于目标公司对于医疗设备的生产组装材料进行了更新替换，原有样品机已经不再满足测试需求，故目标公司一次性将其报废，2×17年和2×18年1—3月折旧费下降。我们将2×16年样品机产生的折旧费予以正常化调整。

·**业务招待费和会议费**：在2×16年金额较高，主要是因为当年目标公司处于战略转型期，考虑剥离科室托管板块并开拓医院托管板块，产生了较多的业务招待费和会议费。

·**开办费**：安徽××工厂的前期费用，从2×13年开始分5年摊销。

·**其他**：主要包括邮电通信费、保险费、业务宣传费、租车费和物业管理费。

③研发费用

研发费用明细如表10-17所示。

表 10-17 研发费用明细

金额单位：千元

研发费用	2×18 年		2×19 年		2×20 年 1—11 月	
	金额	占比	金额	占比	金额	占比
人工成本	9 961	17.6%	10 165	11.0%	10 379	829.3%
工资	9 154	16.1%	9 432	10.2%	9 973	796.8%
奖金	—	—	—	—	—	—
福利	75	0.1%	110	0.1%	12	1.0%
社保及公积金	732	1.3%	623	0.7%	394	31.5%
委外服务费	310	0.5%	994	1.1%	—	—
折旧及摊销	386	0.7%	247	0.3%	271	21.6%
房租及物管	1 093	1.9%	1 164	1.3%	446	35.7%
材料费	10 166	17.9%	4 103	4.4%	4 975	397.5%
会议培训费	82	0.1%	214	0.2%	29	2.3%
差旅费	764	1.3%	774	0.8%	516	41.3%
办公费	17	0.0%	2	0.0%	2	0.1%
交通费	16	0.0%	14	0.0%	16	1.3%
通信费	14	0.0%	100	0.1%	2	0.2%
其他	2 369	4.2%	854	0.9%	2 059	164.5%
合计	25 178	44.4%	18 630	20.2%	18 695	1 493.7

注释：占比该项目金额为占当期营业收入比。

· **人工成本**：2×19 年研发费用中的人工成本为 1 016.5 万元，较 2×18 年增长 2.0%，2×20 年 1-11 月研发费用为 1 037.9 万元，较 2×19 年增长了 2.1%，主要原因是根据业务需要扩充了研发人员规模。2×18 年至 2×20 年 11 月 30 日，目标公司平均研发人员数量由 70 人增加到 100 人。

· **材料费**：审阅期内，目标公司研发项目中采购研发项目所需材料发生的费用。材料主要系采购的外协板卡、放大管、芯片、存储器等原材料，由于研发过程中需多次测试，损耗较大。

根据访谈得知，目标公司在北京、上海、成都均有研发团队分部。北京团队负责 ×× 方向的研究；上海团队负责 ×× 方向的研究；成都团队负责

××方向的研究；另有两个团队负责软件和应用方向的研究；预计未来还将筹建芯片方向的研发团队。

表 10-18 为按项目列示的研发费用情况。

表 10-18 按项目列示的研发费用构成

单位：千元

项目名称	项目预算	立项日期	立项文件	阶段性成果	2×18年	2×19年	2×20年1—11月
A项目	3 760	2×18-9-9	Y	正在试验	18 693	16 866	5 268
B项目	3 500	2×19-5-13	Y	形成产品并交付	1 073	—	1 908
C项目	420	2×16-7-1	Y	9台设备已交付	—	77	1 792
D项目	466	2×17-3-25	Y	交付2台样机，改型一台正在试验	258	102	1 021
E项目	700	2×19-5-10	Y	形成产品并交付	910	—	768
F项目	1 003	2×17-12-1	Y	2×18年交付118套	—	307	753
G项目	660	2×19-5-20	Y	形成产品并交付	2 333	—	651
H项目	300	2×20-3-19	Y	研制样机2台，已交检验	—	284	645
I项目	4 300	2×17-10-1	Y	形成产品并交付	—	—	501
J项目	900	2×18-5-15	Y	完成公司内部信息化建设	114	334	500
K项目	273	2×19-10-31	Y	正在研制样机	187	296	452
L项目	146 280	2×19-4-22	Y	样机一套	—	—	372
M项目	500	2×18-4-1	Y	形成产品并交付	—	—	367
N项目	4 300	2×17-3-8	Y	形成产品并交付	813	—	361
小计					24 381	18 266	15 359
其他					797	364	3 338
总计					25 178	18 630	18 697

我们选取了审阅期间内有代表性的 14 个项目，核查项目预算、立项文件以及阶段性成果等。2×20 年 1—11 月研发费用前 14 个项目的研发费用总和为 1 535.9 万元，占比约 82.15%，这些项目在 2×19 年的研发费用总和为 1 826.6 万元，占比 98.05%，在 2×18 年的研发费用总和为 2 438.1 万元，占比 96.83%。

选取的项目中有7个项目已经形成产品并交付，剩余项目仍在研发过程中。

2. 撰写建议

对于利润表的分析，收入是重点，需要从业务、产品、客户等多个角度拆分后进行分析，并结合不同业务的成本毛利率，来了解哪些业务是核心业务。

（二）资产负债表分析

1. 内容与格式

资产负债表资产情况如表 10-19 所示。

表 10-19　目标公司三年期资产负债表（资产）

单位：千元

项目	2×18-12-31	2×19-12-31	2×20-11-30
货币资金	2 501.00	2 060.00	3 852.00
应收票据	—	14 548.00	—
应收账款	39 872.00	54 584.00	22 740.00
预付账款	2 838.00	2 955.00	28 321.00
其他应收款	1 390.00	1 604.00	10 005.00
存货	4 384.00	3 566.00	21.64
其他流动资产	35.00	—	2 082.00
流动资产小计	51 020.00	79 317.00	67 021.64
固定资产	1 960.00	1 628.00	1 526.00
递延所得税资产	10 558.00	8 121.00	9 326.00
非流动资产小计	12 518.00	9 749.00	10 852.00
资产合计	63 538.00	89 066.00	77 873.64

· **货币资金：** 审阅期末，主要为库存现金103.4万元和银行存款281.8万元。

· **应收账款：** 均系应收客户货款。审阅期末，应收账款最大的客户系北京 B 公司，金额为 1 713.9 万元。

· **预付账款：** 主要系预付 C 公司的电子设备款 1 748.7 万元。

· **其他应收款：** 截至 2×20 年 11 月 30 日，目标公司其他应收款期末余额为 1 000.5 万元，主要为职工往来费用 180.5 万元、内部往来款 44 万元、已开票未收款项目税金 25 万元及外部单位应收款 750.5 万元等。

·**存货**：审阅期末存货主要为原材料和在产品。

·**其他流动资产**：主要为目标公司的预缴增值税。

·**固定资产**：主要系其一台已提足折旧的运输工具及陆续购置的笔记本电脑、显示器、打印机和空调等设备的净值。

·**递延所得税资产**：主要系资产减值准备和可抵扣亏损形成可抵扣暂时性差异形成的资产。

目标公司资产负债表负债及所有者权益情况如表 10–20 所示。

表 10–20　目标公司三年期资产负债表（负债及所有者权益）

单位：千元

项目	2×18–12–31	2×19–12–31	2×20–11–30
短期借款	31 950	30 000	35 000
应付账款	9 856	13 702	17 977
预收账款	2 155	6 718	9 243
应付职工薪酬	2 544	1 495	3 196
应交税费	673	992	—
其他应付款	25 778	23 156	35 486
其他流动负债	—	2 672	—
流动负债小计	72 956	78 735	100 902
非流动负债小计	—	—	—
负债合计	72 956	78 735	100 902
实收资本	33 842	33 842	50 500
资本公积	—	—	2 032
未分配利润	–41 431	–20 430	–53 887
归属母公司股东权益合计	–7 589	13 412	–1 355
少数股东权益	–1 830	–3 079	–56
所有者权益合计	–9 419	10 333	–1 411
负债与所有者权益合计	63 537	89 068	99 491

·**短期借款**：截至 2×20 年 11 月 30 日，目标公司短期借款合计 3 500

万元，均为银行借款，其中A银行、B银行和C银行的借款均为1 000万元，D银行借款为500万元。

·**应付账款**：主要系应付的元器件、电子产品和外协服务的应付款项。

·**预收账款**：主要系预收客户的货款，包括预收A客户货款176万元、预收B客户货款90万元、预收C客户货款101.73万元和预收D客户货款73.5万元。

·**应交税费**：主要系目标公司应交企业所得税和增值税。

·**其他应收款**：截至2×20年11月30日，目标公司其他应付款期末余额为3 548.6万元，主要为应付外部单位货款3 202.2万元，应付内部员工薪酬34.3万元。

·**其他流动负债**：主要系已背书尚未到期票据。

2. 撰写建议

对于应收账款、存货、应付账款、其他应收（应付）款等重点项目以及其他金额较大或者变动较大的项目，应该单独展开分析。

（三）现金流量表分析

1. 内容与格式

现金流量表如表10-21所示。

表10-21　目标公司三年期现金流量表

单位：千元

项目	2×18年	2×19年	2×20年1—11月
一、经营活动产生的现金流量：			
销售商品、提供劳务收到的现金	20 987	66 542	47 558
收到的税费返还	—	—	—
收到其他与经营活动有关的现金	47 607	31 667	41 284
经营活动现金流入小计	68 594	98 209	88 842
购买商品、接受劳务支付的现金	36 643	33 416	51 304

续表

项目	2×18年	2×19年	2×20年1—11月
支付给职工以及为职工支付的现金	17 142	21 929	13 980
支付的各项税费	89	506	1 211
支付其他与经营活动有关的现金	33 998	48 456	41 974
经营活动现金流出小计	87 872	104 307	108 469
经营活动产生的现金流量净额	−19 278	−6 098	−19 627
二、投资活动产生的现金流量:			
收回投资收到的现金	—	—	10 000
取得投资收益收到的现金	—	—	16
投资活动现金流入小计	—	—	10 016
购建固定资产、无形资产和其他长期资产支付的现金	240	383	133
投资支付的现金	—	—	10 390
投资活动现金流出小计	240	383	10 523
投资活动产生的现金流量净额	−240	−383	−507
三、筹资活动产生的现金流量:			
吸收投资收到的现金	18 770	0	18 690
取得借款收到的现金	31 950	44 000	35 000
筹资活动现金流入小计	50 720	44 000	53 690
偿还债务支付的现金	26 500	36 130	30 000
分配股利、利润或偿付利息支付的现金	2 840	1 331	1 030
支付其他与筹资活动有关的现金	1 125	500	734
筹资活动现金流出小计	30 465	37 961	31 764
筹资活动产生的现金流量净额	20 255	6 039	21 926
汇率变动对现金的影响			
现金及现金等价物净增加额	737	−442	1 792
期初现金及现金等价物余额	1 764	2 501	2 060
期末现金及现金等价物余额	2 501	2 059	3 852

· **销售商品、提供劳务收到的现金**：由2×18年的2 098.7万元增加到2×19年的6,654.2万元，主要原因是目标公司2×19年业务量较2×18年有大幅度的增长。

· **收到其他与经营活动有关的现金**：主要系关联方之间的资金往来、与员工间的资金拆借、备用金借款、收回的保证金、政府补助等。

· **购买商品、接受劳务支付的现金**：审阅期间呈现波动增加趋势，主要系主要产品生命周期由研发期进入生产期，导致采购增加。

· **支付给职工以及为职工支付的现金**：由2×18年的1 714.2万元增加至2×19年的2 192.9万元，主要是因为目标公司的平均人员增加。

· **支付其他与经营活动有关的现金**：主要系关联方及员工之间的资金往来、物业费及房屋租赁支出等。

· **收回投资收到（投资支付）的现金、取得投资收益收到的现金**：目标公司购买理财产品产生的收益和赎回的本金。

· **购建固定资产、无形资产和其他长期资产支付的现金**：目标公司因业务扩展购买了多台服务器及计算机。

· **吸收投资收到的现金**：2×18年目标公司收到A投资款1 613万元、B投资款90万元、C投资款30万元、D投资款120万元和E投资款24万元。2×20年1—11月目标公司收到F公司投资款1 109万元和G公司投资款760万元。

· **取得借款收到的现金**：2×20年1—11月目标公司短期借款合计3 500万元，均为银行借款，其中A银行、B银行和C银行的借款均为1 000万元，D银行借款为500万元。

· **偿还债务支付的现金**：2×20年1—11月目标公司偿还A银行、B银行和C银行各1 000万元借款。

2.撰写建议

重点关注经营活动现金流入和现金流量净额，与收入等对照分析。

七、管理层盈利预测分析

（一）内容与格式

本次财务尽职调查中，我们所获取管理层盈利预测（如表10–22所示）

是以 2×19 年 12 月 31 日为基准日进行的 5 年预测，整体选取较为保守的假设条件。

表 10-22 管理层盈利预测

单位：万元

项目	2×19A	2×20E	2×21E	2×22E	2×23E	2×24E
营业收入	27 534	43 532	64 962	97 050	143 293	210 087
硬件及软件	22 567	32 174	46 652	67 645	98 085	142 223
技术服务	4 967	11 358	18 310	29 405	45 208	67 864
营业成本	−12 031	−17 488	−24 172	−34 409	−48 574	−71 011
硬件及软件	−10 764	−13 513	−19 594	−27 058	−37 272	−54 045
技术服务	−1 267	−3 975	−4 578	−7 351	−11 302	−16 966
营业毛利	15 503	26 044	40 791	62 641	94 719	139 076
营业毛利率	56.3%	59.8%	62.8%	64.5%	66.1%	66.2%
税金及附加	−159	−240	−363	−541	−796	−1 166
销售费用	−10 244	−11 455	−12 422	−13 627	−18 082	−24 387
管理费用	−3 003	−3 670	−3 612	−4 122	−4 903	−5 936
研发费用	−7 011	−9 019	−9 490	−10 659	−11 321	−12 548
财务费用	383	—	1 000	1 000	1 000	1 000
税前利润	−4 531	1 660	15 903	34 692	60 617	96 040
所得税费用	1 259	−249	−2 385	−5 204	−9 093	−14 406
净利润	−3 272	1 411	13 518	29 489	51 524	81 634
净利率	−11.90%	3.2%	20.8%	30.4%	36.0%	38.9%
硬件及软件收入增速	55.5%	42.6%	45.0%	45.0%	45.0%	45.0%
技术服务收入增速	172.2%	128.7%	61.2%	60.6%	53.7%	50.1%
收入增速	68.6%	58.1%	49.2%	49.4%	47.6%	46.6%
销售费用/营业收入	37.2%	26.3%	19.1%	14.0%	12.6%	11.6%
管理费用/营业收入	10.9%	8.4%	5.6%	4.2%	3.4%	2.8%
研发费用/营业收入	25.5%	20.7%	14.6%	11.0%	7.9%	6.0%

1. 营业收入

（1）硬件及软件

管理层结合对未来市场规模的预测，假设公司所占市场份额随着市场整体规模的扩大而有所提升，并基于该业务的历史增长率估算此业务 2×20—

2×24 年的收入规模分别约为 3.2 亿元、4.6 亿元、6.7 亿元、9.8 亿元、14.2 亿元（年均增速分别为 42.6%、45%、45%、45%、45%）。本次尽职调查中我们将基于 ×× 报告对未来 ×× 行业市场规模及增长率的预测，并结合目标公司实际运营情况，修订硬件及软件收入的增长率，具体如表 10-23 所示。

表 10-23　收入增速预测调整

单位：万元

项目	公式	2×19A	2×20E	2×21E	2×22E	2×23E	2×24E
×× 行业市场规模	a	152 208	179 858	224 250	279 500	349 050	435 907
×× 行业市场规模增速	b	28.0%	18.2%	24.7%	24.6%	24.9%	24.90%
管理层预测收入金额	c	22 567	32 174	46 652	67 645	98 085	142 223
管理层预测收入增速		55.5%	42.6%	45.0%	45.0%	45.0%	45.0%
目标公司市占率	$d=c/a$	14.8%	17.9%	20.8%	24.2%	28.1%	32.6%
修订后收入增速	e	55.5%	45.5%	46.1%	43.0%	40.3%	37.3%
修订后收入金额	$f=$ 前一年度收入金额 × $(1+e)$	22 567	32 843	47 978	68 628	96 276	132 174
修订后目标公司市占率	$g=f/a$	14.8%	18.3%	21.4%	24.6%	27.6%	30.3%

　　×× 报告对 2×20—2×24 年我国 ×× 行业市场规模增速的预测分别为 18.2%、24.7%、24.6%、24.9%、24.9%，管理层对收入增速预测 2×20 年—2×24 年分别为 42.6%、45%、45%、45%、45%，2×20 年—2×24 年管理层预测的增速分别高于 ×× 报告 24.4%、20.3%、20.4%、20.1%、20.1%。由于 ×× 咨询机构出具的 2×20 年市场规模增速低于 2×19 年十个百分点，故我们假设目标公司硬件及软件收入增速与市场同步，下调 10%。随着公司规模不断增长，我们将 2×21—2×24 年每年公司预测收入增速调减 3%。

（2）技术服务

目标公司假设期初待确认技术服务余额将在下一年度全部确认完毕，根据我们对目标公司所提供技术服务期限的了解，技术服务期限主要为 1 年以内，管理层对于技术服务预测基本符合公司目前实际情况，假设条件合理，故不对其进行修订。

2. 营业成本

由于目前目标公司在行业内处于领先地位，定价上具有一定的话语权，毛利率水平存在上升空间，因此我们假设 2×20 年毛利率较 2×19 年上升 5%。但是随着行业内竞争加剧，可能会以让利的方式获得客户订单，将会在一定程度上降低目标公司硬件及软件的毛利率水平，故我们假设 2×21 年毛利率降低 5%。随着目标公司技术不断成熟，可以有效降低成本，抵消竞争对单价降低的影响，故我们假设 2×21—2×24 年毛利率保持 2×20 年水平。

3. 销售费用假设

• **职工薪酬费用**：按照上一年销售人员平均工资 × 本年销售部门人数预测。

• **市场活动费**：目标公司 2×19 年在从通用客户向政府类客户扩张的过程中，费用支出较多。经过经验总结，采用以高素质的销售团队拉动为主的方式，替代大规模的市场活动，从而节约该类开支；现在销售策略转变为与经销商共同开拓客户，所以市场活动费减少。

• **差旅费及交通费 & 业务招待费**：按照上一年该费用占销售费用的比例 × 当年的销售费用预测。

• **其他费用**：管理层对其他费用的估算主要基于历史期间该费用占营业收入的比例估算。

销售费用与收入增长具有强相关性，但是根据管理层预测，在收入增速基本保持不变的情况下，2×20—2×24 年销售费用/营业收入比重逐年下降，由于 2×19 年市场活动费较高属于个别情况，所以管理层对 2×20 年销售费用的预测较为合理。故在悲观情境下，我们以 2×20 年销售费用 / 营业收入比重为基础，并假设未来保持不变，对 2×20—2×24 年销售费用重新进行测算。在乐观情境下，我们以 2×20 年销售费用 / 营业收入比重为基础，并假设 2×20—2×22 年保持不变，随着目标公司核心客户群体趋于稳定，假设 2×23 年较 2×22 年销售费用 / 营业收入比重降低至 23.3%，2×24 年保持 2×23 年的水平。

4. 管理费用假设

• **职工薪酬费用**：按照上一年管理人员平均工资 × 本年管理部门人数预测。

• **中介及服务费**：考虑到 2×20 年 IPO 中介服务费以及诉讼费等非经常性支出，管理层预测中介及服务费为 1 000 万元，管理层预测在正常年度 2×20—2×24 年每年支出 500 万元。

• **其他费用**：管理层对其他费用及每年增长率的估算主要基于历史期间的发生额。经审阅，2×20—2×24 年，管理费用 / 营业收入比重逐年降低，由 2×20 年的 8.4% 降低至 2.8%，增速也逐年放缓，管理层对管理费用的盈利预测过于乐观。出于谨慎性考虑，别除 2×17—2×19 年目标公司迅速扩张引起的费用大幅波动影响，我们以 2×20 年管理费用为基础，并预测每年保持 5% 的增速。

5. 研发费用假设

• **职工薪酬费用**：按照上一年研发人员平均工资 × 本年研发部门人数预测。

• **云服务费**：2×20 年由于测试较多，费用大幅提升，根据已经发生的费用预测 2×20 年费用为 2×19 年的 2 倍，2×21—2×24 年按照每年 10% 的增速进行预测。目标公司是高新技术企业，其所处行业技术更迭速度较快，一旦未来不能紧跟技术发展方向，加大研发投入，不断进行产品和技术创新，对市场需求及时做出响应，其经营业绩将会下滑。2×17—2×19 年研发费用 / 营业收入比重分别为 45.7%、27.6%、25.5%，而目标公司 2×20—2×24 年研发费用 / 营业收入比重逐年下降，截至 2×24 年，比重仅为 4.7%。另外，根据公开数据查询，同行业上市公司 2×18—2×19 年研发费用 / 营业收入的比重也在 6%~10%。因此，管理层对研发费用的预测过于乐观。2×20 年研发相关的云服务费用及其他测试费用大幅提升，管理层预测与目标公司实际运营情况相符，故不对 2×20 年研发费用 / 营业收入比重进行修订，2×21—2×24 年将按照每年研发费用 / 营业收入比重为 10% 对研发费用进行重新预测。

6. 修订后盈利预测概览

经本次尽职调查修订后的盈利预测结果相较管理层预测更为保守，主要系我们认为将不断有市场参与者分享市场份额，同时目标公司在 B 端的市场份额将面临众多免费应用的冲击，在政府类客户相关信息化建设布局逐步饱和的情况下，公司市场份额出现下滑是较为合理的情况。修订后盈利预测如表 10-24 所示。

表 10-24　修订后盈利预测

单位：万元

项目	2×19A	2×20E	2×21E	2×22E	2×23E	2×24E
营业收入	27 534	44 201	66 288	98 033	141 484	200 038
硬件及软件	22 567	32 843	47 978	68 628	96 276	132 174
技术服务	4 967	11 358	18 310	29 405	45 208	67 864
营业成本	（12 031）	（17 769）	（27 128）	（39 606）	（56 552）	（79 088）
硬件及软件	（10 764）	（13 794）	（22 550）	（32 255）	（45 250）	（62 122）
技术服务	（1 267）	（3 975）	（4 578）	（7 351）	（11 302）	（16 966）
营业毛利	15 503	26 432	39 160	58，427	84 932	120 950
营业毛利率	56.3%	59.8%	59.1%	59.6%	60.0%	60.5%
税金及附加	（159）	（240）	（384）	（606）	（950）	（1 481）
销售费用	（10 244）	（11 631）	（17 442）	（25 796）	（37 229）	（52 636）
管理费用	（3 003）	（3 670）	（3 854）	（4 046）	（4 249）	（4 461）
研发费用	（7 011）	（8 745）	（6 629）	（9 803）	（14 148）	（20 004）
财务费用	383	—	1 000	1 000	1 000	1 000
税前利润	（4 531）	2 146	11 852	19 175	29 357	43 369

项目	2×19A	2×20E	2×21E	2×22E	2×23E	2×24E
所得税费用	1 259	(322)	(1 778)	(2 876)	(4 404)	(6 505)
净利润	(3 272)	1 824	10 074	16 299	24 953	36 863
净利率	(11.9%)	4.1%	15.2%	16.6%	17.6%	18.4%
硬件及软件增速	55.5%	45.5%	46.1%	43.0%	40.3%	37.3%
技术服务增速	172.2%	128.7%	61.2%	60.6%	53.7%	50.1%
收入增速	68.6%	60.5%	50.0%	47.9%	44.3%	41.4%
销售费用/营业收入	37.2%	26.3%	26.3%	26.3%	26.3%	26.3%
管理费用/营业收入	10.9%	8.3%	5.8%	4.1%	3.0%	2.2%
研发费用/营业收入	25.5%	19.8%	10.0%	10.0%	10.0%	10.0%

(二)撰写建议

实践中盈利预测可简可繁，理论上随着尽调的不断深入，盈利预测的复杂程度会不断增加。由于盈利预测最终是为估值服务的，所以除非有重大假设上的分歧，才会做过多调整。但不调整的前提是投资机构要真正了解管理层给出的盈利预测的核心逻辑。